秦策

从牧马人到始皇帝

大司马 著

华文出版社
SINO-CULTURE PRESS

图书在版编目（CIP）数据

秦策：从牧马人到始皇帝 / 大司马著. -- 北京：华文出版社，2023.9（2023.11重印）
　ISBN 978-7-5075-5842-5

Ⅰ．①秦… Ⅱ．①大… Ⅲ．①中国历史－秦代－通俗读物 Ⅳ．①K233.09

中国国家版本馆CIP数据核字(2023)第142907号

秦策：从牧马人到始皇帝

著　　　者：	大司马
出版策划：	胡　子
责任编辑：	郭俊萍
出版发行：	华文出版社
地　　址：	北京市西城区广安门外大街 305 号 8 区 2 号楼
邮政编码：	100055
网　　址：	http://www.hwcbs.cn
电　　话：	总编室 010-58336239　责任编辑 010-63421256
	发行部 010-58336267
经　　销：	新华书店
印　　刷：	三河市龙大印装有限公司
开　　本：	710mm×1000mm　1/16
印　　张：	17.75
字　　数：	236 千字
版　　次：	2023 年 9 月第 1 版
印　　次：	2023 年 11 月第 2 次印刷
标准书号：	ISBN 978-7-5075-5842-5
定　　价：	58.00 元

版权所有，侵权必究

目 录

引子：为什么说秦人的老祖宗跟商纣王有莫大干系？　/ 001

一、源起

1　密国事件　从三个美丽少女说起　/ 007
2　从零开始　源自申国的荐举　/ 010
3　犬戎入侵　你可知秦几乎灭族　/ 014
4　西陲大夫的奋斗　开国多艰难　/ 018
5　秦文公报告　岐山以西我已夺回　/ 022
6　走向雍城　秦人的春秋初啼　/ 029

二、西霸

7　兄死弟及　秦穆公和他的哥哥们　/ 035
8　五张羊皮　能买来秦国崛起？　/ 038
9　送粮救荒　得到的回报是战争　/ 044
10　野人出动　韩原之战的胜与负　/ 049
11　秦晋之好　重耳给秦国的回报是啥呢？　/ 054
12　无可奈何　秦穆公服输只能做西霸　/ 059

三、剧变

13 虎落平阳　几乎就要成为东方强敌的大餐　/ 065
14 修我戈矛　秦献公的第一波改革　/ 070
15 孝公与鞅　变法不是你想变就能变　/ 075
16 迁都咸阳　新时代真的来了　/ 080
17 商君之死　新君：孤不记仇　只是听说你要造反　/ 085

四、从容

18 苏秦来访　秦王却不理他　因为有更好的"经理人"　/ 091
19 五国伐秦　这么大阵势为何还是输？　/ 097
20 西南战场　居然是一场四国大战　/ 102
21 驳倒张仪　司马错的话一点没错　/ 107
22 芈月故乡　老上当的楚王，没人劝吗？　/ 112

五、说客

23 蓝田恶战　发疯猛打的楚怀王，秦国有点怕　/ 119
24 执迷不悟　楚怀王为什么不杀送上门的张仪？　/ 124
25 差点成功　六小弟、一大哥模式的"张仪版秦朝"　/ 129
26 逃离咸阳　看张仪如何摆脱商鞅死局　/ 133
27 举鼎者死　差点搞垮秦国的三子争位　/ 138

六、命运

28 街头单挑　一对一，楚王子在秦国怕过谁？　/ 145

29	北上武关	楚怀王的"迷之自信"从何而来？	/ 151
30	被困咸阳	楚王走投无路，孟尝君为啥能安全转移？	/ 156
31	魏冉执政	他用了个年轻人叫白起	/ 162
32	阏与之战	看赵括他爹如何打扁秦军	/ 167

七、权谋

33	可怜张禄	若非在秦翻身，他的人生就是悲剧	/ 171
34	绨袍恩怨	张禄的复仇让人大呼痛快	/ 175
35	芈月真相	宣太后、她的丈夫以及两个情人	/ 181
36	纸上谈兵	赵括兵败而死，可是为什么白起随后也死了？	/ 187
37	谁当秦王	吕不韦：说到底这就是个钱的问题	/ 194
38	吕氏秦国	一个生意人将五百年东周彻底推倒（上）	/ 200
39	吕氏秦国	一个生意人将五百年东周彻底推倒（下）	/ 206

八、皇帝

40	相生相克？	法家巨子韩非死在以法治国的秦	/ 211
41	易水燕寒	嬴政对旧日哥们的无情引发一场血案	/ 215
42	荆轲刺秦	殿堂上杀人的表现为何很业余？	/ 219
43	最后一战	纵然是战神项羽的爷爷也无力回天	/ 224
44	三公九卿	大秦帝国的朝廷班子和郡国体系	/ 227
45	显摆给神看	不得不说秦始皇你真的膨胀了	/ 233

九、寂灭

| 46 | 亡秦者胡 | 谁能想到此胡居然是他的儿子？ | / 241 |

47	沙丘死局	一切俱在中车府令的算计之下	/ 246
48	六骥过隙	胡亥的人生觉悟：我就是想好好玩	/ 252
49	宦官赵高	他难道不是阉人，居然还想篡位？	/ 258
50	最后的秦	咸阳告急！南北两处秦国大军为何不救？	/ 263
51	地宫的隐语	秦始皇关于死后的一点小想法	/ 266
52	秦法真相	真是严苛到逼人造反吗？	/ 269

后记　　/ 275

引子：为什么说秦人的老祖宗跟商纣王有莫大干系？

春秋五霸、战国七雄，所有的诸侯国，都有一个了不起的祖先。譬如齐国，开国之君是兴周八百年的姜子牙；宋国，则是殷商的直系后裔；晋国、吴国，都是姬姓的子弟；燕国，是召公的封地；就是一贯被称为南蛮的楚国，其源头，也可以追溯到周文王时期的火师鬻熊。

那么秦国呢？

说起来，这个话题其实有点让秦国后人难堪，因为他们的祖先，居然和周的敌人商有关。

这话，得说《封神演义》书上，第九十九回姜子牙封神完毕，升帐召集百官，这个时候，押进来两人，一个叫飞廉，另一个叫恶来，姜子牙大喝一声，"你这二贼！惑君乱政，陷害忠良，断送商朝社稷，罪盈恶贯，死有余辜。今国破君亡，又来献宝偷安，希图仕周"。于是一声令下，左右把这二人推出去问斩——然后姜子牙再进封神台，给他们一个神位，叫作冰消瓦解之神。

但这，毕竟只是神话而已。那么真实的历史作何解说呢？

根据《史记》的记载，恶来，是飞廉的儿子。恶来的特点，是身体强壮有力；飞廉呢，则擅长驾车。所以呢，在商纣王时期，恶来当上了纣王的侍卫武官，在朝歌待着；至于飞廉，却被安排做跑腿的活儿。

当周武王在西方秘密准备，发动闪电袭击朝歌的战役之际，飞廉正在替纣王跑"业务"。而等到飞廉任务结束，打算回朝歌复命之际，却发现他的商朝，已经被周人推翻。

关于这档子事，司马迁用一句话描述，颇有现场感：

"周武王之伐纣，并杀恶来。是时蜚（飞）廉为纣石北方，还，无所报。"

是的，儿子恶来死了，商纣王也死了。飞廉，家没了，国也没了。

可是这一切都让他来不及悲伤，飞廉来到一座叫作霍太山的山峰之下。这座山，在那个时候可比今天的恒山、太行山、五台山都要有名。《禹贡》把它列为北方冀州地区的镇山，也就是北方第一山。

飞廉来到这样一座名山，可不是来游山玩水的，他是来请求天神给他指引一个方向，即告诉他，接下来他该怎么办。难道飞廉一族，就这么灭亡了吗？

结果，天神真的回应了。司马迁说，飞廉得到了一具石棺，而且这石棺上还有一句铭文：

"帝令处父不与殷乱，赐尔石棺以华氏。"

要说司马迁还真是有一种诡异的幽默，他说上天赐给飞廉这具石棺，居然是一种吉兆，意思就是上天让你没有参与商纣王的亡国之变，这是给你一条新路，光大你这个家族的新路。

换句话说，飞廉家族，不但不会灭绝，还会在新的时代，也就是周王朝这边得到新的机遇，重新发达起来。

是这样吗？

飞廉后来又娶妻，生了一个儿子叫季胜。季胜生了孟增，这个孟增，也就是飞廉的孙子，果然得到了周王室的垂青，周王室赐给他一块地，叫作皋狼。

皋狼在哪里呢？就是今天山西的吕梁市离石区，这个地域直到21世纪的今天，依旧是山多川少，宜于发展林牧业。而在周那个时代，这样的地形，当然是荒蛮之地。

秦人的老祖宗，就生活在这样原生态的地带，一直到周穆王时期，出现了一个了不起的子孙，叫作造父。

造父和当年他的老祖宗一样，也当上了王室的御者。差别是，飞廉是商朝最好的御者，造父则是周朝最好的御者。

造父的主人周穆王,是少有的爱满世界溜达的帝王,搁后世,只有秦始皇、隋炀帝、乾隆这几位能与之比拟,秦始皇临死之前还在巡行天下的路上,隋炀帝则驾崩在了下江南的扬州,乾隆帝更是六下江南。

周穆王的出行方向,起初是向西北,李商隐有诗云:"八骏日行三万里,穆王何事不重来。"西晋时期有人在河南汲县盗掘了一座战国时期魏国墓葬,出土一大批竹简,其中便有《穆天子传》。这竹简上就写着,周穆王向西到了当时被认为是大地最西端的西王母之邦,西王母在瑶池之上宴请周天子。

结果就因为在西方的巡游太过得意,所谓乐极生悲,突然就从遥远的东方传来了徐偃王作乱的消息,于是周穆王急着要回去。

这个时候,为周天子立下功劳的人,就是造父。他驾着马车,"为穆王御,长驱归周,一日千里以救乱"。当然这里其实有些夸张,难以想象的是一天时间,居然从远在今天甘肃的西王母之邦赶回在今天陕西的周王之都城镐京,这个速度在西周那个时代,就已经实现了?

可以肯定的是,造父确实以极快的速度驾着马车赶回了镐京,所以在这件事上,他真的有大功劳。结果就是,周穆王决定赏他,而当时最流行的赏赐,就是给他一块封地。

造父得到的这块封地,就是赵城。

说起来,这座赵城,可是几千年一直都没改名。甚至一直到中华人民共和国成立初,山西还有赵城县。只不过到了1954年,归入了洪洞县,可是赵城作为地名还是存在,只不过降一级叫作洪洞县赵城镇了。

古人有个规矩,有了封地,就以封地之名为姓氏,譬如大舜的后代,封到陈,从此就以陈为姓。那么,现在造父封到了赵城,他这一脉的子孙,也就开始姓赵了。

一直到秦始皇,其实还是姓赵,只不过古人的姓,其实有姓和氏两套体系,女性只有姓,男性却可以兼用姓、氏两套。秦国是嬴姓赵氏，所以秦国的公主，有孟嬴，有怀嬴；而秦国的王，则按照古人的规矩，更应该叫赵荡、赵政才对，嬴荡、嬴政这样的叫法，固然也有，却是非主流的。

有人说，何必这么较真儿呢？字典上已经说是嬴政了，你又何苦坚持称赵政呢？

对于这个问题，笔者想说，凡事都要讲一个逻辑，如果全部革新使用"姓+名"的制度，那么同样生存于春秋战国时期的孔丘、苏秦这些人，也必须使用这个规则。孔丘，子姓、孔氏；苏秦，己姓，苏氏，所以你如果管秦始皇叫嬴政，就必须管孔丘叫子丘，管苏秦叫己秦。总不可能在同一部书里，其他人物都"氏+名"，偏偏把秦王这一家"姓+名"。

其实，真相是汉朝之后，姓名制度发生变化，原来的姓逐渐消失，氏却以"姓"的面目出现。如刘邦是祁姓刘氏（晋国士会的后裔，当然也可能是附会），可是到这个时候，已经没有人管这个祁姓了，大家都只用"氏+名"的手法，叫他刘邦了。

正是这个缘故，我们在《史记》里看到司马迁对刘邦的介绍是"姓刘氏"，背后反映出来的信息，就是姓、氏这两个元素的重新组合，即把原来的氏当作姓——目前为止，现代和当代作者几乎所有关于秦史的书籍，都没有厘清这个基本逻辑，所以笔者在这本书的开头，作一个扼要的说明。

在造父这个时代，赵家就成为周王朝第一王家御者家族，那么秦国的直系祖先，究竟又在何处呢？

答案是并不在造父这边。

这就要说到当年的恶来了。据说恶来也有一个儿子，叫作女防。恶来战死之后，他的家族就沦落成奴隶，女防这一代应该是很艰难的，可是幸运的是，没多久飞廉的孙子，也就是女防的叔叔就发达了，于是女防也得以恢复了身份，回到了这个家族。繁衍数代之后，他们也享受到了造父得到周天子宠爱的这个福利,一同前往造父的封地赵城生活,并且也改为嬴姓赵氏。

所以,秦国的嬴姓赵氏,其实是沾了赵国老祖宗的光得来的。

那么,问题就来了:两个嬴姓赵氏的人群,其实都已经聚集到了赵城,那么为什么还会有一个赵家的人,会被封到遥远的今天甘肃地区,开启一个新的诸侯国——秦的传奇呢?

这,便是七百年秦史的开端。

一、源起

1 密国事件 从三个美丽少女说起

21世纪的当下,甘肃省的东南部,有一个并不太出名的县,叫作礼县。

然而在近三千年前,这个盛行猪油饼和热面皮的西部小城,曾与中国历史上第一个帝国的崛起,有着无比密切的联系。

这个帝国,便是秦。

三千年前,那是周天子的时代。

当时的周天子名辟方,在历史上以他的谥号周孝王闻名。但事实上这位老兄并不孝慈厚道。他的父亲,就是那位名满天下,西征犬戎,带回四头白狼、四头白鹿的周穆王。

按照周王室父死子替、立嫡以长的规矩,辟方原本是没有机会做接班人的,因为他这一代的嫡长子,是哥哥繄扈,也就是周共王。

只不过,周共王对天子这份工作,一直不太上心,在历史上更是以喜好美色而著称。他曾巡游西方,到了今天甘肃省平凉市西北一带,当时周朝在这里册封了一个诸侯国,叫作密国,当时在任的国君是密康公。

密康公也是尽职的,天子一到,他就整顿人马,陪着周共王在境土之上巡游。

可是万万没想到的是,这个时候剧风突转,很严肃的巡游居然插入三个身姿婀娜的美丽少女,骑着马儿从周共王和密康公这帮人的视线前方飞身而过。

一时之间，周天子整顿西部边疆的雄心壮志，忽然就消失了。他的脑子里满是这三个美丽少女，什么犬戎，什么苍狼、白鹿，这个时候都抛诸脑后了。

密康公什么人啊，男人的心思他又怎么会不懂。他当下拍着胸脯，给周共王许下诺言，说一定把这三个美女给大王您找出来，然后完好地送到镐京宫中，您就安心等候着吧！

这话说得多妥当，周天子表示很满意，这就安心回京。

而密康公，随后也真的找到了这三位美丽少女，按照原定剧情，他这就该送美人去镐京。

可是万万没想到的是，剧情就是在这里，出现了大变化。

密康公这个家伙，一看到这三个少女，居然就把周天子的话抛到了九霄云外，直接纳这三个美女做自己的嫔妃。

这个时候，密国还是有清醒人的，那便是密康公的母亲隗氏。要说还是老母亲见得多看得远，她非常严肃地告诉儿子：你不要犯糊涂，一定要把这三个美女献给周天子。你知道吗？抓捕野兽，三只就叫作"群"，做君王的，但凡出去狩猎，就不能一下子猎取三只，也就是一群野兽。而三个人，叫作"众"，哪怕是诸侯，遇见三个以上的人群，也要有自己应有的礼节，不能失礼让人笑话。那么现在说到三个美女了，三个美女啊，那就是一个"奸（姦）"字，你只不过是一个小小诸侯，有什么资格一下子得到三个美女？地位不高却想拥有最美的享受，你不灭亡谁灭亡？

结果，密康公想了又想，这边是母亲的苦苦相劝，那边是三位如花似玉的娇小姐。最终他还是留下了不该留下的"奸"。

而那位周天子，也没有忘却在密国的一瞥，对那三位娇媚少女，始终牵挂在心头，派人不断地打听。然而，他万万没想到的是：密康公竟然瞒着自己，截和全给留下了。

这一来，周共王的脸色，可就顿时发紫了。要知道这个时候，距离郑庄公的部下一箭射伤周桓王肩膀的繻葛之战，还有整整两百年有余,就连齐国这样的大级别诸侯,周天子都是要杀就杀,何况你密康公这样的小菜。

所以不用多言,密国就遭遇了灭国之难。

从这件事上来讲,确实,周天子你很牛。

但是老实说,这个牛用得不是地方啊!因为三个女子而争风吃醋,一个诸侯欺瞒了天子,而天子又发怒灭了诸侯。诸侯固然有罪,天子又何尝光荣呢?

至少可以这么说,周共王这个天子,对政事是不上心的。

没错,事实就是在周共王时期,西方的戎人,已经敢孥着胆子入侵王室的疆域,甚至连占十几座城,都快逼近镐京了。

没辙,周天子在这个时候,就只能点起烽火,把几十家附近的诸侯都召集起来,而后这才逼退戎人,把他们赶出了国门之外。

这可是真的很丢脸啊!就连周共王的弟弟辟方也暗地里对哥哥的不理政事存下了一份鄙视。

结果,周共王之后,接班人周懿王,也就是辟方的侄子,更不济事。在位第七年,西方的戎人,居然打到了镐京。北方的翟人,入侵了周天子的老家西岐。无可奈何花落去,周懿王憋不住了,把都城从宗周镐京迁到了今天西安市长安区的东马坊村,也就是当时的犬丘。

周懿王驾崩后,原本的继承人,当然就应该是他的太子燮。周王朝实行最严格的宗法制度,为避免王室内部因为争夺王位而自相残杀,必须严格按照嫡长子继承制确定继承人。

谁也没想到的是,最终宫廷密谋与权力斗争的结果是,另一个王子辟方,出来坐上了天子之位,他就是周孝王。

但是西周的大臣,居然也没有出来抗议。原因恐怕也只有一个,那就是犬戎的威胁,实在太过严重。而周共王、周懿王这一脉的颓废,也几乎没有解药。既然如此,就让周孝王来试试吧。

果然,周孝王一上台,就整顿朝局,然后发愤图强,要动用周王室部队,即所谓的六师来反击犬戎。

那么这一仗的指挥官,又由谁来做呢?

周孝王点了申侯。

2　从零开始　源自申国的荐举

申侯,他又是什么来头呢?

说起来也很靠谱。当年周武王统领诸侯联军,要去讨伐商纣王,有一对来自孤竹国的兄弟,大哥伯夷、小弟叔齐,说是不愿意抢自己兄弟的国君之位,伯夷让给叔齐,叔齐又让给伯夷,最终让来让去,谁也不做国君,都跑来了周武王这里。恰恰看见周武王要出兵,于是兄弟俩出来拦阻,说:你是做臣子的,以臣的身份去攻打君,这难道符合仁义之道?

当然,伯夷、叔齐的拦阻行动不可能成功,后来据说就因为耻食周粟,饿死在首阳山。

但是这个传说其实是有问题的,因为西周随后封邦建国,诸侯之中的申国,就是伯夷的国。当然也有一种解释,说伯夷真的饿死了,是周天子觉得他们很可怜,于是找到伯夷的儿子,封他做了申国的诸侯,封地就在今天的河南南阳。

那么现在,周孝王就选中了伯夷的后代申侯,让申侯做西征犬戎的总指挥。

可问题是申侯不愿意啊:犬戎实在是不好惹啊,你周天子都搞不过他,你让我一个小诸侯怎么搞得定?

申侯思来想去,跑来跟周孝王报告,说:我们申国啊,曾经娶郦山氏的女人,还生了一个女儿。

周孝王纳闷了:你闲得很啊,跟我扯这个?你们娶郦山氏就娶呗,生女儿就生吧,长得好看就给我看看,不好看扯那么多干吗?

申侯说:郦山氏嫁过来所生的这个女儿,嫁给了西戎的一个大佬叫胥轩，生了一个儿子叫中潏。

周孝王一想：哎哟，原来是这档子事，问题是这跟西征有一点儿关系吗？

申侯说：有关系啊，这个中潏呢，因为母亲的关系，已经归顺了我们周朝，成了西方边疆的护卫者。然后我呢，又把女儿嫁给了中潏的后人大骆，生了一个儿子。换句话说，他就是我的外孙。

周孝王这下明白了，原来你是要给你家外孙讨事做啊？也好，你的外孙叫啥？

非子！

但是这里其实有一个问题，那就是非子这个人，其实早已经入了周天子的法眼。理由很简单，非子擅长养马，可以说是当时最好的"弼马温"，从他手下出来的马，虽然说不上骅骝骐骥、赤兔的卢，却也毕竟是一等良马，嘶风逐电精神壮，踏雾登云气力长。

所以周孝王很赏识这个非子，将他带到王都镐京，专门替自己照料那些王室马匹。

玄机就在此处。申侯何许人也？虽然史书简略，细节不可能处处讲到，可是同样是在周，到了东西周交替那个时代，他的一个女儿，嫁入镐京，成为周天子的王后，即申后；另一个女儿，则嫁到郑国，成为郑武公的夫人，即武姜。所以申国与周、郑这些中原核心诸侯国的关系，素来是极好的。

那么回到周孝王这里。申侯担心什么呢？原来，申侯的女儿和大骆还有个大儿子。

问题就在这里，现如今非子得了周天子的宠信，会不会来和他的哥哥，也就是那个嫡子争夺权位呢？

而一旦出现这个情况，身为外公的申侯，是帮哪一个外孙比较好呢？

所以对于申侯来说，最好的办法，就是请求周天子，给非子一个独立的名分，也就是从大骆这一脉分离出来，另外给他一块封地。

当然，周天子愿意帮申侯这一把，申侯也会替周天子出力，搞定犬戎这档子事。

周孝王微微一笑：此议甚好！

三年之后，周孝王王命之下，非子被派往汧（今陕西省陇县西南汧山）、渭（今甘肃省陇西县西北鸟鼠山）之间，为周王室养马。

五年后，被申侯搞定的犬戎，派使者向周天子示好，并献上良马百匹。

六年后，非子报告，说自己在西方，为王室养马三年，马的数量有大幅度的增加，这无疑是很大的功劳。于是周天子正式颁发诏令：因为非子你养马有功，赐你一个邑的封地。

这个邑，就在今天的甘肃省张家川城南一带。邑名，就是一个字：秦！

张家川，如今是回族自治县。秦人的最早根据地，如今依旧在地名里留了一个"秦"字，叫作秦家塬。丝绸之路东段的关陇古道，在这里穿山而过，这里是甘肃与陕西两省交界的关山。商周以来的几千年间，这里车马纵横，繁盛一时。而近三千年之后的今天，秦家塬上依旧草木繁盛、马群悠然，叫人分不清历史与现实的交替。

那么当时，镐京以西，为周王朝扼守西北边陲的诸侯国，又是哪一个呢？

就是提议给秦非子封地的那个申侯。

申侯的领地，一般人会认为中心在河南南阳，也就是中原的南大门。后来春秋时期，这里正是阻挡南方霸主楚国北上的重要关隘，结果是阻挡失败，申国最终为楚所灭，于是申这块地域，便成了楚国的北方重镇，楚国在此驻扎精兵，称为"申之师"。晋楚城濮之战，晋文公的对手，其实不是楚国中央军，而是楚国令尹子玉统领下的申之师和息之师，结果子玉战败，楚成王嘲笑他，说："你若回国，申息两县的乡亲父老怎么办？"子玉无可奈何，只能自杀以谢楚人。

但事实上南阳这块地方，是申国后得的一块领地，就好比郑国的最初领地，是在陕西的华州，西周那时候叫郑，后来王室东迁，郑国便一路向东，到了今天的河南新郑——这个也好比英国有个约克镇（York），后来在新大陆开辟殖民地，建了个州叫作新约克（New York），我们现在一般采用音译的办法，便译作纽约了。

申国其实和郑国也有相似之处：位于今天河南的申国，是周王朝为了统治南方，所以才把靠谱的姻亲申侯弄到南阳去镇守，其实申侯的始封地，并不在河南，而在周的西北边疆，即今天陕西省宝鸡市眉县。

这个眉县，就是《三国演义》里的郿坞——后来董卓在这块离长安城二百五十里的地方，别筑郿坞，征了二十五万民工，修成一座高下厚薄和长安差不多的堡垒，"内盖宫室，仓库囤积二十年粮食；选民间少年美女八百人实其中，金玉、彩帛、珍珠堆积不知其数"。

董卓能看中眉县这个地方，很大程度上和当初周天子的眼光是一样的，即眉县是连接帝都（西周的镐京、汉朝的长安）与西羌之地的重要关口。

申侯的最初封地，也在今天眉县这个区域，且他当时为伯爵。《诗经》里有一首《崧高》，讲的是周宣王为申伯践行——"申伯信迈，王饯于郿"，就是申伯要被派到东方去开辟新领地了（就是前文讲的南阳），在出发之际，周天子就到郿（后来的眉县）这个地方来为他饯行。

申国，是姜姓四国之一。姜姓四国又是哪四个呢？最有名的自然是齐国，其他三个则是许国、申国和吕国。齐国在春秋时期成为扶持周王室的霸主，而这个申国，就是春秋以前姜姓诸侯国里最得势的，因为他镇守周天子的西部大门，又常与周天子联姻，譬如周厉王的第一个王后就是申后，周厉王手下还有一个大臣叫申季，应该也是申国的贵族。《竹书纪年》也说，申国是西周时期最得天子信赖的诸侯之一，长期与王室联姻。而且这个时间维持了很久，最早可以追溯到成王、康王，一直经历九位周天子，直到周厉王时期，申伯都是周朝诸侯里的"西部第一人"。

申国的势力范围，从陕西一路扩张到甘肃，秦人之所以能得到秦家塬这块初始封地，也是因为申国的照顾。

因为申伯在周宣王时期立下了很大的功劳，所以晋升一级称为"侯"，封地除了原来的西部，又多了河南南阳的新地盘。从后来的历史发展看，申国的发展重心，慢慢也从西部的眉县转移到了东南部的南阳。

至于当时小小的秦，在这个时期，则一直老老实实地待在甘肃，从第一任"族长"非子，一直到第四任秦仲即位之初，都没有什么太大的变化。

3 犬戎入侵 你可知秦几乎灭族

然而，到了秦仲，形势就变了。

首先是西北的游牧民族犬戎，这个时候居然威胁到了周天子的居所京畿腹地，没有办法，周厉王只能出动镐京六师的一部分部队，加以反击，最终将他们击退。

1980年发现的西周多友鼎，就是这场战事的见证。鼎器内壁的铭文，记载着一个叫作"多友"的将领，激战半个月，连续打了四场大仗，终于将敌人击退，战果是杀掉三百多个敌人，俘虏二十多人，缴获战车一百二十七辆。

但是对于秦人来讲，犬戎的这一波入侵，留下来的却只有悲伤，没有任何战功值得夸耀。周厉王三十六年（前842），也就是秦仲当上"大当家"的第三年，犬戎便攻击了秦人在甘肃的另一块根据地礼县，即所谓犬丘，屠杀了秦仲高祖父大骆留在那里的族人。

也就是说，大骆与申侯女儿所生的嫡子那一支，遭遇了重创，几乎灭亡。而秦人作为大骆的支脉，因为在今甘肃省张家川养马而幸免于难。

但是老实说，礼县在天水南边，张家川在天水北边，距离不过一百八十公里，秦人这一次能幸免于难，只能说幸运而已。

当然这一次能侥幸躲过，下一次呢？所以秦仲唯一的选择，就是积蓄实力、小心备战，谁知道来年犬戎会不会跑到张家川来呢？

那么，周天子为什么不出来惩罚犬戎，为自己的臣子报仇雪恨呢？老实说，不可能，因为这个时候，镐京出事了。

周厉王三十七年（前841），不满其暴政许久的国人终于爆发了。所谓国人，其实就是周王室都城镐京的百姓，按照常理，他们应该是周天子最信得过的人，一旦有事，他们便是周朝王室部队的主要兵源。

可是没想到的是，本该护卫王室的国人全反了，周厉王下令征兵镇压这些造反的国人。臣子说，哪里还有兵？兵就是国人，国人就是兵，国人暴动了，还能调集谁来镇压？

结果，便是周厉王一口气从镐京逃到了今天山西的霍州，当时称之为彘的一个地方。

王跑了，还有太子呢。国人担心：如果太子继位，会不会替他老爹报仇，对付咱们这些老百姓？所以国人又去追杀太子，他们很快得知，太子已经逃到召公家中躲藏，于是群情激愤，又把召公家团团包围。

召公，是西周时期最重要的两位辅助大臣之一，另一位便是周公。这个时候，召公无非有两个选择，第一就是交出太子，第二就是组织自己的家兵与这些愤怒的国人大战一场。

但这两种选择的结果，最终都是太子死亡，因为此刻的国人是镐京城里最强的武装，召公不可能挡得住他们。

那么结果你们都晓得，召公交出一个年轻人，说这就是太子。

国人群殴，杀之。

事实上，被杀的人，是召公之子。

之后的岁月，镐京城里便没有了天子，那么谁来管理镐京之事呢？一种观点认为是周公和召公临时处理事务，另一种观点则是公卿找来共国的国君——单名一个"和"字，让他来做临时天子。

一般我们认为，后者比较靠谱。近年出土的战国清华简《系年》以及《竹书纪年》《庄子》《吕氏春秋》等东周时期的文献都持这一观点，问题就是：共国远在今天的河南辉县，共伯和如何欣欣然从河南跑到陕西来做这个临时天子？唯一的解释，恐怕就是大家商量下来，如果从镐京王室之下公卿里选人，很难保证日后不会有问题；如果从公侯等级较大的诸侯国国君里选人，也会有长期把政之后难以脱手的危险。而如果是一个小国，爵位比公、侯小，却又大于子、男这样的低级爵位，或许就会比较合理。

可以想象的是，共伯和可能是被认为比较忠于周王室，而且权欲心不是那么重，本国的实力也几乎可以忽略不计，不至于对王权造成威胁，所以公卿们商量到最后，选择了这个方案。

而这个事件带给秦仲的影响，就是只能低头潜伏，暂且放下犬戎屠戮的仇恨，慢慢积蓄力量，一切且待长远。

就这样，一直等待了十五年，到周宣王元年（前827），共和行政终于结束，周宣王即位。

而后又等了三年，到周宣王四年（前824），也就是秦仲当家的第二十一年，朝廷的文书终于来了。

秦人欢呼雀跃：周天子是要发兵讨伐犬戎，为死去的礼县诸人报仇雪恨吗？

结果是：周宣王给了秦仲一个"大夫"的职位，然后允许秦仲带兵攻打犬戎。

援军呢？

没有！

周宣王六年（前822），周朝的大夫秦仲在与西戎交战中，战败阵亡。

秦仲有五个儿子，周宣王召见他们，派给他们一共七千士兵，让他们继续秦仲的事业。

但是大夫的职位,周天子起初并没有给他们。

秦仲其实只是国君的名号,他的姓是嬴,氏是赵。先秦的规矩,男人一般以氏相称,女人才用姓,所以规范的叫法,秦仲其实是赵仲,只不过史书没有留下他的名而已。

但是秦仲的大儿子,幸运地在史册上留下了名号,他叫作赵祺。

赵祺有四个兄弟,老二叫赵福,老三赵禄,老四赵寿,最小的则是赵康。

周天子派给赵氏兄弟的七千人,在当时来讲可不是小数目。当时一辆战车的配置,是一百人为一组。其中七十二人为步兵,三人为战车兵。而这三人,一个是御者,一个是射手,一个持戈。再加上后勤二十五人。所以七千人的兵力,一般会有七十辆战车。

有人会觉得七十辆战车太少,但周武王伐商那么大的战役,不过动员了三百辆,春秋时期第一仗,即郑庄公打败周桓王的繻葛之战,也是三百辆战车。

总体来讲,战车的数量,到春秋以后越来越多,所以一辆战车配合步兵的数量,也从早期的七十二人跟一车,慢慢降到三十人跟一车,结果到了春秋末期和战国时期,步兵大行其道,战车又从高峰跌落下来,数量逐年减少。

所以,秦人初起这个年代,是在西周末期的周宣王时期,周天子能给秦家派去七十辆战车总计七千兵力,真的已经是天大的面子了。

赵祺兄弟五人,凭借这七千王室部队搭上自己的本族武装,终于扬眉吐气,打败了西戎,算是扳回一局——但是总体而言,在西北这个地面上,戎人的力量还是比秦大。

所以秦人原本居住的甘肃省张家川县这块地盘,也就是最早的秦邑,其实是守不住了。

周宣王说这样吧,你们去犬丘,和你们的同宗大骆之族会合。体贴的周天子,还给了赵祺一个"西陲大夫"的头衔。

也就是说,秦国到这个时候其实还不存在,但是秦家已经有了,这个家族的级别就是大夫，算不上诸侯，当然更不如周王室的卿，可毕竟是法定的职位，有了这个，一切就好说了。

所以，西陲大夫赵祺，就把秦人的根据地搬到了犬丘，也就是今天甘肃省天水市西南礼县一带。秦的第一站张家川，在今天甘肃省天水市的北边；第二站礼县则在南边，两地相距二百多公里，放在今天，开着小轿车一路过去，也得花近三个小时。

目前发现最早的一件秦国青铜器，叫作不其簋。簋是啥呢？就是贵族盛宴之际把肉汤从大鼎里盛出来的容器，说白了就是一个有盖子的饭盒汤盆。在这个汤盆底部，就刻下了一百五十一字的铭文，说的就是当年西陲大夫赵祺，如何英明神武，打败了猃狁（戎人的一支）。

可既然是给西陲大夫的簋，为什么不叫西陲簋呢，偏偏要叫什么不其簋呢？其实很简单，"不其"两个字，合起来就是西陲大夫赵祺的名"祺"，岁月长久磨去了"礻"上面的一点，所以后人误以为"不其"而已。

不过奇特的是，秦人的第一件宝贝，最终是在今天山东省的滕州市后荆沟西周墓出土，滕州当时属于姬姓诸侯国滕国，其中有什么离奇故事，就不得而知了。

把根据地搬到礼县的西陲大夫赵祺，死于秦庄公四十四年（前778），临死之际实际并没有获得什么爵位，他仅仅是一个大夫而已，《史记》却把他称作秦庄公。

这，只能说是后代有出息的缘故吧！

4　西陲大夫的奋斗　开国多艰难

西陲大夫赵祺，因为后代有出息，在史书上被称作秦庄公。
那么究竟是他的哪个儿孙如此光耀门楣呢？
赵祺的大儿子，叫作赵世父。这是个从小就志存高远要拯救世界的孩子，他认为自己的祖父是被戎人杀死的，所以发誓要带兵出征，不砍下戎人大王的首级，绝不回来。

赵世父可不是随便说说而已，他真这么干，老爹赵祺留下的西陲大夫这个职位，他让给自己的弟弟——很遗憾，史书没有留下弟弟的名字——所以弟弟便成了秦人的首领，日后在史书上以秦襄公这个名目出现。

问题是赵世父有没有实现他的诺言呢？事实是弟弟即位的第二年，戎人就来攻打犬丘了，赵世父果断出击，结果是五个字："为戎人所虏。"吃了败仗被抓去当了俘虏，好在秦戎关系稍后有所缓和，所以戎人又把赵世父给放了回来。

哥哥冲动地要和戎人拼命，哥哥性子刚，恰恰相反，弟弟却是性子柔。弟弟秦襄公没有哥哥那么冲动，暂时打不过就讲和嘛，那么，弟弟秦襄公在做啥呢？

即位第一年，他就做主把自家妹妹缪嬴，嫁给了戎人的首领丰王，当然这个丰王并不是所有戎人的王，他也只能管自己手下一拨人，所以稍后又发生了犬丘之战。但毕竟有丰王的关系在，秦人和戎人的沟通渠道是通畅的，赵世父后来能被放回去，不得不说是丰王这个妹夫的功劳。

也就是在哥哥赵世父被捉去当俘虏的那会儿，弟弟秦襄公把根据地从甘肃一路向东，搬到了今天陕西省宝鸡市陇县东南镇郑家沟，当时叫作汧邑的地界。

当然这话说的，一下子从甘肃跨省到了陕西，好像走了很多路似的。其实陇县就在张家川县的东边，距离礼县也不过三百多公里而已。

为什么要从甘肃人摇身一变做陕西人？说到底，就是秦人眼下还打不过戎人，再待下去，很可能被戎人吞并灭亡。

不得不说，秦襄公的这个举动，虽然看上去有点窝囊，其实真的拯救了秦国。

当然这个时候，秦其实还算不上一个国，只是一个大夫级别的家族而已。

但是谁也没想到的是，随后几年间，关中出大事了。也正是这件事，促生了秦国作为一个诸侯国的真正诞生。

问题的源头，还得归结到周王朝的天子身上。

此时的周天子，便是史书上赫赫有名的周幽王。

周幽王的叔叔，就是司徒郑桓公，而这个时候的郑国，并不在今天的河南省，而在今天陕西省渭南市的华州区，东边二十九公里就是西岳华山。

周幽王的王后，则来自申国，也就是秦人的老相识、老亲戚。申国此时的位置，也不在今天的河南，而在今天的陕西省宝鸡市眉县，距离秦人此时的居住地陇县，也就一百二十七公里，搁现在开车差不多一个半小时就到了。

所以，申侯既是周天子的老丈人，又是秦人的老亲戚，在当时的西部，是很有势力的一个诸侯。再者，申后已经给周幽王生了一个儿子，即后来的东周平王宜臼，如果顺利的话，申侯就是未来周天子的外公。

问题就出在一个叫作褒姒的女人身上，没多久她居然得到了周幽王的万千恩宠，并生下一个足以取代申后之子地位的儿子。

关于褒姒，有很多神妙故事，现在看来都是附会的传奇，譬如说有记载讲，夏朝那会儿就曾出现两条龙，还能开口说话，告诉夏王自己是褒国的两个先王所化，然后便把一种不可名状的液体留在夏朝宫廷，夏王用一个匣子把液体盛装其中。等到夏、商、周三朝更迭，这个匣子便被周朝的作妖天子周厉王打开了，作妖的结果，就是一个侍女怀孕了，后来到周宣王那会儿，便生下了一个小女孩。

侍女无缘无故生了一个孩子，自然慌张不已，就把孩子抛弃到野外，孩子被路人捡到，带去了褒国，日后长大成人，便是绝代佳人褒姒。

当然事实绝没有这般离奇，说到底就是一个秦岭以南的汉中妹子

（褒姒）与秦岭以北的宝鸡大姐（申后）在后宫争宠，最终是汉中妹子获胜，宝鸡大姐怒了，回娘家跟她爹（申侯）哭诉，于是他爹大怒，这就开启找外人（犬戎）揍负心郎（周幽王）的模式。

问题是秦人这会儿站在哪边呢？

按道理，秦是周天子的臣子，虽然只是个大夫，级别不高，但忠君报国绝对是没错的，所以他应该站周幽王这边。

事实却不是这样，方才已经说了，申侯在西部地区的影响力可不得了，申国还是当初秦人得以开辟基业的助力人，这些年大家都在宝鸡这地界上混，你不听申侯的话，行吗？

再一个，申侯已经和戎人联手，而你秦襄公也把妹妹嫁给了戎人首领丰王，难道你不该站在申侯这边？

司马迁的《史记》说，当时秦人确实出兵了，只不过晚了一步，申侯和犬戎杀死周幽王之后，秦人才到，于是"将兵救周，战甚力，有功"。

但其实司马迁在这里是含糊其词了，秦人"将兵救周"到底是哪个周？按常理论，周幽王才是周，秦人应该是去救周幽王了，而既然救天子，那就是与被废的太子宜臼为敌了。可是司马迁接下来又说：

> 襄公以兵送周平王，平王封襄公为诸侯。

平王就是宜臼，如此说来，秦人又是在申侯和犬戎这边，是反对周幽王的盟军。

那么到底，秦人是助周幽王还是助周平王呢？

从史料记载的诸多事实来看，秦襄公显然助的是后者。只不过犬戎在骊山杀死周幽王之后，在镐京周围大肆掳掠，从周平王的盟军摇身一变，成为破坏者，这个时候，秦人就意识到，自己应该成为西部地区文明和秩序的捍卫者。

司马迁后文说，这个时候周平王就正式封秦襄公为诸侯，把岐山以西的土地都给他做领地，并且郑重其事地说：

"不讲道义的戎人啊，在我岐、丰之地烧杀掳夺，如果秦人你们能把他们赶走，岐山以西的土地就赐给你们。"

到这个时候，秦才正式列名诸侯，不过爵位也不是五等爵位的第一等公爵，而是第三等伯爵。所以讲真，秦襄公应该是秦襄伯才对。

当然，周平王把岐山以西的土地都给秦人做领地，其实也是空口说白话，因为此时的关中正是一片混乱，周平王自己都无法立足，随后迁都去了洛邑，而周朝的另一个重臣虢公则拥立周幽王的弟弟余臣也做了周天子，即周携王，所以这个时候其实出现了两周并立的局面，一直到公元前750年，也就是周平王二十一年，晋国出兵杀了周携王，这一局面才正式宣告结束。

王室乱成这样，天子许诺给秦人的"岐山以西"，就只能靠秦人用武器去夺取。

事实是：公元前770年周平王东迁，这成为东周开始的标志。然后秦人开始收复岐山以西的事业，结果是浴血奋战四年之后，秦襄公还是吃了败仗，在讨伐戎人的战争期间去世。

正如后来杜甫凭吊诸葛亮"出师未捷身先死，长使英雄泪满襟"一样，秦国的开疆大业，到这里才刚刚开始而已。

顺便说一句，周平王确实对秦家不错，除了将秦本家封为秦伯，还将一个支庶封到一个叫作夏阳的地方，即今天陕西省韩城市芝川镇附近，建立了一个诸侯国，叫作梁国，而且爵位和秦国平等，也是伯爵。

5　秦文公[①]报告　岐山以西我已夺回

公元前770年，因为在危难之际协助周平王向东迁都，秦人终于

[①]　因为后人史书溢美抬高，传统史书对秦国国君的称呼都存在谬误，造成读者对春秋史的种种困惑。其实，如传统史书里的秦文公，称呼秦文伯更合适。

获得天子赐予伯爵之位，在今天的陕西省陇县一带开始了秦国五百多年的霸业。

但是，当时的周天子王都已经迁徙至洛邑。华夏文明昌盛的中心地带，毫无疑问是今天的河南、河北、山西、山东四省，第一批兴旺发达起来的诸侯国，都集中在这四省范围之内，如第一个小霸主郑国，原来的封地是在陕西省渭南市华州区，此时便搬家到了河南，先后吞并郐、东虢以及其他八个附庸国，最终把都城迁徙到了今天的新郑。随后，齐国在山东、晋国在山西，逐渐兴起并成为制霸天下的雄主。

相对而言，此时留在关中西周王都废墟上的秦人，就落魄许多。一是人口的大规模东迁，二是戎狄的大肆破坏，导致整个陕西地区都陷入空前的冷寂状态，正如一位路过镐京废墟的诗人吟唱的那样：

> 彼黍离离，彼稷之苗。行迈靡靡，中心摇摇。
> 知我者，谓我心忧；不知我者，谓我何求。
> 悠悠苍天，此何人哉？

我路过镐京的废墟啊，看到以往的宗庙宫室，现在都成了一片荒地。野生的黍子啊一片连一片，高粱长出了新苗；我徘徊在这里，脚步是那么沉重缓慢，内心又是何等起伏不安。理解我的人，知道我心忧；不理解我的人，还在奇怪这个人到底在琢磨什么？遥远的苍天啊，是谁使昔日的繁华宗周，变成了这样的荒丘？

有人说破坏了不要紧啊，旧的不去新的不来，秦人正好利用这个机会，把关中建设起来不就成了吗？

这话说得轻巧，游牧民族的掳掠，那可是彻彻底底，事后回到田头的农民，眼见得颗粒无收，简直就是死的心都有，重建谈何容易啊！

秦人建国之后数十年的努力，一是驱逐戎狄，二是经营关中，这两件事，可以说是春秋时期最艰难的两大任务。

戎狄之一是申伯当年引进来的犬戎。

这里顺便插一句，这个申国，原本在今甘、陕交界的小陇山南麓一带承担周王朝抗御西戎的任务，如今已经跑到了淮河上游的今河南信阳，当时叫作谢地的所在，真是谢谢他们这一家门啊，原本是西大门的看护，如今却把西门打开引进了敌人，自己跑东边休养生息去了。

换言之，现在的秦，就替代了从前的申，担任了周王朝西门的看护责任。

就秦本身来讲，赵仲死在戎人手里，赵世父曾经做过戎人的俘虏，甚至秦国真正意义上的开国君主秦襄公，同样死在戎人手里——《史记》记载：十二年，（秦襄公）伐戎而至岐，卒。

这个能说是不共戴天的世仇吗？

当然可以。

那么秦襄公的儿子，有没有为老爹报仇呢？

答案是肯定的。但是可惜的是，史书没有留下这个儿子的名字，唯一的称号"秦文公"，也是半假半真——真的是"文"这个谥号，假的是爵位，当时秦君还是伯爵，正确的叫法其实是秦文伯（他的父亲襄公也是如此）。

秦文公嬴姓、赵氏，至于叫啥名，没有一字半言流传下来。

但是这个秦国的第二代国君，还是干了点事的。他即位的第四年，就不断驱逐戎人，向西推进到了汧水、渭水两条河流的汇合地。汧水，即汧河，现在叫作千河，是渭河的支流。渭水就是渭河。

那么就在这里，秦文公感慨万千，他说这个地方啊，咱们秦人可得记住啊，周天子给我们的第一块封地就是这里，没想到现在，我们都成为正式的诸侯了。

那么这个地方究竟是在哪里呢？

今天陕西省宝鸡市凤翔区的西南部，有个小镇叫作长青镇，就是秦文公感慨的"汧渭之会"。

距秦文公百余年前，秦人的先祖非子，接到周天子王命召唤之后，就是来到这里为周天子养马，因此得到赏识，从而获得第一块封地："秦。"

而距非子百余年后，秦文公来到这里，他就打算把这个当初老祖宗赖以兴旺发达的地界，当作自己振兴秦国的起点。

秦文公先算了个卦，卦师告诉他此处大吉。他便果断决定：

"咱秦国的新国都，就在这里！"

但是很遗憾的是：秦国的史书，并未留下这座都城的名字。唯一可以确认的是，秦人之前过的，都是半游牧的生活（周天子给他们的任务就是牧马），到此时，终于步入定居时代——《史记》说秦人"即营邑之"，也就是说，在这"汧渭之会"，修筑了秦人第一座城邑。

事实证明，修城这件事，秦文公干对了。之后十余年间，秦国采取蚕食策略，夺得一块土地就修一座城，如此就好似蚕吃桑叶般一点一点控制从犬戎手里夺下来的土地。

就这样到公元前 750 年，也就是周平王东迁后二十一年之际，秦人终于蚕食到了岐山。

岐山在哪里呢？就在今天的陕西省宝鸡市东北，如今县名就叫岐山，《封神演义》书中吹得热闹非凡的"凤鸣岐山"事件就发生在这里。

那么这个功劳有多大呢？之前我们讲过陕西的好几个地名，如眉县——中国最早的国都就在这里，而眉县就是岐山的东边邻县。还有秦国此时的都城，在凤翔区长青镇，也就是岐山的西边邻居。两者距离不过二十公里。秦文公干了十余年，几乎全部业绩就是从今天的凤翔区扩张到了岐山。

但是意义很重大，因为秦人把周天子丢掉的西岐老家给夺回来了，这多光彩啊！

所以秦文公一本正经地向洛邑的周天子报告，说大王交给俺爹的任务，终于在俺手里完成了，现在俺要把夺回来的土地，以岐山为界，岐山以东的土地，全部上交，还给你周天子。

呵呵，单看这份报告，写在《史记·秦本纪》里的十来个字，多么光辉灿烂！可是你要知道两件事。第一是周天子已经在洛邑安居乐业许多年，他不可能也不会愿意回岐山以西。第二则更重要，此时秦国掌控的土地，只有关中平原的一小块，周天子就算愿意要这块岐山以东的土地，他又如何来治理？要知道从岐山到洛邑之间，还有大量戎狄部族存在，他们都是秦的敌人，也是周的敌人。

所以，《史记·秦本纪》里"岐以东献之周"这句话，说白了就是做个姿态而已。

事实上，得地不多，秦文公更大的好处是得了很多被犬戎掠夺去的人口，《史记·秦本纪》里说他"遂收周余民有之"，也就是把这些人口全部收入了秦国旗下，他们原本是周人，现在都变成秦人了。

所以，秦文公这就算功成名就了。

事实上，秦文公打戎人是积极的，可是搞一下宝鸡境内的其他诸侯，他也很乐意。

今天的宝鸡市陈仓区虢镇，就是虢国的旧地。

论跟周天子的亲疏，虢国可比秦强一万倍，秦的老祖宗是殷商那一边的，而虢国的先祖可是周文王的弟弟，周武王得管人家叫叔叔，在西周那会儿，虢国的国君世代都是周天子的卿士，还经常担任周天子征讨一方的指挥官，建立了不少军功。除了西方的封地（陈仓这边），第二块在东方周天子东都洛邑附近的制邑，也就是后来的虎牢关所在地。第三块封地，则跨今天的山西、河南两省，从黄河北岸的山西平陆，一直到黄河南岸的河南三门峡市。

所以说虢国的地盘，都是周天子地理上顶紧要的位置，也因此，一进入春秋就被那些豪强盯上了。洛邑附近的制邑，被郑国人强占，郑庄公跟他老娘武姜聊天那会儿，武姜要把这块地封给叔段，郑庄公连忙说："不行啊，那个地方太重要了，当年虢叔就战死在那里。"至于山西平陆和河南三门峡这一块，到晋献公那会儿，一招"假道伐虢"，归了晋。

而留在陕西的虢国旧地，在秦文公这个年代，就开始慢慢地蚕食其土地。

当然，秦文公并不是那种粗暴的人，他并没有一口气把西虢全部吞并——这个剧情一直要到秦武公十一年（前687）才全部实现，秦文公的策略是温水煮青蛙——慢慢来。

西虢的都城，在今天的虢镇城。东西南北四周均为夯土城墙，有四座城门，挖掘有护城沟。但也谈不上有多么险要，秦国要拿下这座城，难度不会太大。

秦文公不急于灭西虢，他的目的，只是要西虢的土地和百姓。

《水经注》说，秦文公曾去陈仓一带游猎，在经过一座名为北阪的城池之际，发现了一块颜色如同肝脏一般的天外陨石，秦文公认为这是他得了一件天赐的"宝"，就下令在这里设立祠堂，用于"陈列宝物"，即陈宝祠，每年用一头牲畜来祭祀它。这座陈宝祠的东南方向，还曾在晴天发出雷鸣般的响声，野鸡都跟随着鸣叫，因此称作"鸡鸣神"。

这个记载其实反过来证明了一点，那就是陈仓原本不叫陈仓，而是因为天降陨石，秦人在此设立了"陈列宝物的祠堂"，所以才得名陈仓。

而虢国的国都就在陈仓区虢镇，由此可见，秦人虽然没有马上灭掉虢国，但夺取虢国的土地，已经是近在咫尺。

比《水经注》成书早的《搜神记》也说，同样是在陈仓这块地方，秦文公还曾派人去附近的山（这山如今便叫作陈仓山）上砍伐一棵巨大的梓树，结果一砍伐就狂风暴雨，然后树上的创口立即合拢，秦文公派四十个兵同时拿斧头砍也砍不断，这时候士兵都累了，有一人躺在树下休息，忽然听见鬼神对话，一个树神模样的人说："秦文公能把我怎么样呢？"鬼说："如果派三百个人披着头发，用大红丝线绕住树干，穿着赤褐色的衣服，撒着灰来砍你，你能不困窘吗？"树神便哑口无言。

这个士兵便把听到的对话报告给秦文公。于是按照这个办法将树砍断，结果树里面跑出一头青牛，秦国派出骑兵追捕这头青牛，但是根本无法取胜，一名骑兵摔到地上，头发都披散开了（正常情况下古人是将头发盘起，结成发髻，所以不会披散），结果青牛害怕这个披头散发的人，一头跳进附近的丰水，再不敢出来——秦国后来就因此设立了一支名为"旄头骑"的特种骑兵。

这些段落多少都有点神怪传说的意味，但也从一个侧面，证明了秦文公时期，秦国对原属虢国管制的陈仓地区，是如何步步进逼、逐渐夺取的。

不得不说，秦文公这一招很厉害，要知道虢国可是当初周天子分封七十一家诸侯里的最高一等公爵之国啊！秦文公一方面自吹自擂说要忠诚于周天子，另一方面又把周天子的公爵在关中的残留领地毫不留情地占为己有，这两方面，究竟哪一方面是真的呢？

事实上，周天子明白得很，所以秦文公表忠心要把岐山以东献给王室时，王室压根就不搭理这事，谁信谁是傻子啊！

那么秦文公侵略周天子的重臣虢公的领地，王室为什么不管呢？老实说：管不了。因为这个时候，王室已经和中原的小霸王郑国闹翻了，早在周平王时期，就打算把卿士的位子从郑国这里夺过来交给虢公，结果被郑国发觉，双方不得不互相交换人质以保持暂时的和平，这一事件被称为"周郑交质"。随后周桓王即位，便果断任命虢公林父为右卿士，以分郑庄公之权。后来更免去郑庄公的左卿士职务，最终激发繻葛之战。

也就是说，秦国在西边侵夺虢公的旧宅地，虢公在东边却陷入周天子与郑国的矛盾之中。周天子以及虢公，如何能分心出来对付秦国？

这，也正是秦文公悄悄切割西虢土地，而不声张的用意所在。

秦文公一共在位五十一年（前765—前716），可以说是秦国前期在位最长久的一位国君，他也确实很称职，在他手里，秦从一个几乎还是初具国家雏形的小国，逐步在西部站稳了脚跟，秦虽然还谈不上强,但至少已经是西部一个有力的诸侯了。

6　走向雍城　秦人的春秋初啼

不过,可惜的是,秦文公的接班人不太给力。首先是他的儿子,居然比老爹早走一步,于秦文公四十八年(前718)驾鹤西游。

其次便是他的孙子。当时秦文公没办法,儿子死了,他就只能把孙子立为储君,两年之后,秦文公去世,宪公①即位。

这个孙子,即位第二年就发动战争,敌人是西戎的一支,叫作亳戎的部族。

他打得也很不错,亳戎盘踞在今天西安市的东南区域,当时这块地叫作荡社。战争持续到秦宪公三年(前713),亳戎便被击破,秦国的势力扩张到了今天的西安地区。

下一个目标,则是芮国。

芮国在哪里呢?今天陕西省的渭北平原东部大荔县,便是它的都邑所在,这里是黄、洛、渭三河汇流地区,往南渡过渭河便是西部门户华阴与潼关,往东渡过黄河便是山西,换句话说,这里就是当时秦、晋两大雄霸的争夺之地。

当然,在秦宪公这个时候,晋国、秦国都还没有完全暴露出霸主的雄心壮志,而芮国呢,老实说也不差,是周成王分封的早期诸侯国,第一代封主是周武王的卿士芮良夫,爵位倒是和后来的秦相似,都是伯国。只是芮伯和周王室的关系要比秦好太多,最高曾在周天子那里做过主管工程建设的司徒。

此时秦国已经掌控了西安一带,芮国确实成为秦向东扩张的拦路虎。偏偏在秦宪公在位的第七年,芮国爆发了内乱,当家的芮伯芮万,居然被自己的老娘赶出了国都,不得已从今天的陕西省大荔县一口气

---

① 《史记》作宪公,实际上此时秦还是伯爵,并没有冒充公爵。

跑到了山西省芮城县——这里是姬姓诸侯国魏国的都城——请注意，不是战国七雄那个魏国。

这一场内讧事件的理由，说起来有些好笑，居然是芮万宠信的女子太多，惹怒了老娘（这理由未免太牵强，联想到郑国庄公与其娘武姜的纷争，或许有相同的可能性），所以老娘发飙，把儿子赶走。

当然，这个时候的秦国，就算有吞并芮国的雄心，实在也没那个实力。所以秦国打着主持正义、为芮万出气的名义发兵讨伐芮国。

结果《左传》的记载是："秋，秦师侵芮，败焉。"这年秋天，假借正义之名打算捞点外快的秦军被芮国毫不客气扇了两个大耳光。

那么怎么办呢？秦宪公好歹得找回面子啊！结果到了冬天，东边的周天子发声了，说这件事得管。于是王师浩浩荡荡地开过来，秦国赶紧派兵过去呼应，两国联军到魏国拉上芮万，为他主持了公道。

这件事过去之后四年，秦宪公又成功打败另一个西戎小国荡氏。

所以单从这些年表记录来看，秦宪公至少是一个比较成功的国君，可是问题在于：实际上这位秦国国君在位十二年，临死才二十一岁，他治国，基本就是权臣眼鼻底下的一个傀儡。

此时的秦国，终于出现了第一批弄国的权臣，留在史册上的名字，是大庶长弗忌、威垒、三父。

"大庶长"这个名词，绝大多数人知晓它，是因为在商鞅变法的二十等军功爵里有它，位列第十八等，仅次于关内侯和彻侯。

事实上，秦国很早就有大庶长这个官职，权力就相当于后世的宰相。

弗忌、威垒、三父，就是秦宪公时期秦国的三位宰相，他们实际掌握着秦国权力。秦宪公时期取得的那些成绩，说到底应该归功于他们，而不是一个十几岁的孩子。

秦宪公一即位，在这三位大庶长的力主之下，秦国便从原来的"汧渭之会"迁都平阳（今宝鸡市陈仓区阳平镇），显然，到了新的都城，这么一个毛孩子，更是人生地不熟，完全听从于三个辅政大臣。

那么，秦宪公既然不负责国事，他又能负责什么呢？

就是娶老婆、生儿子。老婆，是来自鲁国的鲁姬，秦宪公与她生了三个儿子，分别是后来的秦武公、秦德公、秦出子。

而当秦宪公觉得自己已经二十几岁，应该能够执掌国政，不再需要弗忌、威垒、三父这些辅政大臣之际，一场君臣之间的权力斗争便明朗化了。

结果便是：秦宪公十二年（前704），他神秘死亡。

此时，弗忌、威垒、三父依旧掌握着大权。正因为权力在他们手里，选择储君之际，他们认为老大和老二都不够贤德（年长可能会不听话），而老三秦出子，会是最好的人选。

要知道，秦出子这个时候才五岁，他随后做了六年秦君，直到秦出公六年（前698）临死之际，还是一个十一岁的孩子。

其中的原因，可能与后世十六岁的孙亮不满孙綝而被废、十九岁的曹髦不满司马昭而被杀的事件相似吧。

杀了十一岁的秦出子，弗忌、威垒、三父三个权臣又想起了昔日被他们冷落的老大，于是迎他出来做了下一任秦君，他就是秦武公。

好，那么现在秦武公即位了，他弟弟被杀这件事怎么对付？

有人说，当哥哥的为弟弟报仇，天经地义啊！

可也有人认为，要是弟弟不死，你哪里还有机会当这秦君？

秦武公的对策，是内部先保持安定，他先搞外头的事。所以第一年，他带着兵，去攻打了位于今陕西省白水县东北四十里的戎狄彭戏氏。

随后他又等了一年，待到将内部关系全部厘清，到第三年，他忽然出手，将已然放松戒备的三个权臣抓捕并诛杀，且夷灭三族。

而在搞定权臣之后，他又沉默了七年，直到第十年，才出兵攻打西方天水一带的戎狄，先是攻打位于今天天水市清水县的邽戎，随后攻打甘谷县的冀戎，在这里又设立了两个县，即邽县和冀县。再过一年，向东正式吞并了郑国遗留在西方的旧领地，设立为郑县。他的父亲秦宪公吞并的社国，也在这一年设立为社县。

可能有些读者就奇怪了，按照教科书的编排，县不是商鞅变法之后才有的吗？有道是"集小都乡邑聚为县"，难道这个县不是商鞅的发明创造吗？

笔者在这里就从头说起，"县"这个字最早是什么意思呢？就是周朝的执法人员将犯人的首级，砍下来悬挂在木头上示众的意思。所以最早期的"县"，其实就是现在的"悬"，后来就拿这个字来表示设置在中央下面的地方机构，也就是说，这个地方不是拿来分封给哪个人，而是只属于国君的。

秦武公设立的卦县、冀县、郑县和社县，就是这样直属于秦国中央的地方机构。

这是不是中国历史上最早出现的县呢？其实早在公元前738年，楚武王即位的第三年，楚国灭掉位于今天湖北省荆门市沙洋县的权国，便设立了一个县，名曰权县。后来，楚国又灭掉了位于今天河南省息县的息国，设立息县——这个县的名字历经数千年，至今未改，被称为中华第一县。

秦国的这四个县，始建于秦武公十一至秦武公十二年（前688—前687），比楚国的权县晚，却比息县早。这至少能证明一点，就是楚国征服一地，不封给贵族而是任命县官实行直辖的做法，已经传播到了秦国，被秦武公采纳了。

可是秦武公又为什么会学习楚国这种特立独行的操作手法呢？要知道当时的中原诸侯国，还没有一个仿效的例子。这就是秦国的特殊情况了，要知道秦武公刚一即位，就面临三个权臣的威逼。这些权臣为什么能有如此大的势力？不就是因为当时的秦国，也跟中原诸侯一样实行分封制，以至于秦国的国君没有足够的人力财力支持，无法与这些权臣对抗吗？

所以秦武公设立这四个直属于自己的县，其实就是一种尝试，试着把人力物力直接掌握在国君手里，是不是会比"分封给卿大夫，然后卿大夫再以封地的资源来效忠国君"这样的模式来得更好呢？

此时，还是春秋初期，秦武公的这一番尝试，其实已经有了几分他的后代秦始皇"废封建、置郡县"的味道。

而借助这样的模式，秦武公的信心大涨，秦武公十一年（前687），他出手掐灭了王室大佬虢公在关中的最后一点烟火，位于今天宝鸡市境内的西虢国，终于被秦国彻底吞并。

但是秦武公试图把更多权力捏在国君手里的尝试，显然引起了秦国贵族群僚的警惕。所以当秦武公于即位后二十年（前678）去世之际，他的儿子赵白，没有能够继承父亲的大位，贵族们的理由是：你父亲的国君之位是从你叔叔（三弟秦出子）那里得来的，所以现在，这个位子依旧由你叔叔（二弟）来坐。

于是赵白被扔在了平阳，即秦武公墓穴的所在地。他的叔叔即位之后，索性就把侄子封在了平阳，让赵白做了秦武公的守灵人——要知道，秦武公可是第一个用活人殉葬的秦君，他的墓穴里活埋了六十六人。

那么平阳给了赵白，新即位的秦德公又该以何处为都城呢？

从平阳（陈仓）向北，他看中了今天的宝鸡市凤翔区，也就是当时的雍城。他在此营建新都，从此之后近三百年间，十九位秦君在此临朝，秦国的霸业，基本上也可以说在此处孕育。

在这个时候，秦国可以说已经是西部地区一个小小霸主，新都一落城，梁国和芮国两个诸侯国的国君便来朝贡。

请注意的是：秦国此时只是一个伯爵诸侯国，而梁国和芮国也是伯爵诸侯国，按理来讲他们是平级的，并不存在谁朝贡谁的道理，可是这一年已经是秦德公元年（前677），秦国的东北方，即今天黄河以东的山西，晋国的内乱刚刚平息，发动叛乱的曲沃武装力量杀死了晋侯，随后更堂而皇之地以晋国国君自居。

也就是这个时候，西周初期确立起来的五等爵诸侯法制陷入一片混乱。齐国原本是侯爵，可是此时已然给自己安上了公爵的头衔，如此一来，洛邑以东一带的诸侯，纷纷以五等爵的最高等级自称，甚至被视为姬姓王室在东方的定海神针——鲁国，也把自己的头衔从侯爵提升到了公爵。而且这一提升，便把之前所有的国君全部称为"某公"。

秦国自然也不能免俗，既然中原人都这么干了，自己为什么要谦虚呢？所以秦国的史官大笔一挥，原本的秦某伯统统改成了秦某公，甚至连爵位都没有，只是西陲大夫的赵祺，也莫名其妙被戴上了秦庄公的头衔，此后的历任秦伯，则陆续戴上秦襄公、秦文公、秦宪公之类的头衔。

孔子的《春秋》，是他在六十八岁以后返回鲁国开始写的，主要的依据对象就是鲁国史官所记录的史书，毫无疑问，这代表了鲁国的官方价值观。所以孔子虽然想要厘清事实，其实也无能为力，鲁国明明是侯爵，可是孔子也不敢写鲁闵侯，只能写鲁闵公。

当然，还有一些人会说，公是国君死后对他们的尊称而已，生前其实还是以法定爵位来称呼的。

但是，这一论述如果成立的话，为什么一些诸侯称为"公"，另一些诸侯又称为"侯、伯、子、男"呢？按死后尊称的礼数，这些诸侯死后都该称为某公才是吧。

不过，笔者也无意在这个问题上作过多纠缠，鉴于春秋时期五等爵位体系的彻底破坏，我们就顺从当时乱世的特点和历史习惯来书写为秦武公（但是这并不是说秦国由伯爵升格为公爵，事实上一直到最后，周王室给秦的爵位都是伯爵，并未改变）。

二、西霸

7　兄死弟及　秦穆公和他的哥哥们

秦成公四年（前660）登上秦国国君之际的赵任好，也就是后世春秋五霸之一的秦穆公，是秦国国君名字登上史册的开端。

赵任好的父亲便是秦德公，但任好不是德公的长子，他上面至少有俩哥哥，大哥秦宣公、二哥秦成公。

说来也奇怪，大哥秦宣公一口气生了九个儿子，临终之际却谁也不传，硬是要弟弟来做接班人。二哥秦成公稍微逊色一点，只生了七个儿子，也不传，照例找来弟弟，即赵任好，一定要他做国君。

当然这种事也不是秦国独家，东南方向的吴国，吴王寿梦有四个儿子，临终之际传位给大儿子诸樊，诸樊做了十三年王，传位给二弟余祭，余祭做了十七年王，传位给三弟余昧，余昧做了四年王死了，传位给四弟季札，结果季札拒绝。

兄死弟及，这样的传承体系，其实和一个国家的外部环境有很大关系。因为外部环境险恶，强敌在侧，父子之间的传递容易造成"老王死了，小王还是个娃"这样的尴尬情境，而敌人如果乘此机会入侵，便会对国家造成极大的危险。

那么当时秦国外部险恶的强敌是谁呢？

齐国远在山东，再强势也欺负不到秦国头上。秦国这个时候最害怕的，就是黄河东岸的晋国。让秦宣公害怕的，是晋献公。

要知道，周王室当年在山西地区，建立了不少诸侯国，如隔一条黄河与陕西潼关和河南灵宝相望的西南一角，建立了一个魏国。往北到今天的新绛县，建了一个荀国。而从荀国往西到今天的河津市，东南方建立了耿国，东北方则建立了冀国。继续沿着黄河往北到今天的临汾市，往北的洪洞县，建立了杨国；再往北到霍州市，建立了霍国。

这些诸侯，可都是周王室的至亲。荀国，是周文王第十八子葡的封国；霍国是周武王八弟处的封国，后来霍叔处参加管蔡之乱，被废为平民，可是他的儿子仍然继承了封地；杨国则是周宣王为了阻止猃狁进攻，把儿子封在这里；其他如魏国、耿国、冀国，也都是姬姓诸侯国。

不得不说晋献公下手狠啊，一任为君，就把这些天子亲戚全部给扫入囊中，灭了一堆诸侯国。

秦宣公曾经和晋献公有过一次交手，地点是在黄河北岸，即所谓河阳，史书讲述得非常简略，只知是秦人胜了，时间是秦宣公四年（前672），双方动用多少兵力，是主力大兵团的交锋还是边境小武装的冲突，都不得而知。

大体上，秦宣公对东方的事务抱着极为谨慎的态度。他即位之际，就遇上了周王室的大事件。

此时的周天子，是东周第五任君主周惠王。实际上到这个时候，周王室的力量已经不值一提了，应该是尽量低调别惹事为妙，可是这个周惠王，居然还惦记上了大臣的一个菜园子，改造成动物园养野兽。结果到了他即位的第二年，就发生了大夫叛乱事件。

当然事情其实没这么简单，这个菜园子的主人，是王子颓的老师。而颓是周惠王的叔叔，当年曾经受到周庄王的宠爱，差点就染指王位继承权。所以周惠王惦记叔叔的菜园子，多少有点那种意思。可是颓本来就窝着一肚子火，于是索性来真的，在五个大夫的支持之下，攻击周天子，干脆自个当王算了。

周王室的这场内乱发生之后，周惠王就从洛邑跑到了黄河北岸的温国，向附近的诸侯发出勤王指令。

秦国，自然也在这"附近的诸侯"之列。收到勤王令之后，秦宣公和一帮大臣便展开了讨论，有大臣说好啊，这是国君你扬名立万的好机会啊，带一支兵打进洛邑，杀了王子颓，扶周惠王归位，你还犹豫个啥？

但是秦宣公想了半天，他觉得这事自己最好还是别掺和。第一，周惠王本来就不对，他是尊贵的天子，居然卑劣地去抢臣子的菜园子，这事他干得也忒差劲。第二呢，那个王子颓也是王室成员，而且是皇叔，这等于说是皇叔和皇侄打架，属于皇室内部矛盾，外人不好乱插手。

这两条理由，说是也是，说不是也不是。天子固然不对，但臣子因此造反，你难道不去勤王？至于皇室内讧，这种事见得多了。当年两周交替之际不也是皇室内讧？秦国的老祖宗可是积极参与，诸侯的位子都是因此才得来的，搁现在你说皇室内讧就不插手，这个理由太勉强。

真正的理由，其实是下面这条。

此时的秦国，还只是一个二流诸侯国，还是地处今天河南、河北、山西、山东这个东周诸侯核心圈之外的非主流诸侯国。要知道春秋前期，只有郑国这样处于地理核心位置的诸侯国才能上台表演一番，只有齐国这样的经济军事双一流诸侯才能做真正的霸主，只有宋国这样的老资格正牌公爵诸侯才有资格炫耀自己的仁义之道，而秦，一是地理位置偏远，二是经济军事都不发达，三是资格也不够老——秦是东西周更替封的新诸侯，在几百号诸侯队列之中根本就不起眼。

不管是哪一条，秦都没有这个实力，来替周天子出头。

所以秦宣公一个兵都没发。东周的这场乱子，一直拖到两年之后，还是郑国收留了周天子，并联合虢国帮周天子搞定了王子颓的叛乱。

这一事件中，晋国也没有出力帮周天子，非但没有，最终协助郑国平定叛乱的虢国，也被晋国使一招"假道伐虢"给灭了。

所以你看看，替周天子尽心尽力的诸侯命运是如此的下场。郑国，随即也陷入晋楚争霸的铁拳相逼，左也不是，右更不对，就连自主权都没了。秦宣公没有将自己陷入中原争霸的泥潭，确实是明智之举。

秦宣公四年（前672），即齐桓公当上第一届霸主的第十六年，秦宣公去世。按照兄位弟承的道理，他的九个儿子全部靠边站，二弟上台，即秦成公。

这个时候，秦国至少在今天陕西的强者地位，已经无人可以否认。所以秦成公一即位，就有两个小兄弟前来拜码头，一个是梁伯，另一个是芮伯。

秦成公的身体健康状况却不容乐观，他还没来得及干些什么，即位第四年就撒手人寰，西部小强秦国发展壮大的重任，最终落到了三弟赵任好的手里。

赵任好，便是秦穆公。

8 五张羊皮 能买来秦国崛起？

赵任好重任在肩，那么他又在想些什么呢？

人才！

光他赵任好一人使力，如何能炼成大秦的铜墙铁壁？而秦国本土这些老贵族，坐在一块啃着牛肉喝酒侃大山还成，问他们如何能使秦国兴旺发达、百姓富足、兵强马壮，他们几乎说不出一条良策。

那么人才从哪里来？

赵任好听说东边的第一个霸主齐桓公，他之所以能成功，就是因为用好了以下几个人才。

头一个是鲍叔牙，齐桓公小白做公子时期的师傅就是他。当年齐襄公一死，国内的两家贵族就把消息捅给了小白，小白立马赶回国，结果半道上被哥哥公子纠的师傅管仲，一箭射中衣带钩。机敏的小白装死，就是鲍叔牙的计策。

小白迅即回国，即位成为齐桓公。随后齐鲁开战，支持公子纠的鲁国战败，也是鲍叔牙，手写一封信，让鲁国乖乖交出了管仲。管仲到达齐国之后，鲍叔牙又劝阻齐桓公（毕竟之前仲几乎杀死小白，小白岂不对他恨之入骨?),如果你只想做齐国的国君,有我就够了;可是你若想称霸天下,做号令诸侯的霸主,那就非管仲不可。

所以,把鲍叔牙称为成就齐桓公霸业的引路人,毫不为过。

第二个便是管仲,大家只知道此人后来的雄才大略,可是早些年,他做生意赔钱,当兵临阵脱逃,当官则是没门路,脸上明明白白写着两个大字:"失意!"即便是后来遇到了赏识他的公子纠,一场算计也还是"失败"二字,若不是老朋友鲍叔牙大仁大义,他的结局,铁定就是落魄而亡。

人生的转机,就发生在那一刻,因为鲍叔牙的死荐,齐桓公开始重视管仲,结果开聊的结果是一口气聊了三天三夜,管仲所言句句切中齐桓公的所思,于是斋戒三日,拜管仲为相,由此开启对内大兴改革、富国强兵,对外则九合诸侯、一匡天下的春秋霸业。

那么问题来了,赵任好的鲍叔牙、管仲,又到哪里去寻呢?

答案是,秦国没有鲍叔牙、管仲,就到普天下去寻。

其实,说远不远,就在黄河对岸、今天山西省南部平陆县这块地方,也就是当时的虞国,便有一个堪比鲍叔牙、管仲的大才子,他便是百里奚。

但是百里奚,和古往今来很多怀才不遇的士人一样,在虞国根本就寻不到做官的门路。那么怎么获得做官的门路呢?上古时期,受宗法制度的约束,只有出身好的人才有做官的可能——这种宗法制度,其实并没有完全消亡,相反强大得很,只不过以另一种名目无声地存在而已,历史上的某些时期,能力也不突出、品德更不值一提的门阀后裔,牢牢地把握着从庙堂到保正几乎全部的权力资源,所谓举贤任能,在东周时几乎就是个笑话而已。

所以百里奚就是虞国权贵眼里的笑话。好在当时是春秋列国的时代,正所谓老子有本事哪里没饭吃——张家不请我,我就去王家、李家、赵家。

但是遗憾的是,百里奚从虞国前往各国游历,一路上出宋入齐,居然没有一个国君看上他，甚至在齐国，百里奚落魄得几乎靠乞讨维生。

关键时刻，百里奚遇到了一个知己，就好似当年管仲危难之际得到鲍叔牙的帮忙，他呢，在宋国得到了蹇叔的赏识。

蹇叔是何许人呢？他在宋国生活富足，却也谈不上有什么权势，至少他在宋国，也是一样无官可做。

蹇叔与百里奚的相遇，是在铚邑（今安徽省濉溪县临涣集），此时的百里奚，已然是一个花光了兜里最后一点钱的倒霉蛋，可是蹇叔一见之下，却觉得此人相貌奇伟，不像是个普通人。

于是两人开聊，一开始可能聊大街上路过的姑娘哪个长得靓，然后聊隔壁菜市场上好吃的，最后便谈到了周天子和郑国、齐国、晋国这些当时在中原大地上呼风唤雨的诸侯。

这时候蹇叔真的震惊了，因为眼前这个穷光蛋，居然什么话题都能接，更出奇的是不但能接，还能头头是道，说出个因果联系，更分析出许多平常人不能知晓的内在逻辑。

蹇叔说，不嫌弃的话，你就留在我家中暂住些时日吧！

正是好汉见好汉，"惺惺相惜"用在此处再合适不过，两人情投意合，这就结为知己。

那么这个时候，蹇叔就做起了百里奚的"职业经理人"。你再有本事，也得有发挥这本事的舞台才能发光发热啊！

蹇叔推荐的第一个方向，是齐国。

这个时候的齐国，齐桓公还没上任，当家人是齐襄公，也就是小白的哥哥诸儿。齐襄公在位期间，齐国已经开始显露出几分未来霸主的派头，可是没办法啊，齐襄公居然和自己的妹妹私通，还杀害了妹夫也就是鲁国的国君鲁桓公，以至于名声大坏。齐襄公十二年（前686）冬天，他在一次游猎中被野猪惊吓，摔伤了脚，一部分贵族便掀起叛乱，杀死了藏匿在门扇之下的国君。

叛乱之后夺取齐国政权的贵族首领，他的名字叫作"无知"！一听这名号就感觉他的时日长不了，不过在百里奚那会儿，这个齐君无知还一本正经地悬榜招贤纳士，百里奚差点就要去应聘了——如果应聘成功，百里奚就是无知的手下，无知就不一定被杀，而无知不死，小白又哪里有机会成为齐桓公呢？

事实是蹇叔半道截住了百里奚，他为百里奚分析齐国此时的时局说：无知虽然暂时掌握了政权，可是齐国的公子们（其中便有后来成为齐桓公的小白）还在，他们必定会寻找机会回国夺取政权，所以无知这条船一定会沉，你不能把大好才华，给无知陪葬。

百里奚将信将疑，最终还是听从了蹇叔的劝告，后来的局势发展，果然如此——无知被杀，小白回国，成为齐桓公。

稍后，百里奚这边又接到了新的单子，这回是周釐王的弟弟王子颓，这人喜欢斗牛，所以花重金聘请养牛的师傅。百里奚说："好啊，我可以从斗牛师做起，这才是一份不错的职业啊！这就打点行装准备去天子脚下。"

但是这一回百里奚又让蹇叔给拦下了，蹇叔说：

"丈夫不可轻失身于人。仕而弃之，则不忠，与同患难，则不智。此行弟其慎之！"

啥意思呢？你是顶天立地的男子汉大丈夫，不可以随随便便认一个主人——一旦投靠了这个主人，遇到灾难抛弃他而去，那就是不忠；可若是和他一起灭亡，又算不上明智。所以呢，选哪一个人做你的"老板"，真的很重要啊！

王子颓，我们之前已经讲过了，随后他发动叛乱，被郑国和虢国联手镇压下去，如果百里奚跟了王子颓，恐怕也难逃一死。

那么到这个时候，百里奚已经离家多年，思乡之情是难免的，于是蹇叔跟百里奚说：不如干脆回你的祖国虞国，我有个老朋友，叫作宫之奇，就在虞国做大夫……

在宫之奇的引荐下，百里奚等于是兜了一大圈，终于获得了虞国的官位。但是蹇叔还是不放心,认为虞国的国君不靠谱,在这乱世很难保全国家。

这话随后就灵验了,晋献公借道伐虢,回师路上就把虞国给灭了。

说到这里,我们便要扯回秦穆公了,因为秦穆公在即位的第四年,迎娶了晋国的公主,这个公主,在历史上叫作"穆姬"——穆是秦穆公的谥号,姬则是公主的姓,当时的规矩,女性用姓,秦国是嬴姓赵氏,秦国公主就是丈夫的谥号加嬴,晋国是姬姓晋氏,晋国公主就是丈夫的谥号加姬,因此"穆姬"的意思,是"姬"姓的女子嫁给"穆"为谥号的国君,整个先秦时期都是如此。此外如申国的公主嫁给郑武公,即称为"武姜",也就是"掘地见母"的女主人公。

秦穆公后来把自己的女儿嫁给晋怀公,那么这个时候,公主在史册上的名号就是"怀嬴"。可是后来晋怀公跑回晋国,与秦交恶,秦穆公又把这个公主嫁给重耳,也就是晋文公,那么她的名号,便改成了"文嬴"。所以你读《春秋》,一会儿"怀嬴",一会儿"文嬴",不要以为是两个女人,其实就是这一个。

当然也不都是这样,譬如某种原因,女子也不一定用夫君的谥号,譬如齐国公主嫁给鲁桓公,按上面这个规则应该叫"桓姜",可是《春秋》却写作"文姜",这个"文",是女子自己的谥号,为什么和丈夫不享用同一个谥号呢?因为这个文姜,跟自己的哥哥齐襄公乱伦,最后导致丈夫鲁桓公被杀,按理说鲁国应该讨伐这个女子,可是继任的鲁庄公,又是她的儿子,儿子讨伐母亲,自然也不妥当。所以最后鲁国的史官,写"文姜"而不是"桓姜"。

秦穆公迎娶了穆姬,晋国这边公主出嫁,自然需要一些陪嫁的女孩子,以及一些陪嫁的劳动力,即所谓"媵人"。

而晋国灭了虞国,百里奚当了俘虏。这个时候,他就被打入"媵人"名册,跟着穆姬的出嫁婚车,向西方而去。

呵呵,按理说秦穆公这下就能得到百里奚这个贤人了,可是半道之上,百里奚却跑了,而且一口气从今天的陕西省跑到河南省,奔楚国的宛邑（今河南省南阳市）而去。

楚国此时的国君是楚成王，他听说手下来了个北方人，问：有啥特长呢？说是擅长养牛。因此，楚王就让这个秦穆公朝思暮想的百里奚，到牛圈报到去了。

这个时候，秦穆公还真是锲而不舍，他非要得到百里奚这个人不可。第一个办法，就是直接砸钱给楚国，把百里奚从牛圈里赎出来，但是这样一来，势必引起楚王的注意——为什么秦国要花那么多钱赎买一个养牛的老男人？这个老男人究竟有什么过人之处？——楚王必然要调查，而这一调查，说不定就不肯答应这笔交易了。

所以这个办法不行，秦穆公采取的是第二种策略——拿出五张黑色公羊皮，到楚国去赎买逃跑的陪嫁奴隶百里奚。一个陪嫁奴隶，再好也就值几张羊皮。这个逻辑，就合情合理了。

然后百里奚就到了秦国，秦穆公跟他聊了三天，就任命他做五羖大夫。百里奚这时便推荐蹇叔，秦穆公也任用他做了大夫。

这个故事其实漏洞很大。首先就是连续剧一般的剧情，跨越年代太过久远，齐国的公孙无知之乱，发生在齐桓公元年（前685）；王子颓之乱，发生在齐桓公十一年（前675）左右；晋国灭虞国，则是晋献公二十年（前655）。单是这三件事，便已经跨越三十年。其次，据说之后百里奚到秦国的时候，已经七十多岁。而最终百里奚在秦国去世，是秦穆公三十九年，也就是前621年。这么一算，百里奚在秦国又干了三十几年。那么他一共享寿几何呢？难不成如网上所言，他真的突破九十岁，活到了近百岁？

试想一下：一个六十几岁的老人，在楚国养牛，秦国还把他当成宝？要知道以古代的饮食条件及医疗条件而论，能长寿是很稀有的，据资料，数千年前中国人的平均寿命不过三十几岁，就算是皇帝平均年龄也不到四十岁，以上述情节而论，百里奚的生活条件动荡不安，更是很难保证养身保健，他凭什么能超越同时代其他人？

9　送粮救荒　得到的回报是战争

其实百里奚第一次比较靠谱地出现在史册上，就是秦穆公五年（前655），晋献公灭掉虞国，俘虏了虞君及其大夫百里奚；到秦穆公三十九年（前621）去世，满打满算，他的戏份，不过三十四年左右。至于其他，基本就靠编了。

百里奚的儿子，史书上管他叫作孟明视。曾有人问笔者：为什么复姓百里的老先生，生的儿子姓孟？这里头有啥曲折离奇的故事？

事实上这是一个误会，孟明视并不姓孟，孟明是他的字，视是他的名。

认真讲的话，百里奚也不姓百里，他和儿子孟明视都姓姜，百里是他们的氏。

所以按照现在的叫法，百里奚应该是姜奚，孟明视应该是姜视。

但是如果穿越到古代，你这样叫姜奚、姜视，会被暴打一顿。因为姜这个姓，一般是女性使用；男性兼用姓与氏，但一般情况下都是用氏。

就好像秦始皇，通常情况下你也不能管他叫嬴政，正确的叫法是赵政。当然，事实上皇帝的姓名不能直接称呼，所以赵政两字在秦朝也不能随便说。

言归正传，百里奚此时就相当于秦国的相了。那么，在他执政期间，他又为秦国做了些什么呢？

说得简单些，就是帮助秦穆公梳理国政，先把内务料理妥当，但是这个史料也没有过多描述，后人全靠想象，所以也就不啰唆了。

外图霸业，这个是秦穆公的真正目的。史料对这一点有所描述。

首先，如何对待黄河东边的晋国？百里奚并没有公报私仇，因为晋国灭了他的祖国，就撺掇秦穆公和晋国干架。反而，百里奚的基本态度是，秦国要把晋国拉到自己这边来，结成盟友。理由很简单，秦国如果直接和晋国开打，至少在百年之内，在战争层面是干不过的

（偶尔的一两次战役获胜，并不能说明什么）。

为了实现这个目标，百里奚与秦穆公谋划培植一个晋国的公子登上宝座，如此一来新任晋君就会心怀感激，对秦国报以友好态度。

如此，第一个进入百里奚与秦穆公视野的目标便是夷吾，也就是重耳的弟弟，他当时居住在梁国，而梁国此时已经成为秦国的小伙伴。

这个时候，晋献公刚刚去世，国内臣子先后立了两个幼年国君，结果都死于内乱。这些臣子就想到了身在梁国的夷吾。夷吾呢，害怕国内这些对国君说杀就杀的强臣，所以犹豫不决，这个时候他就想到了秦国。

经过秘密商谈，夷吾答应如果秦兵护送他回国继位，就把晋国的河西送给秦国。

河西是哪里呢？简单说就是黄河西岸，也就是今天陕西的东北部，黄河在这里有一条支流叫作洛河，古代叫洛水。洛水以东、黄河以西，这样一块三角地带，就是夷吾所说的河西。今天的韩城、澄城、洛川、宜川、甘泉以至更北的延安、延长，广义上古代都属于河西。

当时的这块土地，生活着白狄部落，其实并不属于晋国，但是因为晋国的和戎政策，所以在秦和晋两个强国之间，白狄更多地站在晋国这边。

老实说，这就是秦国向东拓展最需要的地方。所以秦穆公一听，这简直就是天上掉馅饼。他立马就答应了夷吾，并派出一支大军浩浩荡荡地送他回去（还立即招夷吾做了女婿），诚意十足啊！夷吾就是接下来的晋惠公。

结果夷吾回国了，跟大臣一商量，马上就赖账了：这么重要的地方，给了秦国，晋国还怎么混？

晋国此时的权臣有两个，里克与丕郑。这么表达反悔且肯定让秦穆公窝火的话，夷吾派丕郑去传达。丕郑也不傻，到了秦国立马就表明态度：我的国君对秦国不友好，但我个人是非常仰慕您的。

接着丕郑就给秦穆公出了一个主意，说夷吾这家伙忒不靠谱，你还是拥立他的哥哥重耳好一些,我给你出个主意,先派人用厚重的礼物,把现在晋国那些主事的大臣骗到秦国来商议,然后派出军队,护送重耳回国,我们在国内的人就会起来策应,内外相逼,夷吾就只能跑路了。

秦穆公说,行啊,你去办吧。事实却是丕郑一回国,这图谋就露馅了,晋人又杀了丕郑。

之后便到了晋惠公四年(前647),这时候发生了大饥荒,晋国没粮食,就向秦国买。要知道,两国关系因为之前的事情,其实已经很僵了,秦穆公完全可以拒绝,可是这时候百里奚说:

"天灾,是不能预测的,今年在晋国发生,明年说不准就在别的国家发生。救助灾荒,敦睦邻国,这是我们的道义。"

这话说得太光明正大了,丕郑的儿子丕豹这个时候已经跑到了秦国,他就表示反对:晋国忘恩负义,这个时候,正好是我们报仇雪恨的机会。

秦穆公也不是没琢磨过这事,但是左思右想,觉得还是要做个正人君子,于是秦国派出车队,从今天的陕西凤翔,一直运到山西的绛县车厢城,即当时的晋国国都绛。

这件事,被称作"泛舟之役",足以说明一点,那就是战国之前的秦国,是不存在法家商鞅那种非人道的思想的,某种程度上,反而比东方的晋国更讲道义。

没想到的是,仅仅一年之后,秦国也发生了饥荒,于是顺理成章地,也到晋国来买粮食。

没错啊,去年我家缺粮你把粮食卖给我,今年你家缺粮,可不就该我把粮食卖给你了吗?晋国有个大夫庆郑,他就持这种观点。

可是在晋国的朝会上,夷吾的舅舅虢射却大力反对,他说去年上天把晋国赐给秦国(指晋国灾荒,这是老天赐给秦国的好机会),结果秦国没有抓住这个机遇,还把粮食借给我们,这是秦国傻。现在上天把秦国赐给晋国了,晋国怎么能违背天意呢?赶快派兵吧!

好嘛！这个就是某些人信奉的逻辑，真是无语。

于是，一场秦晋之间的大决战，便在秦国饥荒之后的公元前645年（晋惠公六年、秦穆公十五年）春天爆发。

秦国和晋国，从来没有打过如此规模的大级别会战。晋国之前扫荡耿国、霍国、魏国、虞国、虢国时，都只能说是以大欺小，而此时的秦国，却足以称为西部地区头号强国，这样的火星撞地球、野牛斗苍狼，谁能占上风呢？

秦穆公十五年（前645）的闰九月，秦国的战车，推进到黄河西岸的韩原附近。晋国的国君晋惠公，已然在此等候。

战车时代，一车之上，共有三人：御者，即车夫；戎右，负责近距离短兵格斗；第三人，也就是主将，负责远距离射击。

那么谁担任这个"御者"？晋惠公先抓了个阄，结果卜者说，庆郑是最合适的人选。

但庆郑，不就是之前主张对秦国友好，借粮给秦穆公的那个大夫吗？此次交战之前，晋惠公曾问庆郑，说秦兵现在已经打过来了，你看咱该怎么应对呢？庆郑说，晋国饥荒时，秦国送给我们粮食，秦国饥荒我们却拿起了刀子，现在秦人反攻了，这你能怪谁？

话不投机半句多。晋惠公直觉此人不可信赖，他选了另一人给自己驾车。

那么，谁担任"戎右"呢？晋惠公再抓了个阄，卜者说：呵呵，你又抽中了庆郑。

晋惠公简直要抓狂，可是他依旧拒绝庆郑，最后选了一个家仆来做戎右。

车上人员安排妥当，晋惠公又选了来自郑国的马给自己拉车，此时庆郑在一边又多话了："打仗一定要用养熟的本国马，它一直受你的调教，知道你的心意。外国马可不一样，平常看着没啥两样，一旦遇到紧急情况，它会紧张而发狂，届时不听指挥，要前进前进不得，要后退后退不能,你该怎么办?"

晋惠公还是不听(这时候庆郑的良言就好似老妈的唠叨,再有理也进不了逆子的耳朵)。

当然两军对阵,晋惠公还是要摸一下敌人的底,他让正卿韩简负责这件事,结果韩简报告两句话:一句是秦兵数量比我们少(这个是晋国这边的优势);另一句是秦兵虽少,但看上去身强体壮战斗力很强,加上士气高涨,所以很能打(这个是秦国的优势)。

晋惠公觉得奇怪:韩卿你这话啥意思?韩简又说:"主公你咋这么健忘呢?你当年流亡在外,靠秦国保护你(还把女儿嫁给你);回国当上国君,也是仰仗秦国的支持;之前晋国遇到饥荒,秦国又送来粮食。这三件事都是秦国对你有恩,可是你是怎么做的呢?所以现在我们的士兵没有斗志,敌人却义愤填膺,我的话就是这个道理啊!"

韩简的态度,和庆郑差不多,可见这是当时大多数士大夫的认识。其实这里还有内情就是,晋惠公当年回国之际,曾答应要送给迎接他的大夫们许多好处,结果等即位后,这些好处大多赖账不提了。难怪士大夫们对这个国君观感很差,心里有怨气啊。

面对韩简,晋惠公底气不足,因为韩简是此时晋国地位最高的卿,他不可能像对待庆郑那样对韩简也置之不理。所以晋惠公耐心解释:"韩卿你说得有理,可是呢,你也要知道,如果我现在不出击,秦国人回去之后一定会大吹大擂,一个普通人尚且不能受这样的侮辱,何况是我们晋国?"

没办法,军令如山,韩简也只好奉命去挑战,向秦军传达本方国君的话:"贵国对晋国的恩情,寡人忘不了。可是现在贵国出动大兵到此,寡人也只能集结部队来抵抗了。如果贵国现在还不肯退兵,寡人也只好勉强应战了。"

晋惠公自己不来,却让韩简传话,那么对应的秦穆公当然也不出来,秦军这边出来答话的是大夫公孙枝,这人在秦国的地位可不低,要知道百里奚到秦国之前,他是秦国的"首席"大臣。

公孙枝说:"我转发我们国君的话回复你:'当初你流落在秦国,寡人为你担忧;你回到晋国而君位未定,寡人继续为你担忧。现在你已经坐稳了晋国国君的大位,寡人无须为你忧虑。那么好了,请你整兵一战吧,让寡人领会一下你的风采。'"

好吧!不得不说,一切台词其实都是无意义的。因为战争的胜败,并不取决于嘴仗的输赢,唯有真刀真枪,才是真正的主题。

那么谁会成为最后的胜者呢?

10　野人出动　韩原之战的胜与负

闰九月十三日,两个大国的战事终于开始。结果是毫无悬念的,晋军迅速败下阵来,更要命的是拉晋惠公战车的郑国马,居然踩进了一摊泥沼,动不了了,于是秦兵大喊大叫,就要活捉晋惠公。

偏巧,此时晋惠公一眼看见庆郑就在附近,赶紧喊他来帮忙。

庆郑嘿嘿一笑:"你不听我们的话,吃败仗不是情理中的事吗?"说完这话潇洒离去,丢下晋惠公在原地暴跳如雷。

其实到了这个阶段,晋军并没有完全失去获胜的可能,因为韩简的中军,对秦穆公的中军发起了突击,秦穆公已然负伤,可是就在关键时刻,居然不知从何处跑出来几百个野人,挥舞铁棒木棍,虽然改变不了什么,可是晋军被这意外因素一扰乱,对秦穆公的包围也就散了。

一声叹息,韩简这边又接到了晋惠公求救的信息,只好让自己的御者驾着车,救出了晋惠公。

这战局,还真是瞬息万变:一开始是晋惠公遇难,庆郑看笑话;接着是秦穆公负伤,野人出来帮忙;结局,可就是换了战马的晋惠公,又被秦军一波冲锋,这回可真是被活捉生擒了。

要说春秋之际的战争,国君被敌人捉住,这可真是少有的事——那么方才讲的半道杀出来的野人,又是怎么一回事呢?

这里的野人，可不是那种原生态的生吃人肉的野蛮人，而是"田野之人"，也就是农民。春秋时期，农民是不参加战争的，甚至两国开战，农民如果不怕殃及无辜，也可以在远处观战看热闹。那个时期有资格当兵的，只能是居住在城里的所谓"国人"，种田汉称之为"野人"，只要种田上交粮食就可以了——这也是种田汉的最后和平岁月，因为一进入战国时期，不管愿不愿意，他们就要被直接拉过去做步兵了。

那么这些野人，为什么会主动介入原本与他们无关的战争，帮秦穆公一把呢？这里却也有个缘故，此前秦穆公曾驾车出游，没想到半道车子坏了，这边修车的工夫，那边一匹马就跑丢了，等到士兵们发现之际，这匹马已经成了岐山南面一帮野人的盘中餐。

秦穆公如果是秦始皇，这时候就该雷霆大怒，把这些野人全部杀了，可是春秋时期的秦人就是和战国时期的秦人不一样，秦穆公说好吧，吃了就吃了，可是要注意，光吃马肉不喝酒的话，是会伤身体的！于是秦穆公拿出御酒来，让这一帮子野人全部喝了酒，这才坦然离开。

韩原之战前夕，这群昔日受过秦穆公恩德的野人，就悄悄地来到战场附近观望，理由很简单，他们要报恩。

果然，秦穆公在战场上遇险了，野人们一声呐喊冲上前来，虽然他们武器简陋，战斗力也很弱，可是毕竟事出突然，一下子就冲乱了晋军的包围圈。秦穆公得以脱险。

要知道，当时晋国的大夫梁由靡已经抓住了秦穆公战车骖马的缰绳，秦君就擒已然进入倒计时。

所以说，这个就是福报。

那么现在，我们已经讲完了整场韩原之战，戏剧性十足的战争场面宣告终结，晋惠公成了秦军的俘虏，秦穆公大声宣布，要把这个忘恩负义的家伙杀了来祭天。

但这个时候，穆姬，秦穆公的夫人、同时也是晋惠公的姐姐，她登场了。

按道理老公打了胜仗，做老婆的应该高兴才对。可是穆姬看到自己的弟弟押在囚车之上即将赴死，姐弟虽说不上情深，也毕竟是血脉相连的亲人，所以可以想象的场景是，穆姬穿上丧服，开始上演哭戏了。

方才已然讲过，秦国这时期是很有人情味的。如果秦始皇要杀赵王，他母亲赵姬过来哭（当然只是打个比方，赵姬跟赵王没一点儿关系），秦始皇只会暴跳如雷而不会宽恕。可是这个时候是春秋时期，秦穆公看自己老婆这么伤心就不忍了，他跟女人说：

"抓住敌人应该高兴才对，你哭什么？放心吧，当年商纣王的叔叔箕子曾经预言，说晋国一定会繁荣昌盛，所以没事的！"

秦穆公实在是个暖心男，为了安慰老婆，他决心把晋惠公放回国："有本事你就再集结部队来打呗！"

晋惠公到这个时候，却也有了几分男子汉大丈夫的气概，他还没回国，先派了几个人回去向国内报告说：

"秦国已经答应让我回国，可是我没脸再做你们的国君，这样吧，你们选个黄道吉日，让圉（惠公的儿子）即位吧！"

所以晋国虽然战败了，却没有慌，最大的损失就是没了晋惠公这么一个不成器的国君，反而因为这事件，激起了晋国的士气，稍后秦穆公曾询问担任使者的晋国大夫吕省：晋国在国君被俘之后国情如何？吕省说分两类人：一类是强硬派，他们都说宁愿和戎狄结盟，也要报此仇；另一类是温和派，希望秦国能放回国君，两国重新恢复和平。

吕省说这话当然是有目的的：先提强硬派的主张，是告诉秦国，真把事情搞僵了，他们得不到什么好处；接着提温和派的意见，则是他真实的意图，只要把国君放了，凡事有得谈。

秦穆公自然是接收到了这个信息，接下来他就改善了晋惠公的战俘条件，住宅和饮食标准都大大提高。而后在秦穆公十五年（前645）十一月，晋惠公就被释放，回到了自己的国家。

这一回，挨了打的晋惠公真的老实了，他把之前答应却没有兑现的河西，终于实实在在地割给了秦国。

笔者再次强调，这个河西，其中心就是今天的陕西省渭南市，西边是洛水，东边是黄河。不客气地说，这个地方，对于秦国来讲，就好似它的咽喉，如果晋国控制此处，就好比卡住了秦国的脖子，随时可以要它的命——日后我们讲战国初期的秦魏大战，战场就在此处。

秦穆公此时得了这块地方，真的是心满意足、功德圆满，前面的工作没白做啊。

然后呢，晋惠公就让自己的儿子圉到秦国做人质，又给他娶了秦国的女子做妻子，这自然是在向秦国示好：不但我，就连我的儿子，都跟你们秦国心连心。

秦穆公终于满意了。

那么，晋国的事到这里就告一段落，秦穆公便把矛头指向附近的梁国。

梁国此时的国君寅，其实是秦国的同一血缘后裔，而且他也默认了秦的强大，所以一直以来，都毕恭毕敬地遵奉秦国为自己的大哥。

但是世上有些事就是如此无奈，如果低头就能逃脱灭亡，那六国还抗什么秦？

梁国就是这样一个命运。

秦国说，梁国国君太坏了，他好大喜功，经常在封邑内大兴土木，修建宫室，搞得百姓怨声载道，痛苦不堪，所以我们秦国要替天行道，解救梁国的万千黎民百姓，灭了你梁国，把梁国的所有土地都并入秦国。

事实是，梁国所谓大兴土木，是因为秦国马上要入侵，他们必须紧急修建防御工事，所以最终虽然秦国还是灭了梁国，但很多梁国人不愿意做秦国的顺民，他们跑到晋国去，拿已经灭亡的国名做自己的姓氏，这便是后来的河东梁氏。

秦灭梁是秦穆公十九年（前641），第二年，秦便吞并了另一个处境相似的小国芮国。芮国在今陕西省大荔县，梁国在今天陕西省韩城市，都在黄河以西、洛水以东这个范围，换言之，这两个诸侯国的灭亡，其实是晋国撤离河东的必然结果。秦国之前不灭它们，不是因为之前的君主仁德，而是因为晋国的势力还在，一旦秦试图灭梁、芮而晋国出兵干涉，这事就不好整了。

秦国灭梁国却不是没有后果——此时在秦国做人质的圉心里犯嘀咕了。他的母亲就是梁国的公主，等于说圉的舅舅家都让秦给灭了，他怎么能没有想法？

"圉"这个字的意思是养马人，他还有一个妹妹名字叫妾，妾就是女奴，当初老爹给他们起这样的名字，据说是因为梁伯也就是他们的外公卜了一卦，推算的结论是要以贱名来躲避厄运。

这个时候，圉听说父亲生病了，他在国内还有几个弟弟，如果自己不能及时回国，那么国君之位很可能落入弟弟之手。所以他急急忙忙与妻子商量，要一起偷渡回国。

他的妻子，其实就是秦国安排在圉身边的一个耳目，她对自己的丈夫说："你是晋国的太子，我虽然是秦国的女子，却是你的妻子，身为秦国人，我不能跟你走，可身为你的妻子，我也不会向上面报告你的行踪，所以你赶紧走，不要管我！"

但其实这里也让人生疑，秦穆公拉拢圉，不就是希望自己能影响晋国的下一任国君吗？如果圉不回国，就当不成下一任国君，那秦穆公前面的所作所为还有什么意义？

同样的逻辑，秦女在圉身边，确实有监视的作用，可是圉如果做了晋国国君，秦女就是晋国的国君夫人，这对于秦晋关系的和睦紧密，不是更好吗？

所以这记载简直就是牛头不对马嘴，唯一可信的，估计是圉内心对秦国的强烈不信任，导致了他只能选择悄悄遁逃。

结果圉这一跑，秦穆公真的就起疑心了，他认为晋国这帮人又要搞鬼了，于是立马安排情报人员调查一件事：

"给我找一个叫重耳的男人，立刻、马上！"

11　秦晋之好　重耳给秦国的回报是啥呢？

重耳，是夷吾的哥哥，此时已经年届花甲，他从四十岁那年离开晋国开始漫漫逃亡路，从齐国混到曹国，又从曹国到宋国、郑国，此时正在南方霸主楚国那里混饭吃。

春秋的情形，有点像后世的股市，很多士大夫会长期追随一个公子，不论公子混得有多惨都不放弃他，就好似今天一些人长期持有某股，不论涨跌都捂着不出手，目的只有一个，那就是他们坚信这只股票会有冲破天际的时刻。

重耳身边，就有这么一批人，如狐偃和赵衰、魏犨（战国七雄的赵、魏两国先祖）；而晋国国内，也有一些看好重耳的贵族，则如栾枝、郤谷。

所以但凡懂点事的诸侯都不小看重耳，春秋首霸齐桓公，把本族的少女齐姜嫁给他（后来重耳当上晋国国君，迎她为夫人）；第二个谋求称霸（但未遂）的宋襄公，按国礼接待他（国力不足，没办法帮他）；未能列入五霸却曾暴打宋襄公的楚成王，也很盛情地款待他——所以就算重耳当不上国君，日子也过得滋润得很。

那么这个时候，秦穆公又看中了这只潜力股，把他邀请到自家这边来，一口气就要把五个嬴姓的女孩子嫁给重耳，其中就有他的亲生女儿、曾经嫁给晋怀公（此时的身份是晋国太子圉）的那个怀嬴。

重耳有点难堪：太子圉是他侄子，怀嬴岂不就是自己的侄媳妇，这是不是不太方便接受？

还是重耳的手下说话实在，虽然有点糙："你接下来就要夺取侄子的国家，先娶他老婆有什么问题？"

于是重耳接受了这五个女子，秦穆公很高兴，随即大摆宴席，这个时候重耳的跟班赵衰就表示要唱一首歌来助兴，这首歌的歌名叫作《黍苗》，光听题目你会以为是一首歌颂勤劳农民的歌，但其中有两句是这么唱的：

我任我辇，我车我牛。我行既集，盖云归哉。
我徒我御，我师我旅。我行既集，盖云归处。

翻译一下就是：
我挽辇来你肩扛，我扶车来你牵牛。出行任务已完成，何不今日回家走。
我驾驭车你步行，我身在师你在旅。出行任务已完成，何不今日回家去。

秦穆公一听这词就笑了：我难道不知道你们想早日回国？而且我也没想过要让你们做秦国人，放心吧，只要一有机会，我就把重耳你扶上国君的宝座！

唱歌这件事发生在秦穆公二十三年（前637）的秋天，好像是命中注定一般，随后晋惠公就死了，太子圉即位成为晋怀公，他一上任就发布命令，所有跟随重耳流亡的士大夫都必须马上回国，要不然就杀死相关的整个家族。

据说这是真的，不仅仅是威胁，狐家就是一个例子，狐偃跟随重耳没回来，晋怀公就把狐偃他爹、大夫狐突给杀了。

结果晋国的贵族们都紧张了，本来大家相安无事，你这么搞岂不是逼我们？所以另几个大夫就骚动起来，后来担任晋军中军将的郤縠、担任下军将的栾枝，都派人到秦国来找重耳，说你赶快回来，我们这边都商量好了，你一出现在黄河边上，我们就起来推翻晋怀公这个暴君。

这个时候还存在异数的，便是吕省、郤芮这两个大夫。吕省就是当年成功说服秦穆公释放晋惠公的那个人。所以重耳的手下就和这两人反复谈判，最后吕省、郤芮也举手了，表示愿意支持重耳。

秦穆公二十四年（前636）春天，秦穆公把重耳送到了黄河边，随后重耳的代表狐偃就和大夫们在今天山西省临猗县——当时叫作郇的地方缔结盟约。于是，重耳顺利东渡进入晋国，到达都城绛，那个时候晋怀公身边已经没有一个大夫，他只能弃位逃亡，但没多久就死在重耳的剑客手上。

经过这件事，"秦晋之好"也从此结成。然而，秦穆公从中得到什么好处了呢？从稍后的几个事件就能看出来。

第一个事件，是同一年秋天的周天子弟弟王子带事件。

此时的周天子，是东周的第六任天子周襄王。三十七年前，即周惠王四年（前673）王子颓之乱的解决，当时多赖郑厉公和虢国出手帮忙。这个王子颓，是第三任周庄王的儿子。王子带呢，是第五任周惠王的儿子。

事实上和王子颓的剧情差不多，王子带也是和自己的哥哥周襄王争位。

十三年前，即周襄王三年、秦穆公十一年（前649），这幕大戏的上半场开演，当时的调解人，第一个组合就是秦穆公和重耳的弟弟晋惠公，两家联合出兵打退了王子带和那些戎人，然后就开始和平调解，但是这次貌似不太成功，随后王子带就跑到了齐国。

之后齐桓公也出面调解，一直到秦穆公二十二年（前638），才谈妥相关事宜，周天子原谅了王子带。

可是没想到，王子带一到洛邑，更为激动的事情发生了，王后隗氏居然也插一脚，在这场争位大戏中有戏份：背叛自己的丈夫，站在了王子带一边。王子带有了隗氏背后戎人的支持，居然袭击王都，将周襄王赶跑了。

好吧，那么这件事，就属于"是可忍孰不可忍"的事件了，周天子就算落魄，也是华夏诸侯的招牌，现在周天子居然被一帮戎狄欺负，还扯出了男女私情、弟占兄嫂等诸多不堪剧情，你说在中原摩拳擦掌跃跃欲试的齐秦晋这些霸主能不出手吗？

所以到了秦穆公二十五年（前635），晋文公和秦穆公就联合出兵了，秦兵一直推进到黄河边上。

但是这个时候，狐偃想得更多，晋国要做新的霸主，正面的敌人是楚国，可是秦国也是个抢戏的能手，晋文公要做救周天子这出戏的唯一男主角，就必须把秦穆公挤到一边去。

结果便是，秦兵还没来得及动手，晋国就先行一步，送周天子进入王城，杀了王子带，这场骚乱，便烟消云散。

晋文公这回可是挣足了颜面，也捞够了实惠——周王设宴款待晋文公，并赐樊、温、原和攒茅等人邑之田给文公。换句话说，本来就没剩几块地的周天子又"跌停"了。

秦穆公呢，这个时候就接到晋国的消息说："您辛苦了，托您的福，叛乱已经平定了，您请回吧！"

事实就是秦国啥也没捞着。

这就有了第二个事件——城濮之战。

秦穆公郁闷啊：合着我费那么大劲，把你从一个流亡公子扶植成一国之君，你就这么对我？

晋文公说：别急，咱们一起对付楚国，这里头大有你的好处。

机会很快来了。晋文公四年（前633），楚国的大军就包围了宋国，宋国向晋国求救，重耳立即发兵，声东击西先去打楚国的小伙伴曹国和卫国，而后又把曹、卫的土地分给宋国，作为对宋国的补偿。

与此同时，晋国又请齐国和秦国出面，请他们与楚国交涉。要知道这个时候的天下，齐国、秦国、晋国、楚国，是当时最强大的四个诸侯国，如今齐、秦出面，楚国再不让步，就等于楚国一家独挡其他三家，这如何打得？

所以楚成王让步了，他从宋国撤兵，一场危局本来可以就此消除，楚国虽然没得到什么好处，但也没太大损失。偏偏这个时候令尹子玉不干了，他说：这样一来的话，风头都给晋国占了，咱楚国有什么？给我一支兵，我不敢说一定能建功立业，可是至少能证明楚国也有能打仗的人。

方才已经说了，秦穆公这个时候已经对晋国的独霸不太高兴了，齐国也没兴趣给晋国添砖加瓦，所以楚军一定要和晋国开战的话，还是一对一式单挑。

结果便是城濮之战，楚军大败，晋文公把楚国的俘虏献给周襄王，周襄王任命重耳为诸侯首领，承认了他的霸主地位。

秦穆公，又靠边站了，他很生气。

晋文公说：没事哈，秦叔，我们一起去打郑国，这回好处必定一起平分。

好嘛，这便酿出了第三个事件——崤之战。

秦穆公三十年（前630），秦穆公又派兵，和晋国一起攻打郑国。

这里便要说一说郑国的相叔詹。当年重耳流浪的时候，曾经到过郑国，郑国国君郑文公对重耳并不好，于是叔詹说：国君，您有两个选择，要么善待重耳，要么干脆杀了重耳，因为这个人如果活下来，一定会成为郑国的后患。

结果郑文公啥也没干，这话还不知何时传到了重耳的耳朵里，现如今重耳就要求郑文公：把你的相交出来。

没辙，叔詹只能自杀，可是重耳还不满足，他认为自己该恨的人是郑文公而不是叔詹，所以一定要得到郑国国君才能罢休。

晋国如此咄咄逼人，郑国没辙，就只能把主意打到了秦国头上，派使者跟秦穆公说：你们秦国到这里来做什么呢？攻破郑国的城池，难道会让给秦国？还是归晋国所有吧？秦国的好处在哪里呢？

不得不说，一句话恰好说中了秦穆公的心思，秦穆公点头走人，只留下晋文公在风中凌乱。

更让晋国尴尬的是，秦国大军走了，却留下了三个人，一个叫杞子，一个叫逢孙，一个叫扬孙，留在郑国协助戍守。

这什么意思？如果晋国继续攻打郑国，岂不是要与秦国为敌？

没辙，晋文公只能见好就收，从郑国撤走了。

秦穆公的小心思，其实不能说没有道理——郑国这个地方，是天下的咽喉之地，秦国如果能掌控这里，日后无论是向东还是向南扩张都没有问题（战国时期秦国就做到了这一点），他留下杞子等三个人，你可以说是协调官，为了协调秦国与晋国、郑国三国之间的关系所以留在这里；可是也不妨说是监察官，监察晋郑关系的变化，一旦有机会，如果郑国虚弱，晋国又无暇顾及，那么秦国向东的机会可就来了。

就这样等到秦穆公三十二年（前628）的冬天，机会终于出现了。杞子派人告诉秦穆公：晋文公死了，郑文公也死了，现在郑国正是群龙无首的状态，如果现在你派兵过来，可以一举搞定这里。

秦穆公高兴啊，使劲拍大腿，大好前途就在眼前。

12　无可奈何　秦穆公服输只能做西霸

秦穆公如此雀跃，蹇叔和百里奚在他身边，态度却没有那么乐观，他们劝秦穆公：还是不要着急，秦国的实力还不足以控制天下，你为什么急着要掺和进那锅热粥里去呢？从秦国到郑国，一路上地形险阻，又都是晋国的耳目，一旦有事，秦国的大军在那里吃了亏，你又该怎么办？

呸呸呸！你们俩就不要乌鸦嘴，统统给我闭上。秦穆公很决绝：这一仗我非打不可，你知道之前我吃了多少憋气，都没发作，不就是为了今天吗？

蹇叔和百里奚很消极，讽刺的是，他们的儿子却对这事很积极，结果就是：百里奚的儿子百里视（孟明视，孟明是他的字）与蹇叔的儿子蹇术（西乞术，西乞是他的字）、蹇丙（白乙丙，白乙是他的字）这三个人，成为此次军事行动的指挥官。

这三个年轻人便带着秦国东征军向中原进发，一直推进到今河南省偃师县东南，这里已经是洛阳的东边，相传周武王灭商之后，在这里筑城，说是要从此息偃戎师，便有了"偃师"之名。

当时，这里是滑国的疆界。滑国是郑国和卫国之间的一个小诸侯国，初封之际却和秦国一样是伯爵，也是姬姓，周天子的亲戚。

秦兵开进滑国的领土，小小滑国可不敢阻拦，也并没有把消息通报给郑国。

问题是滑国这边有很多郑国人在活动，其中便有一个牛贩子弦高。这是一个爱国的牛贩子，他一听说这些秦兵的目的地是要袭击自己的祖国，立马就活动开心眼了：怎么办，才可以阻止这些侵略者呢？

第一个办法是赶紧向国内报告，让他们做好准备，这个牛贩子弦高立马就做了，可是这样做还不够，秦军的推进速度这么快，很可能郑国还没准备好秦军就打过来了。

所以牛贩子弦高又想到了第二个办法，他手头正好有四张熟牛皮和十二头牛，正好就拿这个作礼物送给秦军大将孟明视。

"我啊，是郑国的使臣，听说三位将军要到郑国去，国君就派我来慰劳大家。"

孟明视顿时就脑袋死机了："怎么回事？我们可是悄悄地上路、快快地行军，郑国怎么就已经知道了！如果郑国已经做好了防备，那这个突袭战就变成了攻坚战，旷日持久，晋国必然来救援，我们该怎么办呢？"

算了，干脆把这个滑国给灭了，然后回去交差吧。（可怜滑国谁也没惹，就这样莫名其妙地倒霉了。）

而郑国那边，一收到弦高的报告，立即就派人去看看杞子等秦国人的动静——毕竟一个牛贩子的话是真是假不好说，万一是假的呢？

没想到这一瞥，就发现在郑国的那些秦国人，已经在秣马厉兵，连甲胄都穿好了。

这一下全明白了，郑国赶紧备战，同时派一个人向杞子等人致辞：

"听说你们要走啊，连兵器甲胄都备好了！郑国有个国家动物园叫原圃，就像秦国的具囿一样，要不请你们自己去原圃打猎，捉几只麋鹿如何？"

这话表面上看莫名其妙，可是秦国人门清啊，这是消息走漏了呀，赶紧跑吧！大家分头跑，杞子逃亡到齐，逢孙、扬孙逃亡到宋。

而郑国晓得了，晋国能不晓得吗？当时晋国人还在准备晋文公的葬礼，就收到了秦国袭击郑国不成、就把滑国给灭了的消息。

晋文公的继承者晋襄公，这时候便召集大夫们开紧急会议，先轸是中军元帅，他第一个发言，重点在三个字：

"此可击！"

当然反对意见不是没有，一些大夫就认为，秦晋关系之前还是很不错的，秦穆公对先君晋文公也有恩德，不应该对秦军动手。

先轸说：滑国是我们的同姓（都是姬家），秦国打滑国，就是打我们，还有什么情谊可言？

这话其实有很大漏洞，晋国自己就灭了不少同姓的诸侯国，秦国也灭了同姓的梁国，乱世哪里还讲什么亲戚情分。

但最后就这么定了，晋国上下一致认为，秦国人出来讨打，那就该打！

而孟明视，这时节还在回国的路上，虽然攻郑的计划破产，但毕竟灭了一个诸侯国，抢了不少玉帛、粮食和男女人口，装满几百辆大车，所以回国的速度就大大降低了。

抵达今河南省渑池县西、陕县东这个位置，也就是地势险绝的崤山地带之际，晋国的大军，已经等候多时了。

从秦穆公三十三年（前627）到秦穆公三十六年（前624），短短四年间，晋秦两个超级大国，连续打了三仗。

第一仗，便是秦穆公三十三年（前627）的崤之战，秦军这边指挥官是孟明视、西乞术、白乙丙三人，晋军那边则是先轸。

第二仗,则是秦穆公三十五年(前625)的彭衙之战,秦军主将依旧是孟明视,晋军主将换人了,先轸的儿子先且居继任。

第三仗,秦穆公三十六年(前624)的王官之战,秦军主将还是孟明视,晋军主将没有,因为晋军压根就没出来应战。

崤之战,其实是春秋史上第一场伏击战,秦军在狭窄的崤之道,遭到晋军与戎人联合伏击,结果是全军覆灭。

彭衙之战,发生地在今陕西省合阳县西北,东边就是黄河,河对岸就是晋国。孟明视一心想在此一战,以雪崤山战败之耻,结果没想到,对方晋军有个军官叫狼瞫,此前曾任车右,不知什么缘故被狐偃的族人狐鞫居取代,狼瞫一肚子火气,就带着两百多私兵,双方列阵刚完成就冲进秦军军阵。这种不怕死的拼命打法,顿时就把孟明视打傻了,晋军随即掩杀,秦军再次一败涂地。

所以前两次都是晋国胜了,那么为什么第三仗晋军就不出来应战了呢?

理由很简单,晋国不想再跟秦国纠缠下去了。当时晋襄公的"内阁会议"上,相当于首相地位的赵衰发言,认为秦国这是拉不下脸去,说白了就是当年的崤之战输得太惨,咽不下这口气,所以尽管之后的彭衙之战又输了,可是他们还是继续。

赵衰说得没错,以当时晋国的军事实力,第三次打败秦国完全没问题,可是没必要啊,晋国的竞争对手,东边有齐国,南边有楚国,和它们相比,秦国真的不值得晋国花太多力气。

所以这一次秦兵打过来,晋国就打算守城不战,给秦穆公一点面子。可以想象的是,秦国有了面子,后面就不太会找晋国的麻烦。

如果纠缠不休呢?

那就狠狠地打他们一次,不过估计秦穆公没那么傻。

晋襄公点头:就这么办。

结果便是:秦军浩浩荡荡杀入晋国境内,向东渡过了黄河,过河之后孟明视还下令把船全给烧了,以表示要和晋国人决一雌雄(后世项羽破釜沉舟就是学的这一招），而晋国人呢，冷冷瞧着秦国人把戏演足，根本就不搭理。秦军一直推进到今天山西省的闻喜县，也没找到决战的机会，只能掉头南下，从山西的平陆西南黄河渡口，当时叫作茅津的地方南渡黄河，到崤山这个伤心地，掩埋完三年前在此阵亡的秦军官兵，然后才班师回国。

晋襄公说：走好，不送。

当然，你来打我，我肯定要还手一下，所以来年晋国也象征性地派兵打了一下秦国。

秦穆公和孟明视，这个时候气也消了，理智地考虑一下，确实在那个时候，秦国想要向东去，和晋、楚这些强国争夺中原霸主的地位，真的很不现实。

这个结论，秦穆公是在重归崤山之际向全军官兵公布的：

"将士们啊，不要喧哗，我在这里告诉你们，古人向年老的智者请教，就不会犯太大的错误。我当年啊，不听蹇叔、百里奚两位老人家的话，所以犯下了过错（指崤之战），现在我在这里反省自己，作了这篇誓词，让你们也让后代，记住我的过失。"

好吧，向东不行，咱也不死撅着，掉头向西呗！从此，秦穆公便把矛头指向西方的戎人。

其实在此之前，即王官之战两年前，穆公就已经有所感悟，当时戎王派了一个叫由余的人来秦国，在穆公面前展现出让秦人惊讶的才能，穆公大吃一惊，原来西戎也有奇才——当然这个由余实际上是周人的后裔，当年两周交替之际，周携王大战周平王，由余的祖先就是周携王的部下，只不过携王最终失败，他们只能遁逃依附了戎人。

于是，秦穆公对由余说：这样吧，你离开戎国到我这边来，我让你做我的卿。

由余笑：你以为我是这么随便的人吗？

哈哈，可是秦穆公随后就派人给戎王送去十六名漂亮的女伎，戎王一见就迷了魂魄，从此再不听由余的谏言。

好吧，由余没辙，只能离开戎，归于秦穆公旗下，成为他的客卿。

随后，在由余的策划指引下，秦兵成功地扫荡西戎，一口气拿下十二个戎国（部落），在东边讨不到半点便宜的秦国，号称在西方辟地千里。

于是，秦穆公被称为西方的霸主，成为春秋五霸之一。

秦穆公一共在位三十九年，在整个秦国的君王年表中，也是屈指可数的长命君王，但认真讲，他从执政的第九年起，就开始困于对晋国的胡思乱想，先是收留夷吾，希望利用夷吾来获得对晋国的长久影响力，结果是夷吾一回去就不认账。后来他又把同样的希望寄托在晋文公重耳身上，可是到了重耳的儿子即位，秦晋再度翻脸。历史上有所谓"秦晋之好"之说，实际上，只要秦国还记挂着向东，秦晋就永远不可能好，不是你吃掉我，就是我吃掉你。

在公元前 623 年，即秦穆公三十七年，秦国终于放弃了向东的念头，此后一直到公元前 341 年，即秦孝公二十一年之前，秦兵都没有跨过崤山（作为盟友受邀不算，如楚昭王之际秦国曾受邀支援楚国，打退了吴国的进犯）。

三、剧变

13 虎落平阳 几乎就要成为东方强敌的大餐

秦穆公死后260年，秦孝公元年，即公元前361年，秦国依旧是以往那个秦国，僻居西方，相比260年前，这时的秦国更封闭、更远离中原的花花世界。

秦穆公的儿子，叫作赵罃，母亲便是晋文公的姐姐穆姬。年轻时，他曾经奉命护送舅舅重耳回国，经过渭水之阳（北岸），还写下一首诗云："我送舅氏，曰至渭阳"，后人就借这个典故，用"渭阳"这个词来比喻外甥和舅舅之间的关系。

但是外甥和舅舅后来各自当了国君，这个关系就不融洽了。赵罃即位之后，就是秦康公，这个时候他的表兄晋襄公也去世了。晋国在秦国有个人质，叫作雍，是襄公的弟弟。晋相赵盾考虑到太子夷皋才五岁，根本没办法处理国政，所以就打算把公子雍接回来。

秦康公觉得这个主意不错，公子雍在秦国那么多年，回晋国做国君肯定能改善秦晋关系。所以他很积极地运作此事，更派出一支部队护送公子雍回国。

可是万万没想到，公子雍走到半道上，国内便出事了：晋襄公的夫人穆嬴，这个当母亲的可真厉害，一听说事情有变，立马就抱着儿子来到朝堂之上，对着一帮大夫痛哭流涕，诉说丈夫晋襄公的遗命，可是明明白白说要让儿子即位，怎么先君刚一过世，你们这帮大夫辅政，立马就反悔了呢？

而在大夫们尴尬无言以对之际，穆嬴又跑到赵盾家里，女人的哭闹本领在这里就显示出了威力，赵盾没辙，只好答应换人。

但问题是这个时候秦兵已经把公子雍送到了今山西西南部的临猗县，当时这地方叫作令狐（令狐姓氏的出处），赵盾只好带着大队人马迎过去，半夜里杀进秦军军营，这顿砍啊，秦军一是事出不备，二是莫名其妙，最终只能撤，只能叹息，还没搞明白咋回事就输了。

当然秦国也不能吃哑巴亏，之后便攻打晋国，这一来一去一直打到秦康公在位的第六年，终于在今天的山西省芮城县，即当时的河曲，打败了晋军。

秦康公在位十二年就去世了，他的儿子秦共公，继承父业和晋国死拼，一度曾经包围今天的三门峡，但是没能拿下来。

这个时候，晋国倒是考虑缓和与秦国的关系，稍后晋厉公就在黄河边与秦共公的儿子桓公达成和平协议，结果没多久，又传来了秦国和翟族合谋攻伐晋国的消息，于是晋国和秦国绝交，号召了齐、鲁、宋、卫、郑、曹、邾、滕一众诸侯国，就去讨伐秦国，把秦军打得屁滚尿流，一直追击到泾阳，距离后来的秦都咸阳近在咫尺。

秦共公之后，是秦桓公执政三十年。

秦桓公的儿子秦景公即位之后，终于意识到应该联合南霸天楚国一起对付晋国，到秦景公十五年（前562），秦楚两国便组成联军攻打晋国，这便是发生在今山西省永济市西南的栎之战，事实证明二挑一真的爽，晋军大败。

这里要说一句的是，因为这件事，秦国和楚国关系开始热络起来，秦景公把自己的女儿嫁给了楚共王，秦楚联姻史拉开序幕。

而晋国吃了亏，又怎么能善罢甘休，三年之后，晋国带着鲁、齐、宋、卫、郑、曹、莒、邾、滕、薛、杞、郳等一帮小兄弟，气势汹汹杀过泾河，秦国人没辙，居然在泾河水里下毒，多国联军大怒，填平水井、拆毁炉灶，一口气杀到今天华县这个地方。

到了这个时候，秦晋两个冤家再也打不下去，都想罢兵休战了。秦景公二十八年（前549），晋国派人到秦国结盟。秦景公三十年

(547），秦国派人到晋国结盟。

秦楚的关系，此时进一步热络，两国曾经组成联军攻打郑国。但是没想到的是，随后楚国就出大事了，东南方之前从未闹过什么动静的吴国忽然一下子雄起，把楚国摁住一顿暴打，几乎就要打死了，最后还是秦哀公出手，拉兄弟一把，楚国才得以死里逃生。

所以这一时期的秦楚联盟，并没有闹出太大动静，而此后的秦国也就像一只病猫般躲在了西北角落，许久再无动静。

如此一直到三家分晋、战国时代来临，秦国依旧是病恹恹难以起身。

秦躁公十三年（前430），甚至发生了戎狄向秦国发起大规模进攻，一直深入到渭水流域的事件——而这戎狄，便是义渠。

五年之后，更大的悲剧发生了，秦国的大臣们居然来了个以下克上，围攻当时的秦君怀公，逼得这位国君自杀了。

眼瞅着晋国、齐国的类似剧情就要在秦国上演，东邻魏人这个时候打过来了，需要说的是，这个时候的魏人名义上还是属于晋，因为周天子一直到周威烈王二十三年、秦简公十二年（前403）才正式册封魏、赵、韩三家诸侯，而晋国的彻底灭亡则一直要到秦献公九年（前376）。

魏人渡过黄河，跨省从今天山西省到陕西省的韩城市西南筑起了一座少梁城。

这个危机倒是让秦国人团结起来，于是暂且按下内讧不提，兴兵去打少梁城。

这个时候，一个叫作吴起的人，出现在了黄河西岸。

吴起，其实不是魏国人，而是卫国人，但他在本国没有得到工作（越是贫弱的国家和地区，越是不容人才），只能去鲁国。鲁国当时为了抵御齐国，正需要战将。所以吴起在鲁国也曾度过一段相当愉快的时间，并且在战场上成功打败齐国。可还是那个问题：越是弱国越不容人，要不然怎么会一直弱呢？一群嫉妒吴起的人围着鲁公造谣诽谤，最终吴起便只能离开。

离开鲁国，其实未必是吴起的不幸，他随后便成为魏国的西军主将，在他的攻略下，秦国的临晋（今陕西省大荔县东南）、元里（今陕西省澄城县南）、洛阴（今陕西省大荔县西南）、郃阳（今陕西省合阳县东南）相继失陷，魏军在此筑城，少梁自然还在魏国人手里。此时的秦君秦灵公一路向西退却，最终只能沿着黄河修筑阻止魏军西进的城堡，如繁庞（今陕西省韩城市东南）、籍姑（今陕西省韩城市北）。

随后接班的秦简公，当然要拼了命阻止魏国人向西深入，但结果，在郑（今陕西省华县西南）一战，秦国又败了。到秦简公六年（前409），整个河西都被魏国夺取，秦军败退到洛水一线。无奈之下，秦简公下令修长城，没错，这就是战国时期最早的一段长城，南起今陕西省华阴市东南小张村附近，由此趋向东北越过渭河，沿洛河右岸北上，经大荔、蒲城、白水等县，北止于白水县黄龙山南麓，我们如今称其为秦东长城。

打不过魏国，秦简公呜呼哀哉，发誓要夺回河西，经过数年准备，于秦简公十四年（前401）掀起大规模反攻，他的接班人秦后惠公继续努力，秦后惠公七年（前393）在汪（今陕西省澄城县境内）打了一仗，秦后惠公十年（前390）在武城（今陕西省华县东）再打一仗，都没占太大便宜。于是到了秦后惠公十一年（前389），集结了号称五十万的庞大军团，兵锋直指今陕西省华阴市东的阴晋城。

吴起在这里，仅有五万人，而且据说都是没有立过战功的士兵（某种意义上讲就是战斗力不强），魏武侯为他加派了三千骑兵和五百辆战车作为机动，饶是如此，也远不如秦军的数量。

可是事实证明，兵不在多而在于精，吴起这五万人，因为之前毫无战功，各个渴望在此战中扬名立万，所以一场恶战下来，居然是秦兵又败了。

其实论体质，魏国人能比秦国人强到哪里去呢？关键还是在于制度，别的不论，单是奖励一项，魏国就比当时的秦国牛太多。魏国的庆功大会上，立一等功的人坐在最前排，用的是金银餐具，猪肉、牛肉、羊肉随便吃；二等功就在中间排，参战却无功的人则在最后，餐具、菜肴都依次减少。这说明啥？这个就叫作真正激励努力的人，讲关系、走后门，至少在这里是不存在的。

而且，不但是参战的功臣有奖赏，他们的父母老婆，也会得到国君的赏赐；死难将士的家属，也会每年收到国君使者的慰问和奖赏。

这样的制度，在任何时代，都会得到极大的回报。

但是在秦国，在这个时候，还做不到。

当然，东边的强敌秦国是打不过，可是南边的弱者秦国还是可以欺负的。这弱者便是蜀国，秦后惠公十三年（前387），秦兵越过秦岭，夺取了蜀国的南郑，即今天的汉中市。

也就是夺取汉中这一年，秦后惠公病死，他的儿子才两岁，年轻的母亲就是小主夫人，居然重用身边人，也就是宦官。一时之间，秦都附近议论纷纷。

赵师隰，是秦灵公的儿子，当年父亲去世，他没能继位，就只能出国流亡。整整三十年流浪天涯，忽然在这个时候接到了来自国内的消息，只有两字："速归！"

赵师隰赶紧回国，可是到达郑县以东当时的秦兵关卡，根本就不让进。他整整绕了一个大半圈，跑到今甘肃省平凉市，当时叫作焉氏塞的地界，这才得以回国。

当然，秦小主夫人也不是无动于衷，她早就派出一支军队，前往捉拿赵师隰。

结果没想到的，这支军队的指挥官早已变心，与赵师隰一接触便迅速达成合作协议。一转身，他们便杀进雍城，把小主夫人和她的儿子（秦出公）杀掉并丢进了深渊。

《史记》说秦出公是自杀的。呵呵，两三岁的孩子，知道什么是自杀？

赵师隰登上宝座，他便是秦献公，孝公的父亲。

14　修我戈矛　秦献公的第一波改革

对于秦孝公而言，他的父亲秦献公，其实就是一位改革的先行者，后来商鞅变法之所以能那么顺利，不得不说秦献公打下的基础太好了。

秦献公怎么改革的呢？即位第一年，他就发布一道命令，只有三个字："止从死。"

说白了，就是废除长年以来一直存在的人殉制度。

人殉，就是拿活人给死人殉葬。殷商王朝时期这种事很正常，秦本来就是殷商的后裔，干这个确实有历史与传统的继承。

问题是：到了东周时期，当时的整个中原地区，都已经不再用活人作人殉，改用木头人或是陶人不是更好吗？

可是秦国这里，一直到秦穆公，还是拿活人殉葬，而且足足一百七十七人，包括当时被称为国之良臣的奄息、仲行、针虎三人在内。

《诗经》里有一首《黄鸟》，说的就是这种事。其中有一段是这样的：

交交黄鸟，止于桑。谁从穆公？子车仲行。
维此仲行，百夫之防。临其穴，惴惴其栗。
彼苍者天，歼我良人！如可赎兮，人百其身！

叫唤的黄鸟啊在桑树枝上休息，它的鸣声如此悲哀。是谁殉葬陪伴穆公啊？就是我们的子车仲行。谁不说仲行好啊，一百人中只有这么一个人才。众人啊，面对墓穴，个个胆战心惊，即将被活埋，谁能不痛心？苍天在上啊请开眼哪，坑杀好人该不该？如果我们的命可以代他死，一百个人甘愿化尘埃。

于是，在东方流浪了三十年的秦献公，决心废除这个制度。不仅仅是为了同情殉死者，更是为了获得更多的人口。

至少，大家都活着，秦国才会有更好的明天吧！

而在废除人殉制度的第二年，秦献公就决心迁都，新的都城，在今天的西安市阎良区武屯乡附近，即当时的栎阳。

为什么要迁都呢？他的迁都，可不是为了"开发房地产搞新城建设"，而是在于他想要改革，如果在原来的都城雍城改，就会被大量的守旧贵族干扰，而到了新的都城，皇宫是新的，朝堂也是新的，朝堂上的人也可以是新的。

而从地理位置讲，旧都在秦国的西部，新都在秦国的东部，西部更像是个农牧大集会，而东部沾染了更多商业繁荣的气息，物资航运、人力集结，在这里都会更便利。

当然，这也意味着都城距离前线更近，可以说是"天子上前线"的秦国版。

迁到新都八年后，秦献公又使出第三招，那就是人口改革。

原来的秦国很简单，城里住的是国人，城外住的是野人，商周以来一直都是如此。可是秦献公时，秦国不再按照这个规矩办事了，一切按军队的规矩来，五家人家为一组，编成"伍"，写进户籍册，这个就是所谓"户籍相伍"。

这个有啥意思呢？你想啊，原来的国人专业是打仗，野人专业是种田，可是现在全编组在一块了，往好里讲，是不是野人都享受国人待遇了？可是往实际一想，岂不就是大家都要打仗了？秦国的兵源是不是一下子就壮大了？再者，五家一组，互相监视，你想偷懒怎么偷，想逃跑怎么逃，岂不是绑在了一起，只能一起唱：

岂曰无衣？与子同袍。王于兴师，修我戈矛，与子同仇！

再者，原来秦国的贵族们，可以编组私有的人口，组建私人武装，现在这些人全归国家了，你还怎么闹？

此外，原来只是局部地区才有的县，即国君直接掌控、带有军事性质的行政单位，现在也开始大量推广。这个其实是从战国初期以来一直都如此，譬如秦厉共公二十一年（前456）在今天的陕西省富平县东北设立了频阳县，秦后惠公十一年（前389）在今河南省三门峡市西设陕县。而在秦献公时期，如蓝田（今陕西省蓝田县西）、栎阳这样的地方，都开始设县。

其实这一步也是和上面的步骤配套的，你想啊，人都归国家管了，土地还能不归国家直辖？

人有了，地有了，还得有钱才行啊！秦献公七年（前378），又下令建立了商市，也就是设置专门场所，集中商贩做买卖。当然，前提是：商贩们得把大笔金钱交给官吏，为啥？支持秦国打仗呗。你不交钱就是不爱秦国，不爱秦国那就拉走。

那么，秦献公这么一折腾，是不是秦国的军队就能在前线转败为胜，打败魏国了呢？

说实话，到这个时候，秦国的敌人已经不止魏国一家了。大家原以为西方的秦国野蛮能打，一开始谁也不敢欺负，可是魏国前几年这么一尝鲜，三晋都看明白了，秦国就是一只大肥羊啊！

秦献公十一年（前374），秦韩交手，秦国战败。

秦献公十四年（前371），秦赵交手，秦国战败。

但是，慢慢地，形势就出现了变化。一方面是秦国本身实力通过改革有所增强，另一方面是三晋不争气地内讧。秦献公十九年（前366），当魏国人推进到今陕西省华县东，打算在此筑城之际，便被秦军挫败。随后洛阴一战，魏国韩国一起上阵，居然被秦军又打败了。

这下秦国得意了，秦献公二十一年（前364），秦军渡过黄河，直攻今山西省运城市西南的石门，一战斩首六万魏军。魏国只能与赵国联手，这才将秦国击退。

而到了秦献公二十三年（前362），魏国和韩、赵翻脸，在浍水（今山西省翼城县南）北岸与韩、赵联军大战，更是给了秦国机会，秦军一路活捉魏将公叔痤，占领繁庞城（今陕西省韩城市东南）。

而这个公叔痤，有一个侍从，他的名字叫作公孙鞅。

没错，这个公孙鞅，就会成为下文的主角。

战国七雄之中，除了燕国和齐国因为距离较为遥远，其他"四雄"秦、楚、韩、赵，都曾被一个诸侯国暴打过，这便是魏国。

从第一代文侯的任贤用能，到第二代武侯的富国强兵，再到第三代惠王的前期，魏国始终是当时的头号强国。

但是魏国有自己的问题，那就是领土的支离破碎。首都在安邑，也就是今山西省夏县，可是其疆域，向东一直到今江苏省北部，向南则到今河南省中北部，西面越过黄河探入今陕西省东部，北面则囊括今山西省南部，这样的疆域，实在是太过狭长，武力强盛之际还好，一朝衰落，便成众矢之的。

这个问题，始作俑者其实就是魏国的开国之君魏文侯。当时魏国有两个攻略方向，一个是向北夺取位于今天河北省中部的中山国，另一个则是向西夺取秦国的河西。

实际上不论往哪个方向攻击，都有长远胜利的可能。譬如专心向北，拿下中山国之后便一路向前，灭掉燕国实在不是太难的事——燕国当时比韩国还要弱，魏国既然有心灭韩国，为什么不能灭更弱的燕国？

而灭燕国之后再来围攻邯郸，赵国就陷入了被南（从安邑向北）北（从燕向南）两面夹攻的困境，齐国再想来个围魏救赵模式的营救，就没那么容易了。甚至，齐国的兵向西移动，魏国的北路军就会由燕入齐。

同时，如果不是向北，而是专心向西，拿下河西之后继续大力扫荡秦国，至于中山之类的小便宜反而可以送给赵国作为盟友的报答。

而一旦能攻破秦都栎阳，魏国就能慢慢地吞下整个关中地区，反过头来对付其余五个诸侯国，征战天下的难度就大大降低了。

可惜的是，从文侯、武侯一直到惠王，都没有意识到这一点。

武侯时期，在北部中山、西部西河两个战场之外，居然又开设了第三个战场，即对楚国的河南之战，后来的都城大梁，其实就是这个时候从楚国所得。

但对楚国作战其实是更大的麻烦，因为庞大的楚国，实在不是魏国能一口吞并的。

结果到了第三代王——惠王手里，就必须面对秦、楚、齐三个大佬的围殴，为此便动了先吞下韩国或者赵国的雄心，最终反而是加速了魏国的衰退。

不过，说到底我们其实不该怪魏国，因为魏国的文化毕竟来自晋国，晋国的宗旨就是做天下霸主而不是统一天下。《战国策》说："（魏）伐楚胜齐，制韩、赵之兵，驱十二诸侯以朝天子于孟津。"这不还是齐桓公、晋文公当年的模式吗？

公孙鞅，年轻时就在魏国公叔痤的府中做家臣。公叔痤病重之际，曾对魏王说：

"座之中庶子公孙鞅，年虽少，有奇才，原王举国而听之。"

发现魏惠王不以为意，公叔痤又把旁人全部退下，跟惠王说悄悄话：

"王即不听用鞅，必杀之，无令出境。"

一会儿叫魏王用人，一会儿又叫魏王杀人，这着实让魏惠王眼界大开。

有人读了这一段说可惜魏王不识货，要不然商鞅变法的受益者就是魏国而非秦国了。

但你想想，公叔痤既然认为自己的家臣有才能，为什么不早点推荐，非要等到生命的最后一刻才玩这一套？魏王如何判断他说的是真话还是胡话？

说到底，一切原因，在于公叔痤是个私心很重的人，他当年能排挤吴起，对于才能更超过吴起的公孙鞅，又怎么会慷慨大方呢？所以一直要到临死之际，他才向魏惠王推荐商鞅。他的人生信条，就是我活着的时候，谁都不能超过我，不论你是吴起还是商鞅，要我推荐，行啊，等我生命的最后一刻。

人生，其实就是这样。公孙鞅是个极聪明的人，可是人再聪明也有无奈的时候，他此时没其他门路，在魏国得不到重用，去赵国、楚国或者韩国、齐国，还不是一样？

他就留在魏国，魏王不纳公叔痤用他之言，是因为不信他是个人才。既然不信，为什么还要平白无故动手杀人？所以他没有急着离开。

就这样，他一直到秦孝公发布求贤令。公孙鞅，这才挥一挥衣袖，对魏国说一句再见，悄悄地走了。

15　孝公与鞅　变法不是你想变就能变

秦都，此时是栎阳，商鞅变法之后才迁往咸阳。

而此时，公孙鞅的仕途，依旧有两种上进的路径。

第一种，是依照当初他跟随公叔痤的模式，去拜访当时秦国的权臣，如上大夫甘龙，把自己富国强兵的思路向他细细诠释，如果能得到他的赏识，再经他推荐，进入秦国官场。

但这种模式，花费时间太长，公孙鞅感觉自己已经没有这个耐心，再伺候一个秦版公叔痤。

第二种，则是直接叩响秦国国君的会客室大门，但要做到这一点，就不能走寻常路，也就是必须走暗门。

所谓的暗门，在帝王这里，无非就是两个"宠"，一者宠妃，二者宠臣，而后者一般都极爱钱，是最好走动的。

按照这个思路，公孙鞅找到了一个人，便是景监。

没错，景监就是这样的人。他没什么才能，但身份尊贵，来自楚国的芈姓景氏。秦楚两国那几年关系处得还不错，他干脆"移民"到了秦国，做了秦的臣子。

对于公孙鞅谈的什么让秦国强大那一堆东西，景监表示没有感觉，秦国强或不强和我有什么关系，别跟我扯这些没用的套路，有实在的东西没有？没有就滚吧！

给钱呗！公孙鞅还能不明白这个当时天下皆懂的道理。

好在景监良心真的极好，公孙鞅一掏钱，随即就真的见到了秦孝公本人。

"听景大夫说，先生有强秦之策教我？"

《史记》说，公孙鞅准备了三套游说方案，第一套是所谓帝道，即尧、舜、禹、汤远古那些道理；第二套是周文王、武王如何袭取商朝天下的所谓王道；第三套才是春秋五霸模式的所谓霸道。

但这种游说，显然是诸子百家授课老师的招生套路。潜台词就把公孙鞅当成一个百家讲坛的讲师，书袋里装了政治、历史、语文三册讲本。

真实情况，怎么可能这样？公孙鞅就算再不了解秦国的国情，也不会扯什么尧舜禹汤，更不会白白浪费两次面君的机会。

其实更早的资料如《战国策》，根本就没提上述这些，公孙鞅就是直接用简洁、明白无疑的开场白。

"吾有一策，可使秦国富，使秦兵强。"

秦孝公说："好，我就是要听这个，你赶快拣重点讲，我没耐心听废话。"

是啊，你要做秦国主持政局的首席大臣，不讲秦国现在存在的问题，不讲如何解决，空谈不着边际的话有什么意思呢？什么鸟生鱼汤，一边搁着去。

事实上，公孙鞅做的第一件事，就是讲秦国现在的问题。

第一就是没钱。

任何国家要图强，钱是必不可少的。大清国搞洋务运动，先搞自强,不就是搞到一半把钱搞光了,于是转头搞求富吗?

那么秦国现在要变法,变法的钱从哪里来?

公孙鞅,你要给我想出变钱的招数来。

公孙鞅说很简单,我已经有预案了。

这个预案就是不要钱——你要钱做什么呢?不就是为了募集军队、筹集军粮吗?

所以归根结底是先要搞粮食,而搞粮食的关系就是搞定那些农民。

那么怎样搞定农民?农民,就是此前的野人,如今纳入秦国国人行列。不许农民私自售粮,因为一旦开了口子,农民就会寻思哪边的粮食可以卖得贵一点,就会有些奸猾的人靠买进卖出获取利润,要让农民专心种田。当然也就不能让他们读书,书这种东西,一读心思就活了,不好糊弄了。

国内所有的山川湖泽,都要收归国有,不许农民私自开采资源从中渔利,这一切都是秦王的——当然秦王也不是为了和农民抢这个,归根结底是不能让农民的心思转移到农业以外的地方去。

同时,在全国登记户口,是哪个村的,就在这个村住,没有官方许可,不能随便搬家。这样一来,秦王你要征兵,去村子拉就对了,不用麻烦。

至于农民种田的收入,按农民收入粮食的数量统一征收田租,这个田租,就可以拿来支持秦军的战事。

秦孝公点头:你这几点不错,但是那些官员和商人,你又打算怎么办呢?

公孙鞅说,农民安定下来了,可是如果官吏还是老样子去扰民,那一切还是白搭,要整肃吏治,让官吏也和农民一样,做好自己的事,不许通过官吏的权力私自牟利。

至于商人,通过交易获取利润,再将一部分利润当作贿赂来打通官吏,得到更多的好处。秦国要强大,就必须把这些商人摁下去。

公孙鞅提出了以下几条,第一条是不许商人买卖粮食获利,也不许卖酒卖肉的随便提高价格，对这些低价收购、高价卖出的家伙，要加重商品销售税。

第二条是交通要道市集，要收重税，老百姓在这里经营旅店、客舍，必须由官方发令许可才行，否则一律禁止。

第三条是贵族子弟，除嫡长子外，其余的人都要服徭役，更不许他们私自辩论、游学，对国家的方针政策说三道四。

只有这样，才能确保在秦国，只有秦王的一种声音成为权威，所有的粮食，除了农民自己的口粮以外不能私自售卖，最后也就全部进入秦王的粮库，于是出征的秦军军粮便不愁了。尽可能压榨商人的利润，把那些百分百可以盈利的项目全部收归国有，这样秦国的官府便有钱了，出征的秦军军费也就不愁了。

秦孝公听了公孙鞅这一席高论，真的惊讶到嘴巴张大，久久不能合拢。

即便秦孝公全盘赞成，秦国的那些旧贵族能答应吗？

先开个小会吧，秦孝公和公孙鞅，再加两人，一个甘龙，一个杜挚。

不出秦孝公所料的是：公孙鞅刚把自己的革新计划陈述完毕，甘龙、杜挚就齐声反对。

但是让秦孝公意外的是：甘龙、杜挚是旧贵族中的顶层人物，反对是没问题的，问题恰恰是他们的反对软弱无力。

甘龙说，圣人治国，是不会搞什么变法的，而是顺应民意颁布教令，也就是说，什么样的民，适合什么样的法。秦国已经建国四百年了，秦法也实施四百年了，为什么要改？你公孙鞅如果有本事，就应该在顺应秦法的基础上，使秦国强大，而不是变什么法！

杜挚则说，我看了你制定的新法令，根本没有什么好处？法古就算无功，至少无过。你变法如果无功，就是大过！

公孙鞅冷冷一笑：正是因为有你们这样的臣子，所以才使秦国蒙羞啊！

秦国四百年，始终受限于崤山以西，就是因为不变法。而现在，东方的魏国、韩国都在变法，你不变，那就等于是别人放下木棍，拿起了长矛，而你却还是执拗地拿着木棍不放，你以为你是勇敢，其实你是傻！

至于变法能不能取得更多的收益？你以为变法是借钱，借出去一金就有两金的收益？就算是借钱，你也得等到还钱的时间，才能收回本金和利息。所以世上所有的收益，都意味着时间和风险，你如果不愿意付出时间和风险，你不如把你那一金攥着直到老死，可是直到那时，这一金也还是一金，不会变成两金，更不会变成一百金。

所以，公孙鞅转身面向秦孝公："国君您的选择有两个，一个是听他们的，一切照旧，而如果照旧，秦国就会继续遭受魏国的攻击，一点一点失去更多的领土；而另一个是听我的，新的局面开始之后，结果无非两个，一个是变好，另一个是变得更差，但无论如何，至少有五成变好的可能。"

秦孝公看着眼前的卫国人，没错，百分之五十的希望总比没有希望来得好。"那么，"他问公孙鞅，"你的这个《垦草令》，多久能见成果？"

公孙鞅说，三年，只需三年！

好啊，三年的话，这个赌注我下得起。

秦孝公三年（前359），秦孝公命公孙鞅在秦国国内颁布《垦草令》。这，便是全面变法的序幕。

三年之后，事实果然证明，公孙鞅的《垦草令》大获成功，收上来的巨额财富以及训练有素的新秦军，直接可以展示在国君面前。

秦孝公决心进一步在公孙鞅身上押宝，秦孝公六年（前356），他任命公孙鞅为左庶长——此时的秦国，有四种以庶长为名的官职。级别最高的是大庶长，但大庶长必须由王族担任。驷车庶长是专门管王族事务的，右庶长是王族大臣领政，左庶长为非王族大臣领政。所以四个庶长中，只有这个左庶长是公孙鞅可以担任的。

换句话说，秦孝公已经给了公孙鞅最好的待遇、最大的权力。

好嘞！公孙鞅立即开始第一次变法。

16　迁都咸阳　新时代真的来了

法令自然是不少，但归结起来也就是五句话。

第一句，颁布《法经》，增加连坐，轻罪重刑。咱们近代大清国戊戌变法，学的是日本明治维新。而在秦国这里，学的就是魏国，直接把魏国李悝的《法经》，抄过来在秦国颁布并实行，而且宣布，谁要是不守此法，就算犯的只是轻罪，也要用重刑；如果是重罪，不但用重刑，还要连坐。

第二句，以军功论爵。原来的世卿世禄那一套，全部扔到垃圾堆里不要了，现在实行新爵位，而且这个新爵位，必须按军功赏赐，有军功才能获爵。

第三句，重农抑商。规定农业是本业，商业是末业，而且这话可不是空话白说的。在秦国垦荒种田的，奖！生产粮食和布帛多的，奖！做生意的，收重税，还要限制其经营范围。

第四句，焚烧儒家书籍。儒家那些个什么经典，全部烧了。你有空看这些"闲书"，想那些个没用的弯弯绕，还不如多种田、多打仗。多种田就能获取奖励，打仗砍下敌人头颅就算你的军功，被敌人砍下头颅就是为国捐躯的烈士。

第五句，强推个体小家庭制。大家族不要了，全部改成小家庭，各过各的小日子（大家族容易团结，一旦对秦法不满，容易集结起来反抗，小家庭就好搞定了）。

秦孝公一看这几条，乐啊，钱有了兵也有了，好嘛，咱就出去打架吧，现在俺的腰板可比以往粗了。

机会，很快就来了，两年之后，秦孝公八年（前354）赵国入侵卫国，而卫国是魏国的小伙伴，魏国立刻出兵助卫，反过来攻入赵国，将赵国都城邯郸团团包围。

二话不说，秦国大军迅捷出击，一举攻破魏国在河西的重要据点元里城，也就是今陕西省澄城县南，一仗杀了七千个魏国大兵，随即直捣少梁城，攻克！

既然从背后捅了魏国一刀，那就不妨也捅韩国一刀，秦军迅即包围河南省三门峡市西边的焦城，没打下来，立刻转移，连破安陵（今河南省鄢陵县北）、山氏（今河南省新郑市东北）等城，这里是魏、韩两国交界处，等于秦国在此打入一根楔子。

事实上，秦军在这个时候，远没有达到指哪儿打哪儿的强悍程度，如果魏国大兵回援，秦军只有丢盔弃甲的份。

然而，昔日的战国第一霸主魏国，此时不得不尝尝树敌太多的滋味，西边秦国占尽便宜，魏国却毫无动作，因为它的主力，正在赵国邯郸，进入最关键的时刻。眼看邯郸城破，东边的齐国却耍了一招围魏救赵……

公孙鞅就是趁你病要你命的好手啊，秦孝公十年（前352），按照新推行的十七级军功爵，授予公孙鞅最高一级爵位"大良造"——一级公士，给勤杂人员；二级上造、三级簪袅、四级不更，给战斗人员中的士卒；四级以上，则都是军官，五级大夫、六级官大夫，给战斗人员；七级公大夫，八级公乘，九级五大夫，十级客卿（灭六国后改称左庶长），十一级正卿（灭六国后改称右庶长），十二级大庶长，十三级左更，十四级中更，十五级右更，十六级大更，十七级大良造（大上造）。

于是戴着大良造头衔的公孙鞅长驱直入，这回搞大了，居然一口气吞下魏国的旧都安邑（今山西省夏县西北）。魏惠王国内空虚，赶紧调集手头能调集的军队，在上郡要地固阳以东修建崤山长城（东南起崤山，西北至黄河），以阻止秦军的进攻。

结果，到秦孝公十一年（前351），商鞅又拿下了固阳。

随后，魏惠王终于在漳河边与赵国达成停战协议，魏国的主力部队迅速向西回移，一举打败秦军，夺回安邑。

眼看魏国发飙，秦孝公赶紧承认："大哥，我错了！"秦孝公十二年（前 350），他在彤地（今陕西省华县西南）与魏惠王会盟修好。

秦国为啥要和魏国修好？很简单，公孙鞅已经向秦孝公证明了自己是对的。而以秦国此时的实力，尚无把握与魏国单挑，所以现在秦国更重要的不是用兵于魏国，而是抓紧时间，完成尚未完成的变法大计。

迁都咸阳，就在这个时候开始落实。与之前的国都相比，位于关中平原中部的咸阳，北依高原，南临渭河，顺渭河而下可直入黄河，终南山与渭河之间可直通函谷关，显然是秦国军队向东进发的最佳位置。

在秦魏修好这一年，商鞅便征调人马，开始在咸阳修城造宫殿，规格仅参照鲁国和卫国的标准——战时一切从简，宫殿就是房子而已，修那么豪华有什么用？所以说后来秦始皇大修阿房宫那一套，其实是违背秦国传统的，这个我们日后再谈。

秦孝公十三年（前 349），秦国国都正式从栎阳迁至咸阳。

到了咸阳，商鞅的新一波变法也开始了。

这一波可就真的狠了，一纸令下，"开阡陌封疆"。几百年的井田制就这么没了，土地也可以买卖了，谁有钱就是谁的，没钱想要地，那可只有一条路——当兵打仗去，立了功，地自然就有了。

"集小都乡邑聚为县"，以往的小封地一块一块交错的场景也没了，所有的土地，都在秦国地图上划作三十一个县。每个县设一个县令，县令手下有一文一武，文官叫县丞，武官叫县尉，别的国家干部，一个都没有。

为什么说这一波最狠？因为这是对传统士大夫的最大打击。变法之前，士大夫在秦国有人、有地，这就意味着他们有钱、有兵，遇到他们不满意的事，甚至能和国君扛一把；可是几波变法下来，人全收归国有了，现在地也全收归国有了，那么钱和兵，自然也都纳入秦孝公的掌握之中了。

甘龙、杜挚这些旧贵族，如果说变法之初还能说几句反对的话，那么现在彻底被剥夺人和地两大资源的他们，就完全没有了底气。

所以很自然地，有人开始拍公孙鞅马屁了。

公孙鞅一声令下：说这些屁话的人，全都拉出去发配边疆。

为啥啊？马屁拍你屁眼里头了？

很简单，公孙鞅说，这些人，都是"乱化之民"。

秦孝公也觉得奇怪，他们赞扬你的法变得好，咋还得罪你了？

公孙鞅冷笑：现在他们说变法好，之前可就是他们这些人说变法不好。哪一天我的法又触犯了他们的利益，他们岂不是又要说不好？我的法是为秦国而变，可不是为他们这些人而变。

秦孝公点头：行啊，反正现在你是大良造，这些事都交给你去办。

除此之外，则是一些相对比较细碎的规定，如开始编订户口，五家人家为一个"伍"，两个"伍"为一个"什"。这是为啥？也很简单，搞清楚你家有多少人，登记在户籍之上，一是可以按人口数量征收你的赋税，二是你家几个男丁几个女丁国家都一清二楚，战场上兵力不足了就有地方拉壮丁。

还有如统一度量衡制，颁布度量衡的标准器；禁止父子、兄弟同室居住，推行小家庭政策。规定凡一户之中有两个以上儿子到立户年龄而不分居的，加倍征收户口税。这么做的理由也很简单，减少被征税单位的力量，使其无法抗税。

好，这一条条法令都颁布下去了，秦国的新都咸阳也在建设之中，那么秦国是不是可以对魏国耍脸子了呢？

公孙鞅说，不行啊，为时尚早。

此时，不但不应该得罪魏国，反而要捧着它哄着它，让魏侯觉得自个牛得不得了。

事实上，这个时候魏惠王正在策划泗上十二诸侯会盟的事件，打算随后以朝见周天子为名，围殴秦国。

结果在秦孝公十八年（前344），公孙鞅访问魏国，主题词是四个字："尊魏为王。"

本来呢，魏国的国君是侯，可是公孙鞅说，咱们大魏国的威望，已经远远超过了当年的齐桓公、晋文公，你怎么还称侯呢？称公都不行，必须要称王！

公孙鞅还假惺惺地给魏惠王（此时其实是魏侯，稍后才称王，历史上记载的是他最终的称号）出主意说，你现在手下有十二个小弟（即宋、卫、邹、鲁这些小国），这个格局太小，你要开阔视野，向北收燕国做新的小弟，打垮东边的齐国，那么赵国也会向你屈服；至于西边的秦国，不用说也会做你忠心的小弟，向南压倒楚国，这样一来，秦魏之间的韩国也会敬你向你称臣，最终你不就统一天下了吗？

这一罐劣质迷魂汤，魏惠王居然全喝了，他这就按照天子的规格大建宫室，制作丹衣和九施、七星之旗，把一帮小国叫到逢泽会盟。

逢泽在哪里呢？宋国都城商丘城南，即今河南省商丘市睢阳区，当时是一片古睢水所积而形成的沼泽湖泊。

那么这个大会，秦国参加不参加呢？秦国的国君当然不去，可是派了一个王族身份的公子少官前往，送了不少礼物给魏惠王，马屁拍得魏惠王全身舒爽。

奇葩的是，魏惠王此时称王了，却还大模大样地去朝见周天子，搞得周天子丈二和尚摸不着头脑：你既然称王了，就是和我对着干了，一朝岂有两个天子？你还来见我做什么？

这里说一句，魏惠王此前不知道自己手上有个人才叫公孙鞅，随随便便就让他跑去秦国，以至于眼下秦国已然有超越魏国之势。

可是魏惠王手里还有一个人才姓孙，依旧不知道用人，结果孙某被自己的同学庞涓陷害，没办法只能逃去齐国。这个孙某，日后在历史上就以孙膑闻名，其实"膑"是挖掉膝盖骨的酷刑，谁吃饱饭没事做能叫这名？就好比孙富贵、孙有财，这些名字虽然俗气，但都还行，起个名字叫孙斩首、孙流放，谁能乐意？所以，"孙膑"其实不是真实姓名,而是后人给这位孙某的称号。

在魏惠王称王三年之后,就是这个"孙膑"做军师的齐军,在马陵之战中将魏国的主力一举打残,庞涓拔剑自刎。

这时,元气大伤的魏惠王,只能跑到徐州(今山东省滕州市东南),与齐君友好磋商,最终魏国表示:我是王,现在你打败了我,所以你也是王。于是齐君正式称王,是为齐威王。

所以说,公孙鞅的这一番拍马屁,成功地将战国第一强国魏国拍成了一个残废。

这个时候,公孙鞅就来找秦孝公汇报了,他说:"咱们秦国和魏国啊,说直接点,就是那种'有你没我,有我没你'的关系;可是魏国占据了河西,却不知道全力以赴向西扩张、灭掉秦国,这就是上天赐予魏国机会,魏国却把这机会轻轻放过。那么现在,上天把这个机会给了我们秦国。魏国在东方元气大伤,我们如果不去攻击,那就太傻了。而一旦魏国支撑不住,向东撤退,秦国就占据了天下最险固的崤山之地,从这里出发,一统天下,指日可待了。"

秦孝公说:行啊,鞅,那么你就去干吧!

17　商君之死　新君:孤不记仇　只是听说你要造反

于是,秦孝公二十一年(前341),以公孙鞅为主帅的秦军,大举进攻魏国。

魏国派来阻挡公孙鞅的大将,是公子卬。此人曾拜公叔痤为师,所以跟当时在公叔痤手下做事的公孙鞅关系不错,算是老相识。

公孙鞅一听此人挂帅,立马大笑:这个家伙傻得可爱,对付他,我都不用打仗。

于是一封书信,送到公子卬大营,信上说:咱们是老朋友,怎么忍心战场上为敌厮杀?请公子到我的大营来,咱聊聊天喝几杯,然后订立友好盟约,各自退兵,君以为如何?

另一个版本则是，公孙鞅先跟公子卬达成了停战协议，然后他派人跟公子卬说，如果现在回国，以后恐怕难再与您相见，希望能和公子卬坐下来一起喝杯告别的酒。公子卬说，好啊。这个时候他的手下赶紧劝阻，说，好什么好啊，你以为这是在过家家吗，这是打仗，你不能去。结果公子卬不听，还是去了。

后来吕不韦编的《吕氏春秋》，就是这么一个说法。还专门编在《吕氏春秋·慎行·无义》这个条目里，谁该慎行，谁无义，这不很清楚吗？

当然有人说，都打仗了，谁还跟你讲道义？公孙鞅使诈怎么啦？这说明他聪明。谁叫你笨，把这种话当真呢？

确实也是这样，只不过"兵不厌诈"这一条，是战国末期韩非子第一个提出，而在整个春秋时期和战国前期，诸侯之间作战，就算不能百分百讲道义，至少也多多少少讲一点，而公孙鞅，可以说就是完全不讲道义的第一人。

就是因为如此，秦国的征服，便蒙上了一层"无礼义"的含义。如《战国策》所谓："秦，虎狼之国也，无礼义之心。"

公孙鞅当然不会把这个当回事，无礼义就无礼义吧，反正他赢了。

秦孝公似乎也赞成这个事，反正无礼义的人是公孙鞅，不是自己。自己只知道秦国胜了，而且是大胜，这就很好。

于是秦孝公高兴得不得了，拿起笔就划拉着给公孙鞅开了一张票。公孙鞅接过一看，上面写着四个大字：

"商十五邑。"

商，在今陕西省商洛市丹凤县，其实是秦楚边界地。秦国在县以下，有"都、乡、邑、聚"四类小的行政单位，邑也就相当于今天的镇。也就是说，秦孝公拿边境上的十五个镇，给公孙鞅作了封地。

从此之后，公孙鞅又被称为"商鞅"，即我们历史教科书和某些影视剧中对他的称呼，只是按照实际来讲的话，这个名字的生效时间，是从受封之后起。

接下来，就是秦国随意拿捏魏国的历史了，三年之后，即秦孝公二十四年（前338），秦国又入侵魏国，在今山西省河津市，当时叫作岸门，活捉了魏国大将魏错。

没办法，谁叫你魏国一再犯错呢？

但是商鞅其实不知道，他自己，也犯了一个不可弥补的大错。

某种意义上讲，魏国的错，注定了最后的亡国。而商鞅的错，同样也决定了他的不得善终。

这个错，与秦国的赵驷有关。

请注意，这是秦孝公的太子、未来的秦惠文王赵驷。

商鞅变法，赵驷带头破坏新法，这就是他的罪状。

但是到底赵驷犯了哪一条法，《史记》却没说。

某些人编了一个故事，说太子赵驷有块封地，封地上居住着百里氏，他们给太子贡献粮食，但不幸的是中间人使坏，粮食里掺了沙土。于是赵驷大怒，一口气杀死百里氏二三十人。百里氏大怒，向秦孝公告状，最终商鞅为了平息事端，宣布，"太子犯法，老师受罚"，将赵驷的老师公子虔等人处以劓刑。

事实上，赵驷犯法，更可能是因为非议商鞅变法，这才导致商鞅要对其用刑，目的是杀一杀反对派的斗志。且这样用刑，还不止一次。第一次是变法之初，商鞅说太子毕竟是国君之位的继承人，不能对他用刑，于是把他的一个叫作公孙贾的老师，处以黥刑。

也就是说，太子的两个师傅，一个没有了鼻子，另一个脸上烙下了犯罪分子标识。

太子心里咋想，商鞅没点数吗？

但是从另一个数据看，太子赵驷，出生于秦孝公六年（前356），即位于秦孝公二十四年（前338）；而商鞅变法，恰好开始时间也是秦孝公六年（前356），所以太子的两个师傅，如果是太子六岁就担任此职,那么也要到秦孝公十二年(前350)左右,而彼时,商鞅变法已经进入第二个阶段。

六岁的时候,师傅被用刑,赵驷会记住这个仇恨到成年时期?按照人的一般记忆力,应该不大可能。照笔者来讲,十岁之前的事,很多不记得。

公子虔受劓刑挖去鼻梁,随后闭门八年不出。那么可以推断公子虔是在赵驷即位前八年受刑,也就是秦孝公十六年(前346)左右,即商鞅变法开始十年后。

变法变了十年还说自己对法令有意见,这个说不过去吧,早干吗呢?

更大的可能,其实是权力作祟,当时秦孝公把治理国家的大权都交给商鞅,商鞅可以说呼风唤雨无所不能,遭到妒忌、暗算,是完全可能的。而商鞅果断加以反击,也没有太大问题。

关键其实是在:商鞅没有想到继承人的事,其实是可以更改的。秦孝公不可能只有一个儿子吧!单是见诸史册的,除了秦惠文王,就还有樗里疾、公子华等,难道商鞅不能劝秦孝公换储?秦国历史上,换储又不是什么惊天动地的难事。

事实是,赵驷十九岁继承秦国国君之位时,对商鞅极其痛恨。而没了鼻子的公子虔,又在朝堂之上活蹦乱跳了。

然而,能以卑鄙手段暗算自己的朋友公子卬,商鞅难道会不记得自己和赵驷、公子虔结下的梁子,他怎么就没有半点预备,一直到赵驷、公子虔动手,才匆忙想到外逃?

外逃,对于春秋战国时期的其他政客而言,都是一个不错的选项,偏偏对商鞅不是。

秦国往东便是魏国,而魏国,早就把商鞅看作眼中钉、肉中刺。《史记》说,商鞅来到秦魏边界,"魏人怨其欺公子卬而破魏师,弗受"。那么,不能在魏国停留,通过魏国去别国,这个可以吗?魏国的逻辑是秦国痛恨商鞅,如果魏国放商鞅去别国,那秦国是不是要找魏国算账?

所以魏国的对策,是一脚把商鞅踹回秦国。

事实上,此前有人警告过商鞅,这个人叫作赵良。他见到商鞅的时候,商鞅还自我感觉良好,问赵良,自己和春秋时期的百里奚比,谁对秦国的贡献更大?

赵良说,我的天哪,你这个人居然还会自我感觉这么好,你大祸临头了知不知道!百里奚治理秦国,到死的时候,秦国不论男女都痛哭流涕,连小孩子也不唱歌谣,正在舂米的人也因悲哀而不发出相应的呼声。你如果现在死了,秦国的老百姓该拍手叫好吧!你若是有一点自知之明,就该把封地交还给秦国,到偏僻荒远的地方浇园自耕,然后劝秦君重用那些隐居山林的贤才,赡养老人,抚育孤儿,依功序爵,尊崇有德之士,这样才可以稍保平安。

商鞅显然没有听从赵良的话。可是古代政治圈子,你要知道本身就是一个弱肉强食的逻辑。他现在有秦孝公撑腰,他就是强者,能搞别人。秦孝公死了,新的国君还会给他撑腰?他的死期不远了。

结果就是,赵驷①刚登上宝座,商鞅就进入了死亡倒计时,罪状当然不可能说是因为之前他得罪了某某,所以某某要收拾他,就是四个字:"商君欲反。"

那么这个时候,商鞅就走投无路了,逃亡路上想住个客舍(旅社),老板说:"你不知道商鞅的法令吗?没有官府发的'验传'(相当于身份证和通行证),你是不能在这里住的。"

商鞅长叹:"嗟乎,为法之敝一至此哉!"

而后就是他去魏国,遭魏国拒绝的事。

---

① 很多史书从这时就把他叫作秦惠文王,但其实他还没有称王,更没有获得谥号"惠文"。本书关于其纪年,遵照史实,公元前338年(秦孝公二十四年)前称为赵驷阶段;公元前337—前325年为秦惠文公元年—秦惠文公十三年;公元前324—前311年,为秦惠文王更元元年—秦惠文王更元十四年。

所以没办法,最终商鞅只能返回封地,企图靠自己封地那一点不成规模的武装,向东杀入郑国,然后寻求哪个大国愿意收留。

结果是,大家都喜闻乐见地看着秦兵追杀到郑国,在渑池这个地方,杀了商鞅,然后把他的尸体,在秦国车裂,还发出告示:

"谁都不要像商鞅这样,深受国恩却要谋反!"

至于商鞅的家族儿孙,都被秦国族灭,所以这个世界上,再无一人与他有关。今日的商姓、卫姓、公孙姓,都不是他的后裔。

不过,有一点是一定要说的,商鞅已经身首异处,那么一切恩仇的起因,也就是他所主持的变法,赵驷是不是也要全盘推倒,一切回归往昔?

当时确实有一批贵族有这个想法,但是赵驷完全没有。

为什么?其实你稍微想一想就明白了,赵驷即位的时候也不过十九岁,他的一生,几乎与商鞅变法同一个节奏,而贵族述说的那些旧法如何美好云云,他根本就没有任何感知,更重要的是:如果废除新法,那么因为新法而聚集起来,汇聚到赵驷手里的钱与人,岂不是又要与贵族分享?

呵呵,赵驷虽然年轻,却不是一个傻子。

他讨厌商鞅,所以干掉了商鞅。

可是他为什么要讨厌钱和人?如果不讨厌钱和人,他为什么要废除新法?

四、从容

18　苏秦来访　秦王却不理他　因为有更好的"经理人"

商鞅已死，赵驷现在要做的，就是寻觅一个掌舵人。

如果把秦比作一条船，赵驷要的是这条船和船产生的收益，至于谁来具体管这条船、怎么管，那就只有一个标准，即谁能让这条船更强、收益更多。

问题是哪个人适合这个位子呢。

一个今天属河南的人，正心心念念想要争取这个工作。

他，就是苏秦。

没错，就是后来"合纵"六国以抗秦的苏秦。

苏秦，首先要在这里啰唆几句，还是那个老话题，即姓与氏的问题。为什么笔者在这本书里，要坚持把秦王称作赵某，而不是嬴某，这里就拿苏秦做个例证。

为什么拿苏秦做例子呢？因为历史上很多人物，保留的姓氏信息并不完整，苏秦却很幸运地被保留了下来。他的姓、氏、名、字四个项目，都没有被历史遗忘。

己姓，苏氏，名秦，字季子。

所以，按照当下"姓＋名"的模式来反推到先秦，赵政改成"嬴政"，那么同一本书里出现的苏秦，就也得改成"己秦"。

还有如战国时期齐国的田忌，他是妫姓田氏，按照"姓＋名"的模式，岂不是也要改成"妫忌"？

又如赵国和秦国一样，也是嬴姓赵氏，如果你把秦国国君改成嬴某，那么赵国国君也该一律照办才对啊，岂有秦国按照"姓＋名"这种模式，而赵国却是"氏＋名"？

事实上，先秦男人的名字使用"姓＋名"这种模式，只有"嬴政"这一例，而就是这个嬴政，也是后人的发明创造，并不是先秦真实的叫法。而最近数年中以小说《大秦帝国》为代表的一系列文学作品，延续了这种发明创造，才使得秦国出现了一串"嬴某"的男性。认真讲的话，这种叫法都是错的。

所以，我们只要把"嬴政"（后人的发明创造）改回"赵政"（秦时的叫法和汉代司马迁的写法都是如此），所有的秦王改回"赵某"，这个问题就能完全解决。

就回到苏秦这边。话说那个时候的士大夫确实挺幸运的，他的文书，居然可以直接传递给君王，往后，这个难度就越来越大，不过直到明清那会儿，士大夫见知县老爷，还是存在这个可能性的。

那么苏秦跟赵驷说了什么呢？

首先是分析秦国的现状："大王之国，西有巴、蜀、汉中之利，北有胡貉、代马之用，南有巫山、黔中之限，东有殽、函之固。田肥美，民殷富，战车万乘，奋击百万，沃野千里，蓄积饶多，地势形便，此所谓天府，天下之雄国也。"

这段文字出自《战国策》，其实大大不可靠。为什么笔者敢这么讲？因为这里的巴、蜀，一直要到秦惠文王更元九年（前316），才由张仪、司马错带兵攻灭，那已经是赵驷执政后期。而苏秦处于赵驷执政的前期，两者相差至少二十年。那么二十年前的苏秦，又是如何预知秦国会吞并巴蜀的呢？

至于秦国夺取巫山和黔中，也就是后来的巫县和贵州，则发生在秦昭襄王二十七年（前280）左右。苏秦更是不可能知晓此事，因为苏秦在昭襄王二十三年（前284）就死了，他如何知晓死后之事？——所以说不知史不可怕，不知道还乱写乱说，这个就太坏了。

还有一个最为明显却往往被人忽视的错误就是：秦惠文公这个时候还没有称王，苏秦怎么可能称他为"大王"？秦惠文公称王，一直要到秦惠文公十四年（前324），是十多年后的事啦。

当然，抹去这些可能是后人修饰的东西，苏秦说的大概意思还是没错的，秦国这个时期确实已经强大起来了。

所以苏秦说："以大王之贤，士民之众，车骑之用，兵法之教，可以并诸侯，吞天下，称帝而治。愿大王少留意，臣请奏其效。"

呵呵，这意思就是秦国可以夺取天下了，而咱小苏，愿意为您效劳。

但是秦惠文公觉得这话说得太夸张，他还是要谦虚谨慎：

"寡人听说，毛羽没长丰满，鸟儿就不可以高飞，你现在说的这些，寡人还不能领会，希望日后有机会再来领教。"

结果就是苏秦说了一箩筐的话，都没换来一分钱。他在咸阳街头落魄啊，貂皮大衣都破了，钱也花光了，只能回到老家东周，被老婆鄙视了。

秦惠文公不用苏秦，他用谁呢？

先说一个，是秦惠文公的身边人——弟弟赵疾，当时也有人把这个家伙叫作樗里疾，因为他住在樗里——于是有后人附会，以他姓樗里。

赵疾据说很聪明，而且擅长搞笑，所以很得兄长的欢心，国人更是赞誉他，给他起个绰号叫"智囊"——这当然是说他脑子好，可历史上几个有这绰号的人，运气都不济，如汉朝的晁错、三国的桓范。

赵疾正式登上史册，要到哥哥秦惠文公在位的第八年，即前330年，那一年他被册封以右更的爵位，带兵打下了魏国的曲沃——这可是早年晋国的国都所在地啊，如今归秦国了。

所以赵疾虽然是皇亲国戚，却不是靠关系得的爵位，他是有点真本事的。

另一个，则是魏国阴晋人公孙衍。阴晋在今天的陕西省华阴市，此时已经属于秦国，所以你说公孙衍为秦国效力，有什么不行？

在秦孝公二十年（前342）左右，公孙衍加入秦国军界，十一年后，他便成了秦国攻打魏国的主将，雕阴一战就是由他指挥的，结果活捉魏军大将龙贾，全歼八万人。

也就因为这一次的军功，公孙衍获爵大良造，也就是此时秦国的最高爵位，很有可能进一步提升，成为秦国的相邦（相当于今天的"总理"。后来为了避刘邦的讳，改称相国，但这个时候刘邦还没出生，所以笔者就暂不避这个讳了）。

这里笔者还要啰唆一句，相邦这个职位，不是想设置就能设置的，秦国任命第一任相邦，是在周天子送给赵驷"文武胙（祭祀周文王、周武王的祭肉）"之后，当时的相邦，叫作樛斿，此人应该是秦国的老贵族成员，并没有什么出色的表现。

那么，现在，公孙衍，就很积极地谋取相邦这个职位。

但是这个时候，魏国也意识到了公孙衍的重要，派人给他送来重金，劝他先不要让秦国进攻魏国，去进攻韩国或是赵国、楚国比较好。

结果公孙衍笑纳了。

在公孙衍的主导下，秦国暂时就没有进攻魏国，而是去对付西方的游牧民族。

不能说这么做完全没有道理，秦惠文王七年（前331），义渠发生了内乱，确实是秦国向西搞定义渠的好机会。

后来到秦惠文王更元十年（前315），秦国确实大举进攻义渠，一口气攻下二十五座城池，不能不说没有好处。

关键在于公孙衍是拿了魏国好处才说这些话，这就给了第三者插足的机会。

第三者，正是张仪。

张仪是魏国人，也是让魏国吃大亏的人。如果以爱国论，张仪不但不爱国，简直就是个卖国贼。但是那个时候没有这个概念，国归国，民归民，你爱去哪儿就去哪儿。

张仪的老师，是战国时期最神秘的鬼谷先生，苏秦就是他的学长。苏秦第一次找工作是去秦国，结果失败。张仪则去了楚国，结果比苏学长更惨，参加楚相的酒会，喝到一半主人的璧不见了，张仪很可能平日里和一些下人相处得不好，这个时候他们就跟楚相说：

"仪贫无行，必此盗相君之璧。"

于是抓住张仪，这一顿拳打脚踢啊，但是张仪始终不承认是自己偷了玉璧，下人们也没能在他身上搜到玉璧，所以最终只能把他放了。

但是从此张仪就不能在楚国混饭吃了，他老婆就说，你这个人啊，倒霉就倒霉在书读得太多，然后恃才放旷到处得罪人上。张仪平白无故挨了顿揍，却还傲娇：看我舌头还在不？只要舌头没被割掉，我就还有奔头。

这时候有人来见张仪，说你的师兄苏秦现在赵国混得很好，咋不去投奔他呢？

张仪一想对啊，便屁颠屁颠跑到赵国，没想到在苏秦门前吃了个瘪，门卫老大爷根本就不让他进——张仪苦熬几天终于见到师兄，苏秦却又故意摆谱，给他吃的是下等人的饭，然后又把他数落一顿。

张仪这个憋屈啊，好歹咱是师兄弟，你就这么对我？一转身，怒火万千丈，这就来到了秦国。

其实这是苏秦的算计，他早已想好了，天下七雄，六国都对他不错，只有秦国还没拿下。苏秦就把这个空，留给了师弟——但是张仪这个人没啥远大理想，往往有了一点小利益就会满足，所以苏秦羞辱他一顿，就是为了激发张仪的斗志——当然，考虑到张仪的困难，师兄苏秦还体贴地为他安排了一个人，偷偷地接近张仪，张仪缺钱，就给他一点钱（但不给足）；张仪出行不方便，就借给他马车。

就这样，张仪见到了此时的秦国国君赵驷。

张仪来了，公孙衍就倒霉了。

张仪说，秦国怎么能不打魏国呢？魏国现在已经把都城迁到东方的大梁，但是在河东还有一些领土，依旧有复兴的可能，这就好比与猛兽搏斗，一定要在它虚弱的时候，彻底把它打倒，如果暂且放下，一朝它缓过劲来，岂不是秦国的心腹大患？

赵驷鼓掌，说得好啊，提拔你做客卿。稍后，更进一步，让张仪出任下一任相邦。

张仪这就发动侵魏大战，秦惠文王九年（前329），秦军渡过黄河，一口气拿下魏国的汾阴、皮氏，此前商鞅时代想拿却没能拿下来的焦，也全部攻克。秦惠文王十年（前328），更攻下蒲阳，即今天的山西省隰县。

那么到这个时候，张仪就开始拉拢魏国。他劝赵驷先把蒲阳还给魏国。魏王拿回失地，自然高兴得不得了。张仪就跟魏王说：

"秦国对魏国这么好，魏国怎么能没有一点表示的意思呢？"

于是魏国就把上郡的十五个县，全部送给秦国。上郡的郡治，在今陕西绥德。民谣有云："米脂的婆姨绥德的汉。"从此，绥德的汉子便成了秦国的兵源。

当然魏国这个算盘也不算大错，上郡远在陕北，都城在河南东部的魏国根本就顾不上，迟早为秦国夺取。

稍后，秦魏关系一度进入难得的蜜月期，秦国随后又把曲沃和焦，也还给魏国。

于是，到秦惠文王十四年（前324），秦惠文公赵驷自称为王，他便是秦国的第一个王——秦惠文王。

赵驷称王后第二年，也就是前323年，张仪又来魏国了。他是带着兵，把之前还给魏国的焦（陕），又给夺了。随后，他代表秦国，前往今江苏省沛县西南的啮桑，与齐、楚两国会谈，这也是当时最强的三个诸侯国。

啮桑大会回来之后，张仪又跟秦惠文王策划出一个新方案，打算让魏国做个榜样臣服秦国，要知道魏国可是战国初期的第一强国，如果他都服从了，天下群雄谁还敢不服？

可怜啊！这个时候的魏王，还是那个曾经叱咤风云的魏惠王，曾经号令天下，可是连续错失商鞅、孙膑，如今的魏惠王已经老去，看见张仪，他说：

"你也是魏国人啊！"

是啊，可是那又怎样呢？张仪说，现在秦王就指定我来做魏国的相，你以为秦王是什么企图？当然就是希望魏国能够完全屈服，乖乖地做秦王的小弟。

如果寡人不愿意呢？

那就打呗！

打，寡人也知道是打不过。

既不能打，又不愿屈服。不愿屈服，又不能选用贤能，使魏国重新振作，你还想怎么样？

19　五国伐秦　这么大阵势为何还是输？

秦惠文王更元三年（前322），秦国又攻击魏国，夺回了之前还给魏国的曲沃。三年之后，魏惠王终于去世了。他虽然把魏国——这个曾经的战国第一霸搞得半身不遂，但至少有一点还是他赢了，那就是他比秦穆公和商鞅都活得命长，只可惜多余的岁月，只是默默坐在那里看着强秦一步步向外扩张。

新君魏襄王一上台，张仪就哧溜一下跑回了秦国。他是何等机灵的人，新君要给老爹报仇雪恨呢，他要是继续留在魏国，那肯定小命不保。

魏国、韩国、赵国、楚国、燕国、齐国，战国七雄除了秦国以外的另六家，终于和谐地坐在一起，商量怎么对付西边那个没文化、一点不讲仁恕之道的秦国。

魏、韩两国，目前为止是吃亏最大、挨揍最厉害的两国。他们的诉求，就是希望其他四国，能够有钱出钱、有力出力，大家联合起来，以集体的力量，打败秦国。

赵武灵王、楚怀王、齐宣王，便是这次会盟的盟主候选人。

但是赵武灵王赵雍，这个时候还没有胡服骑射，即位第一年，就被魏国和齐国欺负，魏国夺取了新城，齐国夺取了赵国的平邑（今河南省东北角的南乐县）。

而秦国在这个时候，尚未对赵国发动大规模战争，所以你看，赵武灵王几乎就是无心也无力对付秦国。

齐国就更不用说了，齐宣王上位第一年，就"迎妇于秦"，跟秦国结成了姻亲关系。

齐国理智的一点是：虽然和秦国相处得不错，在这个时候，却很清楚秦国的威胁性，所以在六国之中，齐国反而更为积极。只不过齐国不信任三晋，更主张与楚国合作。

楚怀王，最终成为这一次会盟的盟主，领导六国联军，一起对付秦国。

为什么选楚王做老大？一是因为除了秦国，楚国是当时最强的诸侯国，虽然说楚国在春秋后期曾经一度衰落，战国初期的吴起变法最终也失败，但楚国的国君，其实也意识到了问题的严重性，与秦献公同一时代的楚肃王，面对射死吴起的七十余家旧贵族，他果断下手，以伤害先王尸体的罪名，将这些贵族全部收捕灭族，其中有一个阳城君，虽然畏罪潜逃，可是他的封地，居然还有一百八十名墨家子弟为其守护，于是楚肃王发起攻击，将这些人全部诛杀。

也就是从楚肃王开始，楚国开始出现了继续复兴的苗头，到他的弟弟楚宣王手里，便连续灭了位于今安徽省凤台县的蔡国和今山东省邹城市的邾国，尤其是后一手，其实是为将来吞并山东南部的鲁国作准备。宣王的儿子楚威王，则更进一步伐齐，在徐州大败齐军。

但是楚国，从春秋中后期开始，便一直是秦国的盟国。所以随后楚怀王担任盟主的六国攻秦，秦惠文王便勃然大怒，发下了所谓"十八世之诅盟"——意思就是秦和楚曾经有着十八代的友好盟誓，但是楚怀王居然翻脸无情，带着联军来打我——虽然你打不过我，但这仇我记下了。

北宋仁宗时期，陕西凤翔曾出土一件石刻，上面刻有三百二十六个石刻古字，苏东坡当时正好在凤翔府做签书判官，他便成为此事的第一记录人。而这件石刻的内容，正是秦惠文王派大巫师向大神巫咸控诉楚怀王如何不顾秦楚两国十八代的友好，不仁不义，祈求打败楚国。

那么这个秦楚十八代的友好，究竟是指什么呢？

原文里是这样描述的：

> 昔我先君穆公及楚成王，实戮（勠）力同心，两邦若一，绊以婚姻，袗以齐盟。曰："叶万子孙，毋相为不利。"

原来当年秦穆公、楚成王，曾结成联姻，发誓说子孙后代，秦不可以对楚不利，楚不可以对秦不利。

而后来吴国侵楚，也确实是秦国派兵——但前提是楚国的使臣申包胥在秦国宫门外赖着不走，日日夜夜痛哭，竟哭了七天七夜——最终秦兵帮助楚国击退了吴国，楚昭王才得以复国。

所以如果之前秦楚之间维持了那么久的和平，是楚怀王不知好歹，撕破友好盟约，与秦惠文王为敌，那么楚国真的无话可说。

但是司马迁在《史记·楚本纪》里告诉我们，楚宣王三十年（前340），秦国已经有过向南侵占楚国领土的战事。

而到了楚威王时期，秦国又曾拉拢楚国，一起攻击魏国，地点是在今河南省新郑市西南三十里的陉山。结果仗打到一半，魏国偷偷拿出上洛贿赂秦国，当时就是张仪给秦惠文王出主意，说如果继续和楚国一起打魏国，魏国肯定会服从于楚，反而对我们秦国没好处，于是秦国在阵前倒戈，反而联合魏国，打败了楚军。

这个事，被认定为秦国背信弃义、与传统盟友楚国交恶的标志性事件。

这样看来的话，秦国至少在道义上，并不占上风。

应该说，这个时候的楚国，还是占几分优势的。三晋之中的魏国，是第一个看到这一点的诸侯国。在秦惠文王更元元年（前324），曾担任魏国大臣的惠施，就提出了韩魏联手齐楚，四家合作抗秦的主张。随后魏国派出太子嗣去齐国，公子高去楚国，为的就是魏、齐、楚三国之间的合作。

但楚国到这个时候，还没有和秦国完全翻脸，啮桑会盟就是秦、楚、齐三个大国的友好磋商大会。

最终的危局，还是出现在魏国。当时张仪在魏国，公孙衍也到了魏国，这两个人当初在秦国就已经交恶，现在又在魏国形成对峙之势。

据说，楚怀王和东方诸侯，都一致支持公孙衍，理由大家都看得明白：张仪这货不地道，莫信此人！

讽刺的是，若干年后，楚怀王就是因为错信张仪，铸成一生之大错。

而在此时，公孙衍当上魏国的相，张仪溜回秦国。魏、赵、韩、燕、楚五国便正式达成合议，联合抗秦。

楚怀王，被推举为盟主，即所谓纵长，当时的周天子似乎也赞成此事，派人给楚怀王赐胙。

至于楚国的盟友齐国，据说也是赞成的，只是动作太慢，五国联军已经组成，齐国的部队，还在慢悠悠地移动。

合作已经达成，问题是怎么打呢？应该说公孙衍还是做了一些研究的，他提出要多路进攻，使秦国顾头不顾脚。

第一路也就是主路，是魏、赵、韩三国组成联军，正面进攻函谷关。

第二路是侧路，由楚国出兵，攻击方向为新隍、於、长亲之地。这个方向，应该是在陕西东南角的商洛地区。

第三路是后路，策应义渠人，攻击秦国的西部。

问题是：理想很丰满，现实却很骨感。

第一路兵，赵韩魏三晋联军浩浩荡荡推进到函谷关外，被秦军轻松击退，樗里疾，也就是秦惠文王的弟弟赵疾，带兵出函谷关，攻入今河南省原阳县西南，也就是韩国的修鱼，大败三晋联军，杀八万人。

魏国，是这一仗中最大的受害者，无奈之下，魏王只能与秦国讲和。

而楚怀王一听说三晋没戏，立马撤兵回国。

至于义渠人，虽然没有爽约，但实在战斗力有限，只能说给秦国挠痒痒而已。

结果就是之前唱得有多么热闹，之后就有多么寂寞无助。

事实上，类似多国联合攻打一个强国的事件，历史上并不是没有成功的例子。就在战国时期，燕国发动的秦、燕、魏、赵、韩五国联军伐齐事件，就是一个成功的典范。更早些则有赵、韩、魏联合伐智的事件，也是以多打少的成功模式，那么为什么楚、燕、赵、韩、魏五国伐秦事件就会以失败告终？

首先，我们确实不得不承认，秦军在军功爵操作模式下所发挥出来的战斗力，确实远超过五国联军中的任何一国。

但是即便如此，一对一打不过，五对一仍然打不过，这个实在说不过去。

关键的失败原因，其实在领头大哥的领导不力之上。

楚怀王号称盟主，却不派一兵一卒前往函谷关的主要战场，这就表明了楚国的虚张声势。

韩、赵、魏三国，赵国可能未尽全力，但是韩、魏两国是真的用尽洪荒之力在打，可惜昔日的战国第一高手魏国，早已是被斩掉一条胳膊的杨过，却没有一个叫作金庸的人来赐予他神雕大侠的造化。至于韩国，虽然在韩昭侯时期，有过申不害变法的短暂辉煌，号称"十数年间，诸侯无侵者"。但毕竟国土面积太小，发展空间不大，在秦国的强力攻击之下，实在难以招架。

再来说说未尽全力的赵国，就是那位赵武灵王，虽然在函谷关之战和修鱼之战，赵国的损失是三晋里最轻的，但随后齐国便不出意料，将原来的"五国联军预备队"迅速转化为"趁火打劫攻赵国特别行动"，攻入观泽。

至于燕国，本身力弱，加上远离中原战场，不可能也不愿意成为抗秦的主力。

所以五国联军战败，不能怪韩魏（尽力了），也不能怪燕国（太远）和赵国（尚未发展起来），最大的责任，只能是楚国。

那么楚国究竟又是为什么而未尽全力呢？

20　西南战场　居然是一场四国大战

东周人杜赫，此时在楚国做官，他为令尹昭阳分析此时楚国的形势，是这么说的：

> 魏为子先战，折兵之半，谒病不听，请和不得，魏折而入齐、秦，子何以救之？东有越累，北无晋，而交未定于齐、秦，是楚孤也。不如速和。

从这段话里，我们可以知晓，魏国损失惨重的消息已经传到了楚国这边，楚国担心魏国会向齐国或秦国屈服，那么这个时候，楚国能做什么呢？杜赫哀叹说，可怜我们楚国孤单无助啊，东面还有越国与我们为敌，成为拖累，而北方却没有像晋国这样的强大盟友，齐国是友是敌很难说，我们又该怎样对待秦国呢？

魏国在等待楚国的援助，楚国却抱怨自己孤单无助，这就是当时的政治生态。

五国攻秦事件，发生在秦惠文王更元七年（前318），彻底失败之后的第二年，即前317年，张仪又来到了魏国，而这个时候的魏国，已经是一个弱国了。所以，张仪以藐视的姿态对魏襄王说：

"你们魏国，现在土地纵横不到一千里了吧，士兵不超过三十万了吧！

"以前你们魏国，都城在安邑，有山川阻隔那么险要的地形，可是你们还是打不过秦国，连安邑都给丢了。

"现在的魏国，定都在大梁这边，四周的地形是这样的平坦。从韩国的新郑到你们大梁这边，只有两百多里路，假使战车飞驰、士兵奔跑，我想一口气杀到魏国，没有太大难度吧！

"魏国的西边是韩国，南边是楚国，东边是齐国，北边是赵国，假如魏国和楚国友善，却与齐国交恶，齐国就会攻击你的东边。假如与齐国友善，却与赵国交恶，赵国就会攻击你的北边。与赵国友善，却与韩国交恶，韩国又会攻击你的西边；与韩国友善，不附和楚国，楚国又会攻击你的南面。所以这样一个魏国，想要保护和平还真是不好办呢！

"魏国可能还在想着合纵吧，可是你要知道，假如魏国仍旧执迷不悟，秦国出兵河外，一路沿着酸枣（今河南省延津县北）这些地方向东，一直打到卫国，试问谁能阻挡？而那个时候，魏国和北方的交通便中断了，就算赵国有心，他怎么来救你？

"这个时候，魏国唯一的小伙伴，可能就只有韩国，可是那么弱的韩国，秦国要让它屈服，太容易了。然后秦韩合兵来打魏国，魏国能撑多久呢？"

张仪这些话，当然是赤裸裸的威胁，可也是事实，魏襄王能怎么办呢？他只能承认自己的失败，向张仪请教保存魏国的办法。

"这还用得着啰唆吗？魏国眼下的唯一对策，就是做秦国的小弟。有秦国这个大哥给你撑腰，楚国、韩国这些家伙，一个都不敢轻举妄动。

"老实跟你说吧！现在秦国的目标就是楚国，而魏国就是秦国攻楚的最好助手，秦国愿意和魏国联手，只要魏国出动军队向南发起攻击，一定可以打败楚国，到时候魏国之前因为错误国策而损失的土地，就可以从楚国这边获得补偿，这可是大好事啊！"

张仪的口才确实很好，可是这些说辞，魏王能信吗？信就是傻子。谁都知道秦要吞并韩魏，魏国投靠秦国，难道秦国就会不灭魏？

但问题是，不信张仪，秦国可能明天就来灭魏，信张仪，至少这几年可以得到一丝安乐。

魏襄王心里说，这个就叫得过且过吧。于是，张仪得到魏国的求和文书，满面春风地回到咸阳，重新就任相邦。

这个时候，秦惠文王的视线，已经转向了西南方向，没错，就是今天的巴蜀。

说来也是巴蜀的厄运到了，这个关键的时刻，蜀国居然发生了内乱。

蜀国其实是和中原诸侯风俗、文化相近的诸侯国，它的国君，也采用中原模式的姓氏制度，也就是杜姓、开明氏。所以蜀国的开创者，有些书籍写作杜尚，其实更应该是开明尚。

蜀国的国都，本来在郫邑（今四川省成都市郫都区），建国的初始岁月，大概是相当秦献公的年代。当时开明尚，就在今天的四川省广元市这个地方，册封了一个属国，国名叫作苴，首任国君就是开明尚的弟弟。然后，蜀国的都城，也从郫邑迁到了今天的成都。

但是时势让蜀国的君王想不到的是：自己的属国苴，后来居然和另一个诸侯国勾搭上了。

这便是巴国。

论本源，巴国的派头很大，它也属于周王朝姬姓诸侯，曾参与商周之际的武王伐纣，只不过地理上实在离中原太过遥远——和姬姓诸侯的另一个代表吴国有相似之处。

至于巴国的疆域，可能曾向北扩张到今陕西省南部的汉水上游，向南一直扩张到大巴山，向东在襄阳一带，向西与蜀国对峙。

而且巴国的统治中心，早期应该在今陕西省南部，中期则迁徙到湖北，后期才迁徙到今天的重庆一带。

楚武王三十八年（前703），在今湖北省西部和西北部活动的巴国，与楚国的关系还不错，他们曾经希望通过楚国，和位于襄阳一带的邓国交往。然而，可惜的是，当巴楚两国的使者前往邓国之际，却遭遇襄阳东边一个诸侯国鄾国军队的袭击，楚国的使者被杀。

这个事件，就引起了一场战争。楚国立即与巴国组成联军，而邓国与鄾国联姻，所以邓鄾也组成了联军。

这一仗也不是说完全一边倒，楚巴联军并没有一开始就节节胜利，双方各有进退，最后是楚军大将斗廉借着夜色设下埋伏，这才打败了巴军，将鄾国吞并。

巴楚联盟一起维持到楚文王二年（前688），那一年巴国还曾经联合楚国一起讨伐在今河南省南阳市的申国。很可能因分账不均发生争执，结果巴楚翻脸，引发一场恶战。

如果你不熟悉早期楚国历史的话，会以为巴国根本不是楚国的对手。但事实上在这场巴楚战争中，巴国处于强势进攻的一方，楚堵敖囏元年（前676），巴国军队猛攻楚国的那处城，也就是今天的湖北省荆门市，打得楚国守将大夫阎敖弃城游水而逃。而阎敖逃到郢都，被愤怒的楚王以弃城而逃罪处死，还引发了一场内乱，于是后来巴国军队甚至一直推进到今天的湖北省荆州市纪南城，也就是楚国的郢都，这可是打了南霸天楚国一个大嘴巴子。历史上干过同样事件的，只有春秋晚期的吴国和后来的秦国。

为了抵御巴国的入侵，当时的楚文王带兵到长江渡口，也就是今天的湖北省枝江市应战，结果又是一场败绩，灰溜溜逃回郢都，还被守城的大佬鬻拳拒之门外。不得已，楚文王只能带着军队再去攻打黄国，获胜之后回国，走到今湖北省老河口，因食物中毒一命呜呼。

在早期的巴楚对峙中，巴国更为强势。一直到楚堵敖囏元年（前676），还有类似"巴伐楚，克之"的记载。

但是到楚成王时期，巴国和楚国恢复了友好结盟关系，甚至到楚庄王称霸的那个年代，巴、秦、楚居然结成了一个类似三国轴心的同盟。楚庄王三年（前611），正是这三国联军合作，灭掉了位于今湖北省和重庆市一带的一个大国——庸国。巴国分到的战利品就是今天的重庆，当时叫作鱼邑，邑城在奉节县。

之后，巴、楚再度关系恶化，到楚惠王十二年（前477），巴国又一次出手，将楚国的鄾邑（湖北省襄阳市）包围，楚国不得不集结重兵，由当时的三位强将带领，即公孙宁、吴由于、薳固，应该是狠狠打击了巴军，而正是因为这一仗的惨败，巴国不得不退出汉水流域的争斗，向西也就是今天的重庆市、四川省方向撤退，甚至为了抵御楚国的侵犯，在长江上连设三道关卡，即扞关（今重庆市奉节县）、阳关（今重庆市涪陵区）、沔关。沔关的地理位置不明，可能在汉水附近，因为汉江的古源头就叫作沔水。

进入战国之后，楚国便不断向西推进，而巴国不幸，就在此时发生了内乱，其中一派便向楚国请求援助，楚国当然不会白干活，要巴国割地给他。这个时候巴国方面的将军叫蔓子，就跟楚人说：

"楚王要我国的城，但城岂是可以得的，把我的头拿去作礼物吧！"

他于是拔剑自刎，以头授使。

这个举动居然连贪得无厌的楚王都感动了，他说："假使我能有蔓子这样的臣子，还要占别人的城做什么？"用上卿礼葬了蔓子的头。

只是感动归感动，侵略归侵略。楚国还是要巴国的夷水，即清江流域，这是长江中游在湖北境内仅次于汉水的第二条支流，又是一个富含盐资源的地方，夷水又名盐水，所以楚军随后便攻打巴国，夺取了这个区域。

俗话说得好，"家乱容易遭贼惦"。就是这个时候，西边的蜀国也来了，夺取了巴国的一部分领地，所以《蜀王本纪》说："蜀王据有巴蜀之地。"东征的蜀军，甚至打到了今天的湖北省松滋市，当时叫作兹方的地方。

但是在这场巴、蜀、楚三方冲突之中，获胜的还是楚国，巴国以南黔中之地，全部被楚国攻占。楚怀王的父亲楚威王，派兵攻占今重庆的巫溪县、巫山县、奉节县一带，设置了一个郡叫作巫郡。随后巴国的都城江州（今重庆市渝中区）、陪都垫江（今重庆市合川区），也被楚军攻克。

所以这个时候，巴国就只能向西迁徙，为了生存，和苴国联合进攻当时四川境内的另一个诸侯国充国。

充国在哪里呢？由于史料不足，我们只知道大致范围在今天的嘉陵江流域全境、巴中市西南、广安市西以及绵阳市东南，都城可能是在今天的南充市一带。

巴、苴合力进攻充国，充国便向当时四川地区的强国蜀国求救，这样一来，便形成了蜀、充对巴、苴的二打二局面。

四国大战的第一轮战况，是蜀国一方更占优势，连连得胜。那么巴、苴这边，就要寻找更强有力的援手。

楚国是巴的敌人，当然不能找。

那么唯一的选项，就是秦国。

21 驳倒张仪 司马错的话一点没错

巴国来使，结果便是在秦惠文王的朝堂之上，展开了一场要不要派兵去今天的四川省的争论。

张仪一方的观点是：不能去！因为秦国的目标，是要向东争夺天下，而此时秦已经拥有了东进的最好时机，东边的魏国和楚国都愿意做秦国的朋友，那么秦军就可以直接扫荡中原，周天子走投无路，也只能献出九鼎宝器。到那个时候，秦王"据九鼎，案图籍，挟天子以令于天下，天下莫敢不听，此王业也"。

在张仪看来，四川这个地方，属于"西僻之国而戎翟之伦"，如果派兵过去，最后的结果必然是"敝兵劳众不足以成名，得其地不足以为利"。他说，争利者的眼光，都会集中在集市上。周王子所在的中原之地，正是天下的集市。秦国要称霸天下，不去争中原，却跑去偏僻的巴蜀，岂不是南辕北辙？"去王业远矣！"

而敢于和张仪唱反调的，是司马错。

司马错是谁呢？现在我们认为，他就是司马迁的直系老祖宗。这一支就是所谓"夏阳司马氏"，夏阳就是今天的陕西省韩城市。司马错有个孙子叫司马靳，是秦昭王时期的秦军将领，可能做过白起的部下，所以在白起遇害时遭到牵连，被一起赐死，因而司马氏这个家族就衰落下来。几代人都是做小官，一直到司马迁的父亲司马谈，才得以进入朝廷担任太史令。

而司马错，在当时又说了些什么，居然能驳倒以辩论自雄的张仪呢？

他是这么说的：

想要富国，就要扩张地盘，可是现在秦国的土地，毕竟还不是很大。蜀国那个地方，是西南的僻壤。据我所知，那里的军队战斗力很弱，可是土地财物却足以丰裕我们的国库。如果用秦国的强大兵力去攻取，就好像放出豺狼追逐羊群，容易得很。而一旦得到这样一个丰裕的后方，我们再拿这里的资源支撑我们征服中原，不就容易多了吗？

而如果你今天不去征蜀，去逐鹿中原，首先就要蒙上"劫持天子"之称（周王虽弱，天子之名犹在），坏了名誉，却未必能得到利益。一旦惊动东方诸侯，他们联合起来与秦争夺，又有什么好处可言呢？

这里不得不说秦惠文王确实是个了不起的王，他用张仪做宰相，却不是唯张仪是听，准确地讲，他是有大局观的一个秦王，这是很难得的，这一点上，后来的秦始皇不如秦惠文王。

那么这一年,是秦惠文王更元九年(前316),距离秦统一天下,已经不足百年,只剩下区区九十五年。

就在秦国准备出兵之际,西南战事已经进行了两个阶段。

第一阶段是巴国旗开得胜,先灭了充国,然后大举攻入蜀国。

第二阶段就是巴蜀决战,结果是蜀国打败了巴国的军队。据说战术是先找一些老弱残兵做诱饵,等到巴军主力上当受骗,进入蜀军包围圈之际,便倾巢而出,将巴军一举歼灭。

所以蜀军胜了,而胜了之后的蜀王,打算彻底干掉巴国的帮凶,即苴国。

苴国,都城在今天的四川省广元市,东北方向就是陕西汉中,西南方向就是成都(蜀国中心),东南方向则是巴国。这也就是说,如果巴国和苴国能拿下蜀国,他们就可以据守天府之国;而若是蜀国拿下苴国,或者第三股势力拿下苴国,天府之国基本上就无险可守了。

蜀军要快速进抵苴国,就要快速开通一条高速道路。所以这个时候,蜀国就组织了据说是五个劳动大队,要求他们限期开凿蜀国至苴国,即今天从成都市到广元市的道路。

而苴国这边,为了抵抗蜀国,就只能向秦国求救。从咸阳到广元,一路都是大山,秦兵征蜀之旅,自然十分艰难。

当然,这里有一个近乎神话的传说,说秦王为了忽悠蜀王,派人去成都传话,秦国有一件宝贝叫作"能粪金的石牛",愿意送给蜀王。蜀王一听高兴得不得了,立马就派出五个大力士,即所谓"五丁",一路开山,修了一条从成都直达咸阳的"高速公路",结果路一修通,秦军就顺着这条大路灭了蜀国。

其实,撇除其中的神话成分,如石牛拉出金子这种段子,我们还是可以分析出其中的真实成分,所谓"石牛粪金、五丁开道"的"高速公路",其实分两段,从成都到广元这一段,是蜀国修的;而从广元到咸阳,则是苴国和秦国联手修建的。

结果则很简单，秦兵号称三十万大军，张仪是元帅，司马错是大将，这就杀进了四川，一路上见人就杀，第一个倒霉蛋是苴国，第二个就是蜀国。

蜀国灭亡之后，这块土地就成为秦国的蜀郡，秦惠文王的儿子赵通被封到这里做了蜀侯，张仪的儿子张若则被任命为蜀相——这个时候虽然有郡的名号，但是秦国的行政还是有点乱，郡的长官是郡守，可是蜀郡却没有郡守，只有一个郡侯，实际上可以把蜀侯赵通理解为汉朝册封的诸侯王，譬如刘邦曾把自己的侄子刘濞封为吴王。

两个月后，巴国的残余势力也被秦军扫荡，于是一年之内，巴、蜀、苴、充四个诸侯国全部报销，四川盆地悉数纳入秦国治下。随后天府之国的丰富资源，便成为秦国灭六国的依赖，司马错的预言完全实现了。

不过，蜀地虽然平定，蜀乱却尚未完全平息。三年之后，被任命为蜀相的陈庄就发动叛乱，杀死了秦惠文王的儿子蜀侯通，企图割据。当时恰逢秦惠文王去世，所以秦兵要到第二年，才由甘茂带领，镇压了陈庄的叛乱。

奇葩的是，陈庄叛乱，蜀相张若却一点记载也没有，大概率是维持了做秦臣的本分，所以陈庄死后，成都乃至整个四川基本上就交给张若打理。

陈庄叛乱平定后两年，秦昭襄王把自己的儿子赵烨封到了蜀地，其实是因为难以管教而流放到此地的。结果赵烨在蜀地憋了三年就起兵造反，这个时候秦国派来镇压的大将依旧是司马错——真是跟四川有缘啊！

司马错第二次平定四川之后，秦昭襄王又把自己的孙子赵绾封为蜀侯。结果赵绾在成都待了十五年，也被秦国朝廷怀疑造反，被杀。

于是蜀国彻底消失，真正成为秦国的一个郡。

至于巴地，秦惠文王更元九年（前316）就设立了巴郡。

但是这个时候，秦国所在的关中，和巴蜀之间尚有一片三角形的插入地带，犹如匕首一般顶着秦国的咽喉。

这便是楚国的商於之地。

有人便说：商地不是已经归秦，而且秦孝公还曾将此地封给了公孙鞅吗？公孙鞅由此得名商鞅吗？

是的，一种观点认为：那块土地当时确实叫商，但这个商，其实是改名而得，这一点，记录在《竹书纪年》里："秦封卫鞅于邬，改名曰商。"

原来商鞅之商，原名为邬地。

而真正的"商於之地"在哪里呢？春秋战国时期的楚国，有两块地，一块在今河南省南阳市淅川县西南，叫作商密；另一块则在今河南省南阳市西峡县东，叫作於中，这里是丹水与淅水的交汇处。

而另一种观点认为，"商於之地"是陕西东南部和河南西南部的合称。而这块土地之所以被秦国和楚国都如此看重，是因为这里有一条兴起于商末周初的古道。

甚至还有人认为，楚国的先祖鬻熊，原本居住于关中，在商朝末年才带领族人沿着这条古道向江汉进发，并由此受封为楚子。

所以楚人对这块"商於之地"，是有特殊感情的。

而从地理上讲，从咸阳向东，经蓝田，过灞河翻越秦岭，进入商地。顺丹水（丹江）支流七盘河而下至黑龙口，抵商州城，东南穿越丹江北侧丘陵，过达武关下南阳、邓州，以至郢都，也确实存在这样一个交通路线。

而这样的路线，便是所谓武关道，主要利用秦岭北侧灞水河谷和秦岭南侧丹水河谷连接开辟而成。

历史上秦楚关系好的时候，如春秋秦哀公，秦兵就曾沿着武关道南下破吴救楚；而一旦破裂，这里就成了双方血肉横飞的厮杀场。

一句话，不论商於之地是在今陕西省，还是在今河南省，谁把商於之地掌握在手里，谁就控制了秦楚关系的主动权。

此时，显然主动权控制在秦国手里。

楚国意识到危机，迅速在外交上作出改变，那就是改善与齐国的关系，特别是在秦国吞并巴蜀之后，齐楚关系快速升温，几乎已成亲密战友。

楚怀王、齐宣王联手对抗秦惠文王，这显然比什么心怀鬼胎的五国联军靠谱多了。

秦惠文王自然也明白这一点，所以他很上头。

张仪说：大王你挠头干啥，这里不还有我吗？

没错，打四川，张仪真不行，可是干这个活，他就是孙悟空。

张仪这就出发，从咸阳一路坐着小车，颠簸着到了今湖北省江陵县，这条路搁当下是七百多公里，自驾车九个小时就到了，可那会儿哪有这么便当？

但不论路上如何颠簸，抵达楚国国都之后，张仪还是得到了很好的接待，毕竟他是秦国的相爷，不论如何，起码的待遇不能少。

这个时候，咱们这一章节的男二号便登场了，他便是楚怀王。

22 芈月故乡 老上当的楚王，没人劝吗？

首先依旧是个老问题，楚怀王咱们该怎么称呼他？

楚怀王，芈姓、熊氏，单名一个槐字——那么，是该叫他芈槐还是熊槐呢？

其实，大家都看过一部剧叫作《芈月传》，剧情将其设定为楚威王最宠爱的小公主，但在楚威王死后生活一落千丈……

楚威王，就是楚怀王的父亲。这也就是说，按照《芈月传》的逻辑，芈月是楚怀王的姐妹。

不过讲真，芈月只是一个虚构人物，至少楚威王并没有这样一个女儿。

历史上嫁到秦国去的楚国女子，是芈八子。但芈八子也不是楚威王的女儿，她只是楚国的宗室女子。

那么，楚国的宗室女子姓芈，楚怀王是不是也应该用芈这个姓，称作芈槐呢？

不是的，正式文本上，就如秦王姓嬴，却不能叫作嬴某某，只能叫作赵某一样，楚王姓芈，也不能叫作芈某某，只能叫作熊某。而反过来，你如果承认楚王的正确叫法是"熊某"，也就不能把秦王叫作"嬴某"。

这个时候，楚怀王熊槐就在他的宫殿接见来访的秦国之相张仪，当然开场白照例是大人物的故作谦逊：

"欢迎来到楚国，我们这里是僻陋之国，不知先生何以教俺？"

张仪心里说：且看我怎么忽悠你吧——我的职业就是忽悠家，忽悠不死你我就不叫张仪，叫苏秦！

于是，张仪说：大王，俺是给你送礼来的！

楚怀王说：什么礼，礼在哪里？

张仪说：一般的礼，大王岂会看在眼里？俺给你送地。

楚怀王果然有了兴趣：送地？什么地？

张仪说：就是六百里商於之地啊！

必须说，张仪真的厉害，难道他真的想把六百里商於之地送给楚怀王吗？

怎么可能啊？

可是既然没打算送，张仪又为什么要提这个？

其实说白了就是一个幌子。

张仪现在就是这样一个套路：先拿楚王最想要的东西忽悠你一下，至于给不给，楚王也知道的。

关键，只是要楚王心动而已。

果然，楚王心动了。

当然，楚王也不是一个彻底的傻子。张仪空口白话这么一说，他就能当真？

楚王想：他一定是有条件的，岂有空口白送的道理？（楚怀王想到了初一，却没想到十五，真相是，他就算做到了条件所约定的，张仪也不会兑现承诺，那纯粹就是忽悠而已。）

张仪就等他这句话呢。他告诉楚怀王，条件只有一个，好处却不止方才所言一条。

条件一个，就是楚国要立马和齐国断交。

好处两条，除了方才张仪许诺的六百里商於之地，秦楚两国还要恢复友好，秦国将把美丽妖娆的嬴姓女儿嫁给楚王做"箕帚之妾"，而相应地，秦王也希望能继续迎娶楚国的芈姓姑娘。

前一条有点虚，但后一条听上去很实在。因为此前秦楚联姻就没断过，秦惠文王此时的王后姓魏，但她可不是什么魏国人，她确确实实就是楚国的女子。她还有个兄弟叫作魏冉，也是到秦国做事的楚国人。秦惠文王另一个嫔妃芈八子，更是如假包换的楚国国姓女子。

所以，秦国和楚国的姻亲关系，是真的。

现如今张仪代表秦国而来，某种意义上讲，他就是老姻亲派来的一个家务总管，他递来的话，那毫无疑问就是老姻亲的意思。

关键就是：这个老姻亲，到底靠谱不靠谱？

楚怀王觉得靠谱。

张仪退下之后，楚怀王就把众臣叫过来，告知此事，结果一帮人都说好，集体向英明的大王表示祝贺。

凡事总有例外，这里的例外就是有一个特立独行的家伙，不但没来道喜祝贺，反而拿着竹竿吊丧来了。

这个玩笑开得可有点大了。

这人便是陈轸。

陈轸可不是一般人，他了解楚国目前的处境，更知晓秦国的套路。

了解楚国目前的处境，是因为他是楚国的大臣；知晓秦国的套路，则是因为他也曾经在秦国混过。

十二年前,陈轸便是秦国的外交官。当时楚国令尹昭阳刚打败了魏国,转身就要去打齐国,这个时候,陈轸正好代表秦国出使齐国,于是去见昭阳,他说:

"楚有祠者,赐其舍人卮酒。舍人相谓曰:'数人饮之不足,一人饮之有余。请画地为蛇,先成者饮酒。'一人蛇先成,引酒且饮之,乃左手持卮,右手画蛇,曰:'吾能为之足。'未成,人之蛇成,夺其卮曰:'蛇固无足,子安能为之足?'遂饮其酒。为蛇足者,终亡其酒。"

这个其实就是咱小学课本上的成语故事"画蛇添足"的最早出处。陈轸拿这个故事,告诉昭阳:

"你已经是令尹了,楚国难道还有比令尹更高的官位吗?你打败魏国,功劳已经足够,再去攻打齐国,就算成功,楚王还能升你的官吗?而万一如果失败呢?"

于是,昭阳退兵回朝,陈轸继续他的使命。

那个时候,韩魏两国曾为了某事,相互攻击将近一年,秦惠文王就想做一回大佬,劝告韩魏停战,谁不肯停战秦就打谁。这事却被陈轸拦下了。

"大王听说过卞庄子刺虎的故事吗?当年卞庄子看到两只老虎在争抢一头死牛,就拔剑准备冲上去与虎搏斗,路边人将他一把拦下。为什么呢?路人说,两虎争一牛,必然斗得不可开交。你若贸然上前,是以一人斗二虎。可是如果两只老虎斗到最后,一死一伤,你再上去和那只受伤的老虎搏斗,难度岂不是大大降低?

"那么现在,韩国和魏国相争,就好比那两只老虎相争,秦国就好似卞庄子,你说是马上去调解好还是等打得两败俱伤再出手更好呢?"

据说秦王最后就采用陈轸这个套路,大获全胜。

可是这个时候,陈轸在秦国混饭吃,面临一个最大的敌人,那就是张仪。要知道,一个国家是容不下两个诸葛亮的(张仪非常排挤陈轸,在秦国如此,后来在魏国也是,几乎把陈轸当成一生的死敌)。而秦国对张仪的重视程度，显然高于对陈轸，所以张仪都当上相了，陈轸在秦国还能有好日子过吗？

所以没有办法，陈轸这才离开秦国，流浪四方。很久以后他才到魏国，找到了一份工作。偏偏这个时候，如笔者前文所讲，张仪又到魏国来做相了，仇人相见分外眼红，结果就是陈轸在魏国也待不下去。

最后，陈轸便来到了楚国。而当犀首（官职名）公孙衍策划反秦大联盟之际，陈轸便为他积极出谋划策，一度成功形成合纵之势。

而等到五国正式攻秦之际，陈轸居然又出现在秦国朝堂之上，劝秦王不要以武力镇压西方的义渠王，而应示柔，也就是拿丝帛和美女贿赂义渠王。

不过，这个策略很可能是陈轸和公孙衍的联手策划，因为公孙衍这边曾给义渠王交代过，如果秦国送你丝帛和美女，那就表明秦王虚了，你得趁机打他。

所以，最后义渠王还是对秦国发起了攻击——当然，对秦国造成的实际杀伤力并不算太大。

三年前（秦惠文王更元十年，即前315年），秦国在浊泽打败了韩国，韩国实在吃不消了，就打算答应做秦国的小弟，然后跟着秦国去打楚国。那么这个时候楚国怎么办呢？陈轸给楚王出主意，说你现在一定要放出消息，说楚国已经在调兵遣将，马上要来救韩国了，同时派使者给韩国送去重礼，说不要怕，我们一定支持你。结果韩国上当，真的停止和秦国谈判，于是秦韩再度开打，而楚国有没有来救韩国呢？呵呵，一个兵没派，就这样眼睁睁看着韩国又被秦国暴打一顿。

所以说，六国抗秦总是不成功，就是因为这样的算计太多，互相信任的可能性太低了。

而这一回，秦国又想来离间齐国和楚国的联盟关系了。所以陈轸便穿着丧服，出现在了楚怀王的面前。

楚怀王自然是发怒了："寡人不动用一个兵，就得了商於六百里土地，大家都来祝贺，你小子却特立独行玩这一套，什么意思啊你？"

陈轸摇头："不对啊，大王，你说的商於六百里地，到手了吗？地没有到手你就要把最重要的盟国推到敌人那边去，请问秦、齐两国一旦合盟，你怎么办？"

楚怀王有点懵懂："你啥意思？给我解释清楚。"

陈轸苦笑，话都说得这么明白了，你还要我解释。行！那我就给你解释：首先是秦国，你想啊，突然之间秦相张仪为什么会跑到咱楚国来，还开出那么丰厚的条件？

是啊，为什么呢？

不就是因为楚国和齐国结成了联盟，要一起对付秦国吗？

可是现在，你却贪图一点尚未得到的小利，要和齐国断绝关系——你不妨自己想一想，如果真的齐楚关系破裂，谁还会来帮楚国？

再退一步讲，就算你为了商於之地六百里，要和齐国断交，起码你也要先拿到地，再断交啊！如果你先和齐断交，回头张仪赖账不认，你咋整？

到时候你肯定发怒，于是一头冷了齐国的心，另一头你却要和秦国玩命，你自己想想这后果！

楚怀王听陈轸这分析，好像有点道理："可是我又该怎么做呢？"

陈轸说，很简单，"派个人跟着张仪去，如果秦国真的割地给我们，我们再和齐国断交，到那时也不晚啊"。

多么好的算计！

楚怀王琢磨了半天，却回了这么一句："愿陈子闭口毋复言，以待寡人得地。"

他还是相信了张仪。

随后楚怀王做了两件事，一是与齐国断交，二是派人和张仪一起去秦国收地。

这两件事，楚怀王是同时做的。在他看来，到齐国的路程，可是比到秦国还远，和张仪去收地的人，一定能先到秦国。那么算下来，等那头断绝与齐国关系的事做好,这头秦国割地的手续也就办好了。

所以啊,这件事虽然如陈轸所言,确实有风险,但只要操作得当,风险并不高。

那么,难道楚怀王熊槐真的傻?为什么他就是不听陈轸的呢?

五、说客

23 蓝田恶战 发疯猛打的楚怀王，秦国有点怕

呵呵，楚怀王熊槐也不是真的毫无算计，可是他不晓得张仪究竟有多诈！

张仪暗笑：你可真够天真无邪啊！

张仪这就带着楚国使者上路，一路上也不拖拉，顺利抵达咸阳，他这就告诉使者："你且在驿馆等着，我跟秦王说去。"

结果一转头他哪里是去见秦王。喝酒吃肉听歌看舞，他干这个去了。整整三个月，楚国使者在驿馆里待着，跟傻子似的。

于是使者打听：张相在忙啥呢？怎么还没个回复，我们都等着你们秦国割地呢！

接待使者的官员说：你不知道吧，咱们那个亲切和蔼的张相爷啊，为了你们楚国的事急着上朝，结果半道上从车子里摔下来，现在家养伤呢！

使者说：那咱那地的事呢？

官员说：没辙啊，只能等等再说了。

使者赶紧飞鸽传书，向郢都报告此事。楚怀王熊槐说：这什么情况，张仪是真的摔伤了还是使诈搞鬼？

不管是不是，楚国在咸阳这边拖下来，去齐国断交的那帮人倒是很积极地把事给办了。

这下楚怀王尴尬了：楚齐联盟已经不存在了，可是商於之地六百里，又在哪里？

怎么办呢？楚怀王熊槐只能自己安慰自己：张仪不会骗我，他可能是觉得我和齐国断交还断得不够彻底。那就玩个狠的，楚国找来几个嘴皮子厉害的所谓"勇士"，跑到今天的河南省、山东省交界处，把齐王这顿臭骂。

结果臭骂起效了，齐王火了，不但彻底和楚国玩完，还和秦国搭上了，一直到秦齐联盟达成，张仪的"伤"也终于好了。

"好了，让楚国使者来见我吧！"

于是苦熬了许久的楚国使者，终于拿到了割地的文书地图，可是打开一看：不对啊，张相你是不是搞错了啊？

"怎么会不对呢？从这里到那里，正好六里地。"

呵呵，这可真是老母鸡变鸭，原本说好的六百里，到关键时刻这个"百"字就没了，光说六里地了。

楚使赶紧回国向楚王报告。

陈轸的预言，完全成为现实！

公元前312年，即秦惠文王称王之后的第十三年，火星撞地球，西毒秦与南帝楚的大搏杀终于发生，地点就在张仪当初忽悠楚怀王的商於之地。

楚军大将屈匄，正是后来被流放的爱国诗人屈原的同族之人。屈氏家族，号称是楚国最有势力的三大家族之一，另两个是景氏和昭氏，但是在这一仗之后，屈氏家族便被渐渐远离权力中心，最终导致了屈原的死。

秦军大将魏章，其实并不是秦国人，也不是楚国人魏冉那一支系，他就是一个魏国人。他之所以能在秦国担任如此重要的职位，则缘于秦相张仪——换句话说，他就是张仪的人。

而在魏章的麾下，还有秦惠文王的弟弟赵疾，也就是《史记》里的樗里疾，号称"智囊"的他，在这里担任类似军事参谋之类的角色。

要说的是，楚军是攻方，秦军是守方。双方的第一场大决战，发生在今河南省的淅川县，这里是丹水北岸，所以按照古人的规矩（水北为阳，如洛阳就在洛水之北），叫作丹阳，这一场大战也就叫作丹阳大战。

详情不得而知，但结果很清楚，楚军阵亡八万人，屈匄等各级将领和贵族被俘，人数有七十余人。张仪笑：怎么样？我就是骗了你，你能怎么样？有种再来打啊！

楚怀王继续征召部队，甚至打算把全国境内的军队都集中起来和秦军拼个你死我活。

这一回，楚军向北推进到了蓝田。这个蓝田的位置，有两种说法，一种说是在今湖北省钟祥市，当时叫作蓝田，但如果战争发生在这里，就等于是楚军溃败，秦军推进到了楚国心腹，因为钟祥市距离郢都也就是今天的荆州市，仅仅一百二十八公里。

笔者认可另一种说法，蓝田，即今陕西省蓝田县。楚国集结更多部队之后，推进到秦国腹地。

也就是在这个秦楚大战的生死时刻，韩国和魏国这两个旁观者出手了，那么他们是助楚国一把、猛击秦国，还是趁火打劫、袭击楚国呢？

以此时魏襄王和韩宣惠王的尿性，指望他们攻打秦国，这也太过异想天开了。他们袭击的，是楚国的北大门邓城，也就是三国时期关云长水淹七军的地方。

这个举动，就好像是楚国伸长胳膊去打秦国，韩、魏却来攻击楚国的胳肢窝一般。所以没有办法，楚国只能从蓝田撤军，而这一路，毫无疑问是兵败如山倒。这是进入战国以来，楚国遭遇的第一场大败仗，也是历史上秦国第一次真正击败楚国。

这一仗之后，秦国终于如愿以偿，将原属于楚国的汉中之地全部吞并，并设立了汉中郡，郡政府在今天的陕西省安康市。

不过，虽然秦国胜了这一场，可是面对楚国发疯似的进攻，秦惠文王其实心里有点发怵，因为只有一个楚国，如此全力以赴地猛攻，秦国便已经有点招架不住，若是其余三国，如赵、韩、魏也像楚国一样猛烈进攻的话，那秦国的强者形象，几乎就要毁于一旦了。

笔者为什么这样讲？因为秦惠文王稍后就向楚国派出了使者：

"大王请息怒，我们秦国实在无意与贵国交恶，如果可以的话，愿意用武关以东的土地，和贵国交换黔中地。"

黔中，从字眼上看很容易误会在今贵州省，但事实上，当时的黔中，在今天的湖南省怀化市沅陵县，沅陵县至今还保留有黔中郡故城遗址，发现了不少战国时期的铜戈、铜镜和铜箭镞。

秦国为什么要黔中呢？因为他们此时已经吞并了巴蜀，黔中就在巴的东边。而且如果秦人真的拿下黔中，实际上也是在包抄楚国的侧翼，因为从黔中出发，顺着沅江而下就是洞庭湖，再往北可不就是楚国的郢都？

那么，楚怀王会不会答应秦国这个新提议呢？

他冷笑一声：秦王的美意，寡人拒绝了。

但是他随即向秦国提出了一份替代性提案，基本内容就是：

"土地我不要，但我要一个人！"

谁？

张仪！

为什么楚怀王宁愿不要土地，而要一个张仪？是要引进人才请张仪到楚国来高就，还是要把张仪弄到楚国来杀掉？

显然后者的可能性远高于前者。而理由，大家读前文，都能深切体会到这一点。

所以秦惠文王犹豫了，这等于是说拿张仪的人头去换楚国的黔中，划算不划算呢？

私底下，秦王赵驷觉得划算。

可是你觉得划算，跟张仪怎么说呢？难道说：

"哎哟！老张你来，要辛苦你再去一趟楚国，为啥呢？楚王说要拿一大块地换你的头，瞧瞧这多划算啊！"

秦惠文王在心里琢磨了半天，实在是说不出这样的话。

末了还是张仪主动过来找秦惠文王,他还给秦惠文王作了一番分析。

"大王您放心,楚怀王绝不敢杀我。我有三条理由。"

张仪说:第一条,是秦楚两国实力对比,明显秦强楚弱,试问一个弱国的国君怎么敢杀强国的国相?

楚怀王这个家伙蠢得很,楚国有屈原这些良臣,但他不信任屈原,所以屈原主持的改革半途而废,屈原本人的职位也从左徒降成了三闾大夫。

这里要说,左徒是个什么官呢?学界曾对此议论纷纷,有说左徒就是莫敖,也有说左徒是巫官,但笔者说,实际上周朝官制很明确,中央有所谓地官司徒,"掌建邦之土地之图与其人民之数,以佐王安扰邦国",权力大得很,从土地一直管到土地上的人民,以及土地产生的粮食赋税,所以你其实可以把这个官理解为今天分管农业和财政的部长级领导。

那么为什么叫左徒而不是司徒呢?因为中原诸侯国都是以右为尊,楚国却是独特地以左为尊,所以这个左徒,相当于现代农业财政部的正部长。

当初屈原在楚国的改革,是从楚国的农业和财政入手,但是很可惜的是,第一步就遭受到了楚国旧贵族的极大反对,而楚怀王毕竟不是秦孝公,不能像秦孝公支持商鞅那样百分百地支持屈原。

结果屈原就被撤职了,从左徒降职为三闾大夫了。

那么三闾大夫又是个什么官呢?首先,左徒属于"卿"(高级官员)这个级别,而三闾大夫就属于"大夫"(中级官员)了。而更重要的是,左徒手握财政大权,而三闾大夫只是管管宗庙祭祀和贵族子弟教育的一个闲散职位而已。

这是张仪说的第二条。

楚怀王这个王做得失败得很,他用的是所谓爱拍马屁拉关系的那帮人,譬如说大夫靳尚,就是楚王的宠臣,如果我送一大笔钱财给靳尚，他就会为我所用了。这就是第三条。

秦惠文王说：靳尚又能为你做什么呢？

方才已经说了，靳尚是很会搞关系的人。他的关系直通楚怀王后宫，楚怀王此时最宠爱的妃子叫作郑袖，只要郑袖说话，楚怀王一定答应。

那么好了，有靳尚和郑袖为我张仪保驾护航，又有什么可担忧的呢？

最后，张仪表态，就算楚王一定要杀死我，可是拿这条命为秦国换来黔中的土地，这也是身为秦相的最高愿望。

呵呵，这个当然是套路而已。既然张仪能这么说，一定是有必然的把握。

好吧，你就去楚国吧！

24　执迷不悟　楚怀王为什么不杀送上门的张仪？

于是秦惠文王更元十四年（前311），楚怀王恨之入骨的张仪，大摇大摆地出现在了郢都的街头。

嗨，哥们我又来了！

而楚怀王，确实做好了张仪一到，就把他臭骂一顿然后扔进死牢、择期斩首这三部曲的准备。

第一步臭骂，确实很顺利，素来以牙尖嘴利著称的张仪居然没还嘴。

接下来就是扔进死牢。

可是就在这个时候，楚怀王不知道的是，那个靳尚已经进宫，见到了郑袖（春秋战国时期宫禁并不严格，尤其是以开放著称的楚国、郑国、齐国）。

一看见郑袖，靳尚就大呼小叫："哎哟！听说您要被大王抛弃了呀，真可怜哪！"

后宫嫔妃，所有的希望都寄托在王的眷顾上，听得靳尚如此夸张的叫喊，郑袖自然问："你这话是什么道理？"

于是靳尚便把张仪从秦国过来等前因后果详述一遍，而最重要的就是这句话：

"秦王自然不会让张仪死，所以不惜用六个县的土地来贿赂大王，更要紧的是，秦国还会把多名美女嫁到楚国来，其中不乏能歌善舞的陪嫁女郎。"

说到"美女"二字，郑袖自然是要紧张了，可是表面上依旧作出不屑的样子：

"秦国的男人都很野蛮，估计那些女子，也漂亮不到哪里去吧！"

"这个自然，这世间哪有一个女子的花容月貌，能与您媲美？可是您也要知道，秦国现在是何等强大，如今又献土地又送美女，大王敬重秦国，就会对秦国的女子格外宠爱，给予她们高贵的地位，恐怕到那个时候，您……"

不用说，这样的一套话语，对任何一个女子都能收到极大的功效，现在用在郑袖身上也是如此。

于是郑袖就问靳尚："怎么办？"

"可以阻止这一切的发生。"靳尚说，"很简单，有因才有果，不要这个果，你把因掐掉就可以了。一方面，现在的问题核心就是那个张仪，如果张仪得到一个人的帮助脱离险境，那么张仪就会感激这个人。

"而如果张仪感激您，也就意味着秦国感激您，等于您有了秦国这么一个强大的后援。

"另一方面，张仪没事了，秦国就不会进贡美女给楚王，您依旧是楚王最宠爱的妃子。

"所以无论您怎么想，救张仪，是您目前最应该做的事。"

这里要插一句的是，这个郑袖，可是先秦史上少有的阴险毒辣的女子。我们讲先秦史，什么妲己、褒姒、西施，可以说倾城倾国，可是你仔细看，妲己、褒姒、西施这些女子，在历史上有没有阴险毒辣陷害某个文臣武将的事迹？——当然《封神榜》那个妲己就不要提了——事实是一个都没有啊！包括春秋时期郑国武公的夫人武姜，最大的罪状也就是偏爱自己的小儿子叔段，嫌弃大儿子郑庄公。可是这个郑袖就不一样了，她在内陷害的是屈原这样的楚国忠臣，在外勾结的却是张仪这样的楚国敌人，楚怀王居然还宠爱这样的嫔妃，岂不是比商纣王、周幽王、吴王夫差还昏庸百倍？

楚怀王的后宫，曾经还有一位来自魏国的美女，天性单纯，一度地位与郑袖接近。郑袖又是怎么对付这位魏国美女的呢？

第一步，是先和魏国美女交好，送她喜欢的衣服，送她喜欢的首饰，造成一种她不但不嫉妒，反而和魏女相处融洽的假象。

第二步，郑袖便出招了，她忽悠魏女说，大王虽然喜欢你，可是美中不足的是，你的鼻子有一点点缺陷，所以大王颇有些遗憾。

要说这个魏女确实有点单纯，她居然相信了。不但相信了，她还向郑袖讨教，怎么样可以让大王不讨厌自己的鼻子。

郑袖说：简单啊，你捂住鼻子，不让大王看到就可以了；而且这样的姿态还很淑女，大王会更喜欢你呢！

老天啊，这话鬼信啊！一个女人看到自己的男人进房就把鼻子捂住，试问天下哪一个男人会喜欢自己的女人这样！

结果，天真的魏女还真就信了郑袖的鬼话，楚王一进房，她就把自己的鼻子捂住了。

楚怀王当然很讶异：你这是做什么？

问题是楚王有疑问，就该问魏女，然后魏女把郑袖的话一说，一切不就真相大白了嘛！

偏偏是楚王不问魏女，一定要去问郑袖。这就好比你到张老板那里买了一瓶茅台，喝着觉得好像味道不对，你不去质问张老板，却找张老板的竞争对手汤老板问，那汤老板能说好吗？

郑袖便说，她是讨厌大王身上的味道——楚怀王毕竟年纪大了，身上有点老人味了。

可能楚怀王身上真的有某种体味,这一下无疑是揭破了他的伤疤,于是楚怀王恼羞成怒,雷霆大怒,这就下令侍从拔刀,把魏女的鼻子给割下来。

你瞧瞧,郑袖一句谗言,活生生割掉了一个人的鼻子。可见这个女子,究竟有多狠毒!

另一段记载,则与屈原有关。汉朝刘向写了一本《新序》,其中有《节士·屈原章》,说屈原原本是很受楚王信任的,可是靳尚视他为竞争对手,竭力诽谤。而宫中的郑袖,也得了靳尚的贿赂,在楚王耳边拼命说屈原的坏话。屈原哪里能抵挡这样的攻击,很快就败下阵去。

正所谓物以类聚、人以群分,楚国的朝堂上有一个靳尚这样的人,就不可能没有第二个、第三个。楚怀王时期的令尹子椒和楚怀王的小儿子子兰,据说也极力排挤屈原。这是一方面。

另一方面,就是这一批楚国的权贵,居然和楚国此时最大的敌人秦国关系密切,很多时候甚至是站在秦国的立场上说话,譬如这一次劝楚王放过张仪的,就是这些人;下一次劝楚王不要放过屈原的,也是这些人;劝楚王相信秦国话的,更是这些人。

实话实说,靳尚这样的男人,郑袖这样的女子,搁 21 世纪的当下也比比皆是,关键是他们有没有这样表演的场合,有没有一个楚怀王这样的一把手乐意听他们的话。

好,那么回到楚怀王和张仪这边。这个郑袖又是怎么救张仪的呢?

很简单,什么话都比不上枕边话来得灵啊!这天晚上,郑袖就在楚怀王耳边哭哭啼啼,说女人忠于男人,臣子忠于主人,这是不变的道理;又说:张仪是秦国的臣子,当然为秦国谋利益。现在你要杀掉张仪,秦王必然大怒,届时大举进攻,你又拿什么去挡?不如你先让我们这些女人孩子先迁徙到江南去,我可不要坐在这里看楚国被秦人欺凌。

楚怀王大悟:噢,还是我的爱妃贴心,想得周到啊!我怎么把这茬给忘了呢?

但事实上,你杀张仪秦国当然要打你,可是不杀张仪,秦国难道就不打你了吗?

当然关于这个问题,张仪也已经设定了自己的答案。

"众所周知,秦国是最热爱和平的国家,当年若不是魏国和韩国拼命侵略秦国,秦国怎么会去打韩魏呢?讨伐有罪的,维持世间公义,是秦国一贯以来的职责。

"而楚国,本来就是秦国的兄弟加战友,我张仪可以劝秦王放弃索取你们楚国的黔中之地,但是,当然有一个条件……"

张仪说,条件就是秦楚两国互派质子,作为维持互相关系的条件,然后两国永结友谊,再不开战。

呵呵,听上去简直就是完美,可是有一点,你要知道,秦国在春秋时期还是讲信用的,可是一到秦孝公时期,准确地说到商鞅手里,就开始耍无赖不择手段了。

而且楚怀王上当受骗,都已经记录在案了,他还会再相信张仪的话吗?

其实楚怀王准备再信一次,因为他还惦记着黔中,按照之前的协议,楚国应该把黔中让给秦国来换取张仪。虽然你没要张仪的命,可是秦国已经把张仪送来了,等于承诺已经兑现,那么你的承诺呢?

但是这个时候,一直被打击的屈原,不屈不挠地开腔了:

"大王啊,你已经被张仪骗过一次了,现在张仪来到我们楚国,我本以为你会用鼎和镬(锅子)把他煮成肉汤才对,可是呢,现如今你居然把他给放了,而且不光是放,还要听信他的胡言乱语。"

"请问,楚国与秦国结盟,那么秦攻赵、韩、魏、燕、齐,你救是不救？等赵、韩、魏、燕、齐都灭了，你是不是还准备去喝秦王的庆功酒？还是成为秦王庆功宴上的一道大菜？"

楚怀王说，不要老把别人想得这么坏，我们和秦国毕竟有着几百年的交情，而且答应张仪的建议，我就可以保全黔中，不吃亏啊。如果已经答应人家，一转身又背弃，那我们岂不是和秦国一样的德行了吗？

所以，朝议的结果，就是楚国退出六国合纵，加入秦国为首的连横。

没错，这个所谓的连横，就是张仪与师兄苏秦"合纵"计划对抗的方案。苏师兄你拉拢六国反秦，那么张师弟我就号召六国一起尊秦，你看谁才是最后的大赢家。

25　差点成功　六小弟、一大哥模式的"张仪版秦朝"

话说张仪成功拿下楚国，随后便向韩国进发，见到韩襄王，一顿忽悠加威逼恐吓，说包括韩国人在内的六国军队打仗，都是戴着头盔，身披重甲，畏畏缩缩地向前移动，一旦战局出现微妙不利，就马上丢盔弃甲，一溜烟逃走。而秦国人，面对你们六国这些窝囊废，连盔甲都可以不穿，甚至赤膊袒胸，左手砍下一个人头提着，右臂抓过一个俘虏挟着。这样的秦国，攻击六国中不服气的某一国，那还不是手到擒来。

这里我们要插一句，张仪显然在吹牛！

低质量的吹牛，但凡有常识的人，都能分辨出其中的荒诞。

张仪此处属于"高质量吹牛"。韩王明知道他是在胡说，却无法反驳。

事实上，秦国并没有他讲的那么强大，秦兵也不是真的赤膊，六国的士兵更不是那么不堪一击——事实上，秦国之所以能在战国中后期占据对六国的优势，主要是因为商鞅对军事体制上的变革起了作用，说得更明白一点，就是在秦军内部实现了奖励军功——谁打仗勇敢，谁就能得到更多好处。而魏国早年吴起也曾搞过这一套，所以当时的魏军打秦军就能以少胜多，跟后来的秦军打魏军以少胜多，是同一个道理。在这个基础上，再加上秦王的贤明、秦相人选的选择得当、秦国外交的成功，以及巴蜀之地天府之国的粮食储备等这些加分，使得秦军战斗力远胜六国。

张仪胡说八道一通，为什么韩王不敢反驳，最终还唯唯称是呢？张仪只是秦国的一个话筒，话筒并不可怕，可怕的是话筒背后的武力。

韩国没有描述的那么弱，在秦国的武力威逼之下，其实韩国真的也尽力了（在某些方面甚至比楚国、齐国、燕国要尽力），它把自己的军事实力特别是武器制造业，打造到了一个极限。正如《韩非子》和《史记》里描述的那样，韩国单是强弓劲弩，就有谿子、少府时力、距来三个品牌，射程都在六百步以外，而相比而言，秦弩的有效射程仅在百步以内。当然这里可能又有纵横家的夸张，但大体而论，韩弩既然闻名天下，号称天下第一，则质量高于秦弩是肯定的。

那么，韩弩质量这么好，是不是韩国弩手的射箭技术不佳，以至于射不中秦军呢？却又不是如此，当时的韩国弩手经过严格训练之后，使用一种脚踏式的连弩，能做到脚踏连弩连续发射一百箭，中间不间断。

如果箭术也不错，是不是箭的质量不佳，无法置秦军于死地呢？也不是如此，韩国士兵用连弩射出的箭，在射程之内，连敌军士兵所穿的胸甲都能射穿，若是更近一些，更是可以直接射入敌人的心脏，令其当场死亡。

如果这些都是真话，那么科头跣足（不戴头盔光着脚）的秦军在韩国人的箭雨之下，岂不是死路一条？

韩国的另一件高光武器，则是剑，当时号称有棠谿、墨阳、合膊、邓师、宛冯、龙渊、太阿七种宝剑出自韩国，剑材则出自冥山——这个冥山可不是什么冥王哈迪斯的山，它就在今天河南省信阳市东南三十五公里，别名固城山，据说当时这里出上好的铁。所以韩国的宝剑制造出来，在陆地上可以一剑砍断牛马，在水上可以截断飞过的鹄雁，遇见敌军士兵更是一剑斩杀。

可是剑弩制造得再厉害，如果战绩不行，又有什么用呢？

从韩国人和秦军的实际战绩来看，秦惠文王更元七年至八年（前318—前317）间的修鱼之战，是韩、魏、赵三国联军对阵秦军，之前已经说过，赵国这个时候并未雄起，而且也没有和秦国直接接壤，并非这一仗的主角，魏国则已经连遭秦国的重击，元气大伤。所以这一仗，韩军其实是三国联军的主心骨，结果一仗打下来，伤亡八万，主将申差被俘——申差就是韩国人。

不过这里还是要说一句，修鱼之战是一场野战，秦军出函谷关，三国联军则是要进函谷关，修鱼是双方遭遇地。而类似这种遭遇战，确实难以发挥韩军弩手的优势。

相对而言，宜阳保卫战，据城而守的战事，显然更适合韩国弩手。

从秦军第一次攻击宜阳，到宜阳的最后陷落，在许多自媒体文章里几乎战无不胜指哪打哪的秦军花了多少时间呢？

秦军第一次攻击宜阳，是在秦惠公九年（前391），当时没有攻破宜阳城，只是洗劫了六个村庄，抢了点鸡鸭便回国了。

秦军第二次攻击宜阳，是在三十五年后，即秦孝公六年（前356）。秦军采取袭击战的策略，一度拿下了宜阳，但是，随后宜阳又被韩国夺回。

又过了二十一年，秦军第三次攻宜阳，被韩军打退。

再过二十七年，秦军第四次攻打宜阳，似乎仍未得手。

四攻宜阳不下之后的第二年，秦国又谋划攻击宜阳，是在张仪的东征计划之中，但是张仪的计划随后被司马错的南征计划取代，所以这一次秦军并没有实际出兵。

终于到秦武王四年（前307），秦国以甘茂为大将，向寿为副将，花了五个月的时间猛攻宜阳城，结果还是拿不下来。秦王甚至一度心生疑虑，想撤掉甘茂的大将之职，但最后还是选择了信任，并派出生力军作支援，终于将宜阳攻破。

五年之后，秦韩又在宜阳开打，虽然没有详细战况记录，很大程度而言，应该是韩军试图夺回宜阳，当然没成功。

所以你看，单是一个宜阳，秦韩之间的争夺，就长达八十九年，从秦惠公九年到秦昭王五年（前391—前302）。韩国如果真的是弱鸡，如何能抵抗这么许久？

所以韩国其实并不是真的弱，只不过和秦国比起来不如罢了，可是一旦发狠抵抗，秦国想要一口吞下它，却也不是那么容易的。

现在张仪就说，秦国也不是真的要吞并你，只要你韩国低个头，认秦国做大哥，大家就可以和平相处嘛！

《战国策》里说，韩国这时候就答应了张仪的条件，而且表态愿意把宜阳割让给秦——当然其实也只是表个态而已，随后事情发生变化，宜阳没有真的被交给秦国，而是一直到四年之后才被最后夺取。

张仪游说了楚国和韩国反水，便兴高采烈地回去向秦惠文王赵骃报告，秦惠文王简直乐疯了，立即决定给张仪封爵位——要知道商鞅当年变法，也不过被封了个商君。那么张仪呢？秦惠文王给他的封爵是武信君。

这个武信君又是什么意思呢？无非有三种可能。第一种是拿一个叫作武信的地方封给张仪；第二种则根本没有封地，武信只是一个荣誉称号；第三种，武信是一个荣誉称号，同时封地也是有的。

张仪属于第三种情况，他的封地是六个邑，与当年商鞅的十五个邑相比，确实少了一点，可是也算功劳和酬赏相当，张仪值得高兴。

但是张仪一高兴，来不及仔细检阅自己的封地，就屁颠屁颠再度跑出去，说秦王对自己这么好，干脆把齐国、赵国、燕国也全部拉拢过来算了。

于是张仪又跑到齐国的首都临淄、赵国的首都邯郸和燕国的首都蓟，反复陈述，大概意思就是说秦国的强大你们也看见了，可是你们要说秦国要把大家伙都给灭了，天底下只剩秦一家，那也实在长不了。这样吧，齐国拿出盛产鱼盐的地方三百里、赵国拿出河间（今天河北省献县东南）、燕国拿出恒山以北的五个城，献给秦王作个效忠的意思，从此战国七雄就组成一个联盟，秦王做这个盟主，其余各国就是盟员，这不是很好嘛！

你别说，这些诸侯听说不用跟秦国玩命，拿点小地方出来意思意思算什么呢？一家一家全答应了。

好嘛，张仪使命全部完成，他这就带着好消息返回秦国。然而就在路上，一个连张仪也无法改变的事件发生了，那就是秦国的第一个王赵驷，年仅四十六岁，居然就与世长辞了，谥号"惠文"，葬于咸阳北原。

张仪跺脚：我的秦王啊，你为什么就不能再撑一年呢？

为什么张仪要跺脚？因为他知道，当年商鞅，就是因为主子秦孝公一蹬直腿，随后便招致反对派的大清算。而张仪，虽然没有像商鞅那样得罪包括太子在内的太多人，可是权势这东西，只要你沾边，就会有人记挂你、算计你，特别是在这样的时候，岂不就是跟他算总账的时候到了！

那么，张仪又该如何保全自己呢？

26　逃离咸阳　看张仪如何摆脱商鞅死局

秦武王元年（前310），咸阳——

有商鞅这个前例，张仪对自己将要面对的险境完全明了，他不敢存丝毫侥幸心理，尽管他没有如商鞅那样得罪太子，但风险系数之高，令他作出判断：在秦国继续停留，毫无价值！

那么怎么离开秦国呢？

第一方案就是不打招呼悄悄地走，但这个方案，风险系数仅次于在秦国继续停留，因为一旦出纰漏，就会成为反对派置他于死地的罪名。

第二方案是合法、大大方方地离开秦国。问题是：怎么走呢？

这就要研究一下此时他所面对的新任秦王，即秦武王赵荡。

秦国皇室的血统，源自东方的民族殷商与西方民族羌戎的合成，东方人的狡黠与权宜行事风格，西方人的粗犷与蛮横冲撞风格，在秦人这边作了一个有机的组合。

所以你看秦穆公，向往的是东方式的仁义礼智信，可是他的葬礼，却拿最好的臣子来陪葬，这就是西方式的野蛮残留。你再看秦惠文王，一上任就把商鞅送去五马分尸，可是商鞅变法的各项措施，他却毫无保留地全盘接受。

这种矛盾的风格，在东方君王那里很少看到，可是秦国的国君，几乎每一个都是这样的双重性格。

现在这个赵荡，也是如此。

赵荡性格外露，冲动而莽撞，他似乎更愿意自己是一个武将或者大力士，脱去外衣向众人显示自己的大块肌肉，顺便举个重——早在春秋时期，就存在一种非常热门的举重项目，叫作"翘关"，翘者举也，关就是城门之上木制的大门闩。当时每一座城，都需要几个人一起将这个门闩举起，凭借这个装置来控制城门的开与关。而所谓大力士，就是能以一人之力，将此物举起。

据说，儒家的大圣人孔丘孔夫子，就是一个能"举国门之关"的好手。

所以如果孔子晚生两百多年，他说不定就能遇见秦武王赵荡，凭借举重这项技能赢得他的欢心，于是在秦国大面积推广他的儒家学说。

可惜的是，孔子的继承人们，如战国时期的孟轲、荀况这些人，就只发扬了他的学说，然而，儒生们空张着一张嘴皮子，无法登上秦王的殿堂。

但不要以为冲动莽撞喜欢举重就是秦武王的全部性格。他也有自己的另一面，就是对于国家政治，他其实相当有头脑。

譬如说，他即位这一年，五个诸侯国前来祝贺，分别是近邻韩、魏、楚和远方的客人齐、越。秦武王在这五国使者中，最为看重的，居然不是韩、魏也不是齐、楚，他亲自接见的是越国的使者。

也是这一拨见面，秦武王和越国达成了一项秘密协定，即秦越联手，从西方和东方同时夹攻楚国。

不得不说，这个计划很大胆，也颇具针对性。只不过后来形势发展太快，就在秦越合作计划达成后第四年，越国发生内乱，楚怀王先下手为强，派出大将昭滑，长途奔袭越国国都吴（今苏州市），将越国一举击破：越王无疆战死，其国分崩离析。秦越夹攻楚国的计划，由此破产。

另一个可以证明秦武王政治素质的事例，是第二年，他把秦国原来的"一人专相制"改为"二人并相制"，也就是将此前的张仪一个相，改作甘茂、赵疾（樗里疾）两人分别担任左右丞相。

要知道秦国自孝公以来，都是任命一个丞相（相邦或相），如商鞅，如樛斿，如张仪，如乐池——樛斿和乐池任相的时间都比较短，也没什么作为，乐池只做了一年，似乎是张仪外出时期暂时担任这个职务，樛斿名字似乎更是仅见于出土文物"相邦樛斿戈"。

秦武王却要把这个职分一拆为二，为什么呢？明面上讲，是一个相邦管不了这么多事，又是内政又是外交又是军事，所以需要两个人一起来分担。而内里蕴含的深机，是秦武王对一人独断的相邦体制产生了疑虑。

试想，商鞅当年一人独相，结果传出谣言说秦孝公要把国君之位禅让给他，最终虽然没有成为事实，可是商鞅对秦孝公太子形成的矛盾心理，迅速从"你打了我师傅"演变为"你要抢我王位"，面子的问题也就升级为事关生死的问题了。

所以你看，秦武王把相位拆分，就很好地解决（至少是缓解）了这个事关国家兴亡的问题。说他是个只知道玩、心智不成熟的国君，未免对真实的秦史太不了解了。

那么此时的张仪，面对这样一个年轻国君，他的表达，就非常重要。

如果张仪说："大王，我对秦国忠心耿耿，可是你身边的很多人说我坏话，我心里害怕，没办法，我只好离开秦国，到魏国去，你就放我一条生路吧！"

呵呵，这样的话，秦武王就会说：张相你莫急，你先给我说说，哪些人说你坏话，说的是什么坏话，你为什么会心里害怕，不做亏心事、不怕鬼敲门，你又做了什么样的亏心事？

完了，就算张仪是天底下最聪明口才最好的人，他也解释不清楚啊！

而解释不清楚，他就会失去国君的信任，在秦国的处境就麻烦了。

张仪冷笑，凭他的智商，他会这么干吗？

张仪跑去，只对秦武王说了七个字：

"仪有愚计，愿效之。"

"呵呵，"秦武王说，"你有啥点子就说呗。"

张仪首先声明，这个主意的出发点，是"为秦社稷计者"，也就是为国家为民族的繁荣富强而言，并不是为了自己的身家性命。

张仪接着又声明，他并不认为自己有多么了不起，自己就是个"不肖之身"，即没啥出息的家伙。

但是，张仪又说，他的这个主意，和秦国的霸王大业有关。

好的，孤明白你的忠心了，那就说呗！

张仪说："是这样的，历年以来，秦国之所以能得那么多土地，很大程度上是因为东方诸侯国自己的折腾。现如今我听说齐国的国君特别憎恨我张仪，不论我张仪在哪里，齐国都会攻打哪里——这话其实有漏洞，张仪此时在秦国，齐国为什么不打秦？——所以呢，张仪我，愿意离开秦国到魏国去,那么齐国就会攻打魏国,而齐魏一旦交手,就不可能再援助韩国。这个时候大王就去攻打韩国,一直推进到周天子的王城之下,周天子害怕,一定会交出祭器,那么这个时候大王你就可以挟天子以令诸侯了!"

秦武王赵荡呵呵了,他心里其实完全明白,张仪这是找借口跑路。好啊,反正我也不想用你,你就跑吧,省得寡人落个杀功臣的罪名。

秦武王赵荡一点头,张仪就咻溜一下跑到了魏国,当上了魏国的相。而齐国也真的如张仪所料,出兵讨伐魏国了。于是魏王就找张仪商量。张仪说这个你放心,我现在既然是你的相,就一定帮你摆平这件事。

张仪派出一个门客,立即前往楚国,雇用了楚国的一个能言之士,借用楚国的名号前往临淄,见到了齐宣王。

"哎呀,听说大王特别讨厌张仪,可事实上并非如此,大王应该是很欣赏张仪,所以才会帮张仪巩固他在魏国的地位。"

齐宣王说:这是什么话?我是真的讨厌张仪,我已经说了,张仪在哪里,我就打哪里,怎么会反过来帮张仪呢?

能言之士说:"没错啊,这就是你帮张仪的地方。张仪离开秦国的时候,就告诉秦王,他在哪里,齐国就会攻打哪里——现如今张仪去了魏国,齐国就一定讨伐魏国。而秦王就可以趁齐魏交战的机会,进攻韩国,一路推进到周天子的城下,然后逼迫周天子交出祭器,秦王就可以挟天子以令诸侯了呀!

"那么现在齐国所做的事,岂不是全部在张仪的意料之内?是不是在帮张仪?"

齐宣王听懂了,听懂了就要改变策略,于是他下令撤回了讨伐魏国的军队。

此后,张仪便在魏国做了一年的宰相,直至老天来收他——像他这样的人,确实也只有老天爷能搞定他了。

当然，张仪做了魏国的相，秦魏关系升温，自然就是题中应有之义了。秦武王在位的这几年，秦国和魏国破天荒没有一次不愉快的冲突，没有发生一次互相攻击的事件，这不得不归功于张仪。

张仪去魏国的当年，秦武王赵荡便和魏王魏嗣（魏襄王），在今天的陕西省大荔县（当时叫作临晋）举行友好洽谈。魏国不用割地赔款，两国关系进一步升温。

两年后，张仪已经去世，可是秦魏关系依旧良好，双方在今天的河南省鲁山县（当时叫作应城），又举行了一轮友好洽谈，达成了秦魏两国联合攻打韩国宜阳的意向。

如此，一直到秦武王赵荡死于非命为止，秦国和魏国都没有发生任何冲突。

也因为这，在河南战场上，秦国实际上只有韩国一个敌人。

张仪当年策划的"联魏攻韩威逼周天子夺鼎计划"，到这个时候其实只剩下了最后一步，那就是夺鼎。

27　举鼎者死　差点搞垮秦国的三子争位

此时的周天子，便是周赧王。"赧"这个字，现代人很少使用，其实就是"因羞惭而脸红"，即"难为情"的意思。为什么堂堂周天子，被盖棺定论曰"周难为情王"？"周赧王"这个谥号未免也太过奇葩一点。

其实很简单，周王室混到这个时候，已经濒临破产状态，不但说话没人听，还遭到了恐吓，就连自身安全也不能保证。譬如楚国就曾经认为周天子站在秦王那边，打算动手把周天子搞掉。

更让人啼笑皆非的是，周王室已经如此落魄，居然还在继续分封。公元前425年，当时的周考王，封自己的弟弟为周公，在小小的周王室地盘之内，建立了一个更小的周公国。到公元前367年（秦献公时期），这个所谓周公国又发生两个公子争位的事件，于是赵、韩两国出面主持，把更小的周公国又一切为二，东周在今河南省巩义市（旧称巩县），西周则留在洛邑的河南王城，而这个时候的周天子几乎就剩下一座都城，即成周王城。

秦武王四年（前307），攻破了韩国的宜阳，秦武王赵荡便带着大队人马，浩浩荡荡地进入成周王城。

大家可能记得春秋时期的楚庄王，他当时根本就没有进入成周王城，也没有摸过周天子的鼎，只不过问了一下而已。

可是二百九十九年之后的秦武王赵荡，不但进入了成周王城，还郑重其事地去摸周天子的鼎。

见证这件事的人，是秦国的大力士孟说和任鄙。

根据任鄙的回忆，赵荡当时欣赏了代表九州的九个鼎，走到代表雍州的龙文赤鼎之际，他表示要和孟说、任鄙两人比比谁的力气更大。

怎么比呢？就是举这个龙文赤鼎，谁能举得起来，谁就赢了。

这其中任鄙略有点脑子，他说：举什么不好，非要举这个？臣的力气只能举这个鼎重的十分之一，多了确实不行。

傻乎乎的孟说却很冲动，显然是想要在秦王面前表现表现，他真的去举了，而且真的举起了约半尺，这个时候已经眼珠迸出、目眦流血，他赶紧就放下了。

结果孟力士的这个举动，刺激了秦武王赵荡，赵荡心里说：你的力气大，可是寡人的力气也不小啊，不可能你举得起来，寡人就举不起。

所以他要试试。

这个鼎究竟有多重呢？大家都知道，这个鼎后来沉入了泗水，所以重量就成了一个谜。但是秦始皇陵百戏俑陪葬坑中还有一个秦鼎，重量大概是二百一十二公斤。秦武王赵荡如果能达到现代奥运会举重冠军的体力水准，举起某个差不多重量的鼎是有可能的。

但是显然，赵荡并没有达到这一点。

当然这也没啥难为情的，因为这是两千年前啊，就算秦武王赵荡吃得再好，也不如现代举重运动员的食谱和运动计划来得科学。

结果赵荡还是举了。

当时是没举起来，赵荡心里非常郁闷。

更让他郁闷的是，举不起来也就算了，他还两眼出血，胫骨都折断了。

气急败坏又断了骨头，赵荡躺着，呻吟到了当夜，终于气绝身亡，年仅二十三岁。

他这一死，直接受害者有两个。第一个就是孟说，要不是他小子使傻力气把鼎举起了一点点，后面这些事还能有吗？

所以孟说就被满门抄斩了。

任鄙抹汗，好险哪！

第二个倒霉蛋谁呢？就是周天子周赧王。秦国国王举他家的鼎给举死了，不怪他怪谁？秦国这就雷霆大发，把天子轰出了王城。

其实这事说真的还怪不了周天子，一开始秦王说要看周鼎，周天子就不乐意，更别说举鼎了！

没辙，最后周天子还是被秦国的右丞相赵疾，带着一百乘兵车赶走了。

不过总体来讲，周天子只是被强制下台，并没有彻底人身消灭，秦人在这个时候还算仁慈的。

那么现在的问题就是：秦王赵荡有没有可以继承王位的儿子？

答案是没有。

有兄弟吗？

多亏他爹惠文王，赵荡有好几个哥哥弟弟，赵壮、赵雍、赵则、赵芾、赵悝……

那么问题就是，选哪一个比较好呢？

这就看以什么为标准了，如果按年纪论，赵壮、赵雍更合适，因为他们本来就是赵荡的哥哥，只不过是庶出而已。

但是赵荡死后，所有的公子都平等了，因为他们统统是庶出。

所以选哪个都没有问题。

关键是看谁背后的力量比较强大。

在这里，我们就要说一个来自楚国的女子。

这个女子姓芈，属于楚国王室的一员，可是要说她在楚国的地位有多高，那就是胡乱虚构了，她的出身，只是楚国一个普通的王族而已。小说把她虚构成楚威王最宠爱的小公主，这只是虚构而已，她并不是楚威王的女儿，也不是楚国的公主，姓芈和楚国公主并不等同。

因为普通，所以史书上其实并没有留下她的名字，后世小说如芈月这样的称呼，自然又是虚构。

她的母亲姓向，后来她掌握秦国大权之后，确实曾让自己母亲的族人来做秦国的相，这便是向寿。秦武王时期攻打宜阳，就是甘茂与向寿分别担任正、副将。

但是说她与楚国的黄歇有什么青梅竹马的恋情，这就又是小说家的虚构了。

有一点倒是可以肯定的，那就是她确实是被作为陪嫁媵侍远嫁秦国的。

而她嫁到秦国之际，秦惠文王的王后也不是楚国人芈姝，而是一个姓魏的女子，在史书中，这个魏姓女子就被称为惠文后。因为这个王后姓魏，很多人都一口咬定她是来自魏国的公主。

但是史书上提到魏冉时明明白白说，这个魏冉不是魏国人，而是楚国人。更重要的是：魏冉为什么能在秦国做官呢？因为他是宣太后异父同母的长弟。

这至少可以证明一点，魏姓在楚国也是一个不错的门第。

《史记集解》在这里有一句注释，说惠文王"迎妇于楚者"，翻译一下就是，秦惠文王的王后，是从楚国迎娶来的。

那么，答案已经很清楚了，秦惠文后魏氏，是来自楚国的魏氏，并不是来自魏国的魏氏。

战国时期的姓氏，并不一定就能与国号等同，譬如赵王是赵氏，可是秦王也是赵氏，你不能因为这个人姓赵就一口断定他是赵国人，那么同样的道理，也不能因为秦惠文后姓魏，就断定她是来自魏国的女子。

此外，《史记·穰侯列传》也说得很明白，秦武王赵荡的母亲、秦惠文后魏氏，在秦武王即位之前就已经死了。

但是秦惠文王应该是有两个王后，魏氏是早死的那个，《史记·秦本纪》记载，昭襄王二年，又有一个惠文后出现，并因为参与谋反而没得好死。

不过秦惠文王在位二十几年，先后立了两个王后，又有什么奇怪的呢？

我们大致可以肯定的就是，前一个惠文后（魏氏）是和后来的宣太后、魏冉这些人来自同一个诸侯国，即楚国，而且还有千丝万缕的亲戚关系，只不过魏氏地位远高于当时的宣太后，两者差距可能就是正牌新娘和陪嫁丫头这么大。

但是不论正牌新娘还是陪嫁丫头，她们都属于秦国的楚系后宫势力。

后一个惠文后，我们只知道她后来支持惠文王的庶长子、公子壮发动逆谋，因而被杀，所以这个女子，是站在楚系后宫势力的对立面。为了与前一个惠文后区别，我们称她为"后惠文后"。

回到之前那个问题，秦武王赵荡因举鼎而死的事件发生之后，秦国王室便出现了分裂，一些人支持公子壮，甚至一度已经把公子壮扶上了王位，自然后来秦国官方称这一事件为"僭立"，所以公子壮也就没有王的称号，只能勉强叫"季君"。

另一批人，其实也就是秦国的楚系后宫势力以及若干朝堂势力，包括宣太后、魏冉这些人，坚决反对公子壮继位。背后的原因，恐怕就是因为公子壮的支持者，即"后惠文后"，是楚系的对立者，一旦完全掌握政权，整个楚系，就会血流成河。

所以宣太后、魏冉的办法，就是让对手血流成河。而要做到这一点，就必须选择公子壮之外的人选来继承王位。

宣太后最初看中的人选，是自己的第二个儿子赵芾。

但就是这个时候，赵武灵王（秦武王死的时候，他刚开始施行"胡服骑射"）把在邯郸做人质的赵稷给送了回来，而且大张旗鼓，联络了燕国，动用燕赵两国的兵马加以护送。

赵稷，是秦武王赵荡的弟弟，这一年十八岁。同时他也是宣太后的长子赵芾的哥哥。

魏冉一眼就认定了这个十八岁的小伙子，他决定支持赵稷，与"后惠文后"支持的赵壮来一场对决。

朝堂之上的两个重臣，右丞相赵疾（樗里疾）、左丞相甘茂立场不同，赵疾（樗里疾）站在宣太后和赵芾这边，甘茂则支持魏冉——甘茂曾经与宣太后的娘家人向寿搭档攻打宜阳。而向寿也支持魏冉。

这样一来岂不是变成三国鼎立了？好在宣太后及时改变：立长子总归比立次子来得名正言顺，何况都是自己的儿子，原先主张立次子，无非是因为赵稷在赵国，怕他回不来罢了。

所以宣太后与右丞相赵疾（樗里疾），也迅即表示支持赵稷。

如此这般之后，"后惠文后"支持的赵壮大势已去，只能认输。

新王赵稷表示既往不咎，只要他们乖乖地服从，就继续保有他们现在的权力和地位。

秦武王四年（前307），几乎面临分裂和大火并的秦国，终于渡过这道难关。

六、命运

28　街头单挑　一对一，楚王子在秦国怕过谁？

在这里，还要插一句的便是那个给予赵稷大力支持、助其归国登上王位的赵国国君，他便是同样源自嬴姓赵氏的赵雍，也就是后世所谓的赵武灵王。

就在秦国险些陷入王位更替的内乱之际，赵武灵王在国内做了一件轰轰烈烈的大事。

这件大事，认真讲起来，其实非常简单，就是在战争期间，赵武灵王要求所有赵军的战斗人员，脱下汉人传统的宽袍大袖，换上胡人的短衣窄袖，以便于骑马射箭。

这样的改革，比起五十年前的商鞅变法，简直就是小儿科，丝毫不触及旧贵族的政治、经济、军事各项权力，可是居然在赵国遭到了所有贵族的集体反对。带头的还是赵雍的叔叔赵成等一批元老。

当然赵成的反对也不是蛮横不讲理的那种固执，赵武灵王随即上门与他促膝而谈，告诉他目前赵国面临的危局——由于此时秦国主攻的是韩国、魏国、楚国，所以赵国还不存在来自西面的威胁，可是东方的中山国，都城在灵寿（今河北省平山县），成为赵国南部和北部交往的一大障碍，七十年前的赵敬侯时期，赵国就曾两度进攻中山国，结果不但没有占到什么便宜，反而促成了中山国修筑长城。这道长城，后来在今天河北省的顺平县、唐县等地发现，系土石混筑，高约三米，两侧挖地基、砌石块作边墙，中间用土和碎石填充。这道中山长城，很可能沿今唐县、曲阳、行唐、灵寿、平山、石家庄西南的太行山南下,终点在今邢台市西北,形成了对赵国的很好阻隔。

而中山国与赵国为敌,其盟友是赵国的东邻齐国,齐国伐燕时期,中山国也出兵助齐,一口气打下了数十座燕国城池,甚至攻克了燕国的下都(在今河北省易县)。

所以赵国想要吞并中山国,难度就和当年的秦国想要吞并义渠差不多。

赵武灵王此时就告诉以赵成为首的反对派:我的胡服骑射,就是为了打败中山国,如果你们有其他的替代方案,请告诉我,如果没有,就必须接受胡服骑射。

据说,赵成被说服,此后赵国便展开了一番轰轰烈烈的胡服骑射运动,并在不久以后展现出神奇功效。赵武灵王二十一年(前305),赵国大举进攻中山国,一口气拿下六座城池,今天的河北省省会石家庄市一带,成为赵国领土。

那么,赵武灵王发飙的时候,新即位的秦王赵稷又在做什么呢?

很遗憾,秦国朝廷这个时候在继续内讧。原本关系不错的甘茂和向寿,在秦昭襄王元年(前306)彻底翻脸,原因是关于秦韩关系,二人政见不同。甘茂主张把之前从韩国夺来的武遂城(今山西省运城市垣曲县)还给韩国,缓和一下两国紧张的关系,如果韩国还不老实,稍后再夺过来,难度也不大。结果向寿反对。

此时作决断的其实是秦王赵稷的娘亲,说是儿子还小(已经十八岁了)不懂事,所以娘亲出来主政,她就成了中国史上第一个当权的太后(也是第一个太后,之前没有这个名称)。

宣太后虽然是个女人,却难得的大度明智,虽然向寿是自家亲戚,但在这件事上,她觉得甘茂没错,所以选择了支持甘茂。

结果,向寿等一帮外戚,就把甘茂看作了肉中刺。甘茂何等聪明,一想这个活儿可干不下去了,宣太后虽然现在支持自己,可是向寿毕竟是她的亲戚啊!

当时甘茂被派去担任赵疾的副将,攻打魏国,推进到蒲坂(今山西省永济市），甘茂哧溜一下就潜入漆黑夜色。许多日子之后，他在遥远的齐国出现，而且幸运地得到苏秦哥哥苏代的帮助，当上了齐国的上卿，此后便再也没有回到秦国。

而甘茂这么一跑，秦国拉拢韩国的策略便成了一句空话，韩国随即与齐国、楚国联合，组成一个三国同盟，合作抗秦。

甘茂跑了，秦国这边继续内讧，宣太后看中的"首席执政大臣"人选，还是她那个同母异父的弟弟魏冉——史书上把这个魏冉称作穰侯。穰在今天的河南省邓州市，此时还在韩国手里，一直到九年之后，才被秦国夺过来设置穰县，成为封地（并不是魏冉自己去治理），所以把魏冉称作穰侯，为时尚早。

虽然魏冉被宣太后看中，但是名义上的秦国"总理"，还是右丞相赵疾（樗里疾）。只是形势不同往日，赵疾的好搭档甘茂（之前的左丞相）跑了，赵疾也只能打哈哈度日子而已。

宣太后又把自己的同父异母的弟弟熊戎（一些作者误写为芈戎，请注意先秦的规矩是男性用氏，女性用姓，所以同一爹妈生出来的孩子，叫法也是不一样的），封为华阳君；秦昭襄王的弟弟赵芾，封为泾阳君；赵悝，封为高陵君。

而在论功行赏的同时，对之前的反对派开始无情杀戮，譬如赵壮，以及支持过赵壮的"后惠文后"等，都没能逃过这一场杀戮。

不过老实说，死的都是权贵，和老百姓无关。

那么，当权的宣太后，难道就只顾着搞国内这些勾当，楚、齐、韩三国结盟反秦这档事，她就置之不理吗？

呵呵，不要小看女人啊！很多事在男人看来难得要挠破头也想不出对策，可是搞关系（反向即是破坏关系）这档子事往往是女人的强项啊。不就是楚、齐、韩三国结盟吗？丢个果子给其中一家，另外两家不就因为得不到果子而发飙了嘛，什么三国结盟，破裂分分钟的事。

秦昭襄王三年（前304），秦楚两国高层会谈，秦国把之前从楚国夺来的上庸，还给了楚国。楚怀王真高兴啊，可是一转身，齐国和韩国就恼了：你这二百五，刚刚发誓结盟，一转身就背叛啊！于是齐国和韩国又拉拢了魏国，三国联合出兵，攻打楚怀王。

楚怀王咋整呢？因为和秦国友好而引来这场战祸，可不得向秦国求助嘛！可是秦国也不会白白出兵，怎么办？楚国没办法，就只能把太子熊横（瞧这名字多霸气）送到咸阳做了人质。

韩国和魏国一看，楚国现在做了秦国的小弟，连太子都送到咸阳去了，这以后自己还怎么跟秦国对抗啊？于是也和秦国会晤，达成和解协议，结果秦国大度得让人感动：魏王你听好了，我把之前从你手里夺来的蒲坂（今山西省永济市）还给你。

魏王感动得都快哭了：还是秦国的太后好啊。

魏国韩国这边暂时没事了，秦国南边的楚国可就要麻烦了。

麻烦什么呢？熊横已经在咸阳当人质了，秦楚关系和睦，能有什么麻烦？

结果事情就出在这个熊横身上。他果然人如其名，到了异国他乡也不知道低调忍耐，居然和秦国的一个大夫，在咸阳街头单挑。

呵呵，论战场上大规模作战，楚国人可能打不过秦国人。但一对一的公正对决，你以为熊横会怕谁？随便一个楚国贵族，拉出来都能暴打一个秦国贵族，这就是楚国人的勇气，要不然后世项羽怎么火烧秦宫？

这个时候，熊横就在咸阳街头把这个敢于挑战的秦国大夫一顿暴打，直打得此人吐血身亡。

按理说，大家是约好在此决斗，一对一，公平得很，熊横获胜，有什么好怕的？可是事后熊横真的慌了：哎呀，我怎么就没能控制住自个？要是秦国借这件事情把我杀了……

好嘛，熊横立马就偷越关卡，连夜奔回祖国去了。

这一来，一场普通的街头决斗事件，就演变成秦楚两国新一轮的大战。要知道秦国这个时候已经收韩国和魏国做了小弟，而齐国呢，因为之前楚国的背叛还怀恨在心,所以秦、韩、魏、齐居然团结起来,组成联军来讨伐楚国。

哎哟,我说秦国,咱单挑行不?你拉其他人过来干啥?

在今天河南省一个叫作重丘的地方,又是一场恶战。

这一战的对阵双方,一方是楚国的唐眛——这个唐眛可能是唐国的后裔,来自西周王室姬姓支脉。西周时期的唐国,就在今天的湖北省随州市唐县镇,被楚国吞并之后,唐国子孙就以"唐"为姓。

另一方,秦国的华阳君熊戎(芈太后的弟弟)是主将,三个助手,分别是齐国大将匡章、魏国大将公孙喜、韩国大将暴鸢。

这里的主角,却不是华阳君,而是齐国大将匡章。匡章这个人,大家并不太熟悉,他其实是孟子的学生,而且是孟子学生里最能打的。

譬如说秦惠文王更元二年(前323),秦国军队曾越过韩、魏、卫三个诸侯国,突然出现在今天的山东省曹县,当时这里叫作阳晋,在大野泽左岸。

这便又要说到一个古代很出名的地方,类似今天的鄱阳湖、洞庭湖那么有名,这就是大野泽。《禹贡》《周礼》《左传》等文献都曾出现过这个地名,甚至有人认为《山海经》里精卫填海,其实填的不是什么海,就是这个大野泽(可见当时湖泊面积之大)。还有说蚩尤部落的大本营就在这个大野泽附近。到了春秋时期,这个湖就基本上纳入鲁国的管辖范围,鲁哀公还曾在这里打到一只麒麟。

那么山东读者会问:你说得这么热闹,怎么咱山东人不知道有这样一个大湖呢?这个得归因于五代,那个时候大野泽就向北移动了,这一北移,就把北边的梁山周围一圈全部浸成了湖泊,即所谓梁山泊。到北宋后期,大野泽南部基本上全部退湖为陆,变成农田了。所以今天的山东人,是不可能看到大野泽的当年盛况了。

而在大野泽畔,阳晋(今山东省曹县)成为一个交通要道。秦国军队打算从这里南下,插到齐国的南部重镇,即今天山东省济宁市任城区南部的亢父故城。

如果秦国这一军事行动成功实施，齐国等于就被秦国点中了任督二脉，岂是了得？所以齐国大将、孟子学生匡章就出马了。在今天的山东省济宁市兖州，当时叫作桑丘，处于齐国和宋国的边界处，匡章就遇到了秦军主力。

秦军因为是跨国作战，不免要担心后继无援，又要担心前方道路是否通畅，所以心理上很矛盾。匡章就利用这一点，把一小部分人马变更旗帜标记，看上去和秦军差不多，趁乱混杂到秦军中去，然后大部队正面进攻，小部队后翼包抄。这一番奇正搭配的战术，果然让秦军大败。

而这也是战国时期秦军少有的大败仗之一。齐将匡章，虽然名气不大，其实颇具实力。

在重丘这边，齐、韩、魏三国负责的是攻打楚国的方城。这个方城，是楚国在濒临汉水的边塞崇山峻岭上修筑的军事设施，可以理解为南方版长城，不过在细节上又大不同，它其实是一连串方形城寨，串联成一道防御阵地。《左传》曾记载楚国大夫屈完一句颇为骄傲的话：

方城以为城，汉水以为池，虽众无所用之。

即，我们楚国拿方城作为坚固的城墙，汉水作为宽阔的护城河，你们北方人来得再多，也没办法攻破这道防线。

结果，被视为坚不可摧的方城防线，就被齐国大将匡章攻破了——当时匡章派人寻找何处可以渡河，结果所到之处，都被楚军方城里的射手一阵乱箭射退。后来匡章寻觅到一个知情人才知晓，凡是楚军重兵防守之处，就是河浅的地方，反之则必深。于是匡章先探知楚军重兵防守之处，随后集中精兵，半夜从此处突破，楚军顿时全线崩溃，将军唐昧阵亡。三国联军乘胜追击，扫荡垂丘（今河南省泌阳县）、宛（今河南省南阳市）、叶（今河南省叶县）以北的大片土地。

如果说这一仗是齐国的功劳，那么随后就是秦军强势出击了。他们继续进攻，在今河南省的襄城县，再次大破楚军，楚将景缺阵亡。

楚怀王连吃败仗，怎么办呢？他又想起了齐国，要和秦国对抗，这是唯一可以凭借的帮手。这一次若不是齐国的匡章助阵，秦、韩、魏三国也攻不破方城啊！

可是齐国不傻，齐楚本来是盟国，当初楚怀王为了得到秦国所谓的三百里土地，不惜派力士到边境大骂齐王，扯毁齐楚盟约，这一茬难道大家都忘了吗？就算楚怀王忘了，齐国也不会忘。

不过齐国毕竟大国有大量，考虑到时局如此，还是不计前嫌，在齐宣王十四年（前306）又达成齐、楚、韩三国同盟。结果齐宣王十六年（前304），一个上庸，楚怀王又把盟国给卖了。

所以现如今楚国向齐国救助，你说齐国能出手吗？

29　北上武关　楚怀王的"迷之自信"从何而来？

而秦国，似乎也考虑到了这项可能，楚怀王挨揍了，一定会寻找帮手，而五国之中，燕、韩、魏都是鱼腩，赵国刚露出那么点意思，真正有实力帮楚国的也只有齐国。

宣太后这么聪明的女子，怎么会不明白这一点？

所以在秦国出兵暴打楚国的同时，宣太后便与娘家人魏冉商量，决定下血本，把自己最亲爱的儿子泾阳君赵芾，送到临淄去，其实就是当人质，换取齐国的信任。

楚怀王这边，当然也不甘落后，立马把儿子熊横也送到临淄去。

此时的齐国国君，已经是齐湣王田地——田地姓妫，是舜的后代，如同我们前面讲的，秦始皇姓嬴，但是我们叫他赵政一个道理，我们管齐湣王叫田地，而不是妫地，这个道理已经陈述多次，大家应该已经能理解了——齐湣王是个很有故事的人，韩非子曾给他编排了一段故事说：

齐宣王使人吹竽，必三百人。南郭处士请为王吹竽，宣王说之,廪食以数百人。宣王死,湣王立。好一一听之,处士逃。

这就是后来所谓"滥竽充数"。齐湣王在战国时期也算是个胸有大志的君王,只是他这份大志与所具备的实力不免有些差距。当然这是后话,我们且说当时,秦国和楚国都急着拉拢齐国之际,齐国最终又是选择帮谁呢?

事实是齐湣王哈哈一笑,把秦国的泾阳君赵悝、楚国的太子熊横,都送到齐国北部渤海边的馆舍供养着,告诫他们不许打架斗殴(特别是熊横,他可是有前科的)。然后齐湣王就国事访问韩国,同时过去的还有魏王,三位国君就在新郑商量:楚国、秦国估计又要互殴了,咱帮谁比较好呢?商量来商量去,三位国君达成一致,先谁也不帮,看他们先打,谁输了咱就打谁,这个叫作有便宜不赚猪头三是也(从这一点也可以看出当时六国实在都是近视眼,看不到长远的利益,只顾眼前)。

齐国没有武力干涉此事,局面上就只是秦国和楚国的单挑,秦国这便有信心了,宣太后以儿子赵稷的名义,给楚怀王写了一封信:

"话说从前啊,寡人曾与大王在黄棘这个地方见面,你我酒喝了不少相谈甚欢哪,然后大王就让你的太子到俺们秦国来做人质,那时候真的是秦楚两国关系融洽又逢春呢!

"随后一转眼发生了悲剧性事件,你家太子居然在咸阳杀了人,而且杀的是寡人的臣子,虽然说是两人约定决斗所致,可是你家太子至少也该跟寡人打个招呼吧!

"你家太子不肯为杀人而道歉,他一口气跑回楚国。那么寡人就生气了,战端一开,我秦国大军攻入你楚国,请问你楚国挡得住吗?

"听说啊,大王你又把太子派到齐国去了,这是打算和齐国好吗?你要知道啊,楚国与秦国是邻国,秦楚两国世代婚姻(我妈不就是你们楚国人吗?现在执掌我秦国的大舅魏冉不也是你们楚国人吗),如果秦楚关系不好,岂不被天下耻笑,更无法号令诸侯啊!"

最后,信中提出,赵稷愿意和楚王在武关见面,再次签订一份盟约，而且这一回保证再不耍赖。

这样一份国书，传递到了郢都。

楚怀王犹豫了。秦兵此时已经节节推进，占领了楚国八座城池。拒绝秦王的提议，那就是打下去，可是打是真的打不过啊。接受秦王的提议，去武关和他见面，一切安妥顺利倒是好，可是以秦国人一贯不讲信用缺德耍赖的德行，出事怎么办？

所以楚怀王把大臣们都叫过来商量。此时楚国的令尹是昭雎，此人一贯和秦国交好，张仪当年骗楚王说要归还汉中，条件仅仅是楚国驱逐陈轸（张仪的竞争对手），这消息就是他传到楚国来的。后来张仪落魄（离开秦国去魏国），楚怀王还把他当作张仪的同党抓起来向齐国示好，当然只是做做样子，随后就给放了。

而后昭雎一直在楚国权力中枢，他对楚怀王的影响很大，主要主张就是楚国既不要得罪东方五国，也不要过分紧逼秦国。譬如借着齐韩的支持，向秦国索要失地，就是一个不错的主意。

与此同时，昭雎也很注重拉拢在秦国的楚人，譬如向寿，宣太后的娘家人啊，也正是因为向寿的帮忙，秦国才于昭襄王三年（前304）把上庸还给了楚国。

所以按照昭雎与秦国的关系之亲密，他应该支持楚怀王去武关和秦王会面。

但是这一回，昭雎却一眼看出了秦王书信所隐藏的杀机。

"千万不能去，不但不能去，还要加派军队做好边境的防守。"亲秦派昭雎果断地告诉楚王，"秦国绝对是虎狼之国，不要以为宣太后是楚国人就轻信，这改变不了秦国的德行。"

诸位，连亲秦派的令尹昭雎都这么说了，为什么楚怀王最终还是走上了不归路呢？

这，就得说到楚怀王的小儿子子兰。他娶的是秦国的媳妇，这时居然就把自己当秦国的女婿，认为秦国是可靠的。

"秦国的芈太后是楚国人,等于说现在的秦王有一半血缘是楚国的。虽然当下的秦相是赵国人楼缓,可是实际掌权的人却是魏冉和向寿,他们也是楚国人。

"这样的秦国,差不多就是楚人当道,您为什么还担心秦国要害您呢?"

子兰说的部分是事实,秦楚确实是联姻关系,一般而论,存在这种关系会使两个国家的上层统治者关系更为亲密。

但是需要注意的是,这仅仅是一般而论。

春秋时期的郑国,是不是中原文化的代表?可是郑武公当年把女儿嫁给胡国国君,随后便趁胡国没有防备,发动突然袭击,将胡国一举消灭,这是不是事实?

那么现在,子兰自以为秦国的上层都是楚人,两国存在联姻关系,就拿这个来判断秦国一定不会骗楚国,你觉得靠谱?

但有时候,亲近的人说话就是比聪明人说话好使。令尹昭雎说得没错啊,可是在楚怀王看来,自己的儿子子兰说的话更让他能接受,难道儿子会害自己的爹?

所以最终,楚怀王熊槐,义无反顾地踏上了北上武关之路。

这一年,是楚怀王三十年、秦昭襄王八年(前299)。

秦国这边,年过二十的秦昭襄王,已经在举行冠礼后开始亲自处理决策国事,虽则他的亲政更像是象征性的,母舅魏冉、向寿这些人在朝堂之上的发言权很大,再加上华阳君、泾阳君、高陵君那几位,秦昭襄王真正能做主的程度确实很低。

所以约楚王见面这事,归根结底还是在秦昭襄王的母后宣太后以及母舅魏冉、向寿这些人手里。

宣太后对楚怀王持什么心态?

八年之前,也就是秦武王四年(前307),楚国曾攻打韩国,包围一座叫作雍氏(今河南省禹州市)的城,连续五个月都无法攻克(楚军的攻城能力实在够呛),韩国此时便向秦国求救。

此时垂帘听政的宣太后,便跟韩国使者讲了一个荤段子。

没错，就是荤段子，如假包换的荤段子，正大光明地在大秦国的朝堂之上，由秦国的宣太后，面对韩国使者而讲。

不得不说，几千年中，这样的场景记载，真的是绝无仅有，后世如武则天、慈禧，就算再嚣张也不敢这样讲啊！

宣太后说："妾事先王也，先王以其髀加妾之身，妾困不疲也；尽置其身妾之上，而妾弗重也，何也？以其少有利焉。今佐韩，兵不众，粮不多，则不足以救韩。夫救韩之危，日费千金，独不可使妾少有利焉。"

宣太后是在打比方，她把秦国救不救韩国这件事，拿男女之事为譬喻作了解释。

"我刚才打了个比方，啥意思呢？就是如果有利可图，女人就不会嫌弃男人体重。那么现在你们韩国，据说是有难了，需要我们秦国来帮你们。好啊，我们也愿意救你们，可问题是出兵需要动员大量军队，消耗大量粮草财物，你韩国又能给我们什么利益呢？"

其实宣太后说这些话，意思再明白不过，就是要韩国割地，作为秦国出兵的报酬。不给报酬，让人白干，谁会乐意？

当然这件事后来惊动了甘茂，甘茂当时还在做秦国的左丞相，最后是他来劝秦王和宣太后：如果韩国被楚国灭了，楚韩成为一体，魏国就不敢不听从楚国；楚国若以三国之力谋秦，就会成为秦国的大患。如此一来，秦国才决心出兵，最后解了韩国之难。

而从这件事上，我们其实也可以揣摩出宣太后的心理，那就是无论做什么事，都要讲实而不是讲虚。一件事，有利于宣太后，有利于她的儿子秦王，有利于秦国，就一定能做，反之就坚决不能做。

把这个逻辑放在楚怀王这件事上：楚怀王到了武关，秦国客客气气请他吃饭喝酒看歌舞节目，表示双方是好朋友，礼送他回国，如果仅仅这样，那对秦国有多少好处呢？

如果没有太大好处，就不要干这事。

所以宣太后的真实心理是："楚怀王你来了，好啊。我和我的儿子，会很大方地请你吃饭喝酒看歌舞节目。然后呢，你要给我们秦国一些好处，譬如把巫、黔中这些地方，都给我们。"

问题是：楚怀王如果不答应呢？

30 被困咸阳 楚王走投无路，孟尝君为啥能安全转移？

那就把他关起来，什么时候答应，就什么时候放他回去！

哎哟，楚王和宣太后，可都是芈姓熊氏的血脉啊，能干这档事？

有啥不能？一个姓就不能拆屋子分产业？人家亲兄弟还为分房产打架呢，夫妻俩都会为了银行存折写谁的名字从床头打到床尾，何况两人代表了两个诸侯国，一个是秦国的太后，另一个是楚国的王。

武关，便是"楚怀王事件"的发生地。

这个关口，说白了就是秦国和楚国的天然分界点，位于今陕西省商洛市丹凤县东武关河的北岸，春秋时始建，名为"少习关"，到战国时方改为"武关"。

武关的关城，建立在峡谷间一座较为平坦的高地上，北依高山，南濒险要。关西地势较平，比较好走，可是出关东行，就必须沿山腰盘曲而过，崖高谷深，狭窄难行，所以清代顾祖禹《读史方舆纪要》说此处"扼秦楚之交，据山川之险"。这里实在是一处兵家必争之地。迄今去武关探古的游客，尚能看到一段约三百米的"秦楚分界墙"。

楚怀王想不到的是：他从楚国满怀诚意而来，结果一入这武关门洞，秦人便把城门给关了，而且还有大批士兵，把楚怀王一众当作战场上的俘虏一般，摁倒在地，押上囚车，直送咸阳。

这个操作，楚怀王万万想不到。

事实上，和宣太后的想法（见前文）也有一定差距。很可能是具体负责此事之人的操作，如魏冉、向寿这些人。

魏冉、向寿，虽然是楚人，而且是楚国王室芈姓熊氏的亲戚。这关系说远不远,说近却又实在不近,在楚国,他们几乎很难有机会得到在秦国这般高级待遇,所以无形之中,对当初在楚国所受的冷遇,颇有些恨。

而这种恨,就隐藏在楚怀王进入武关这档事中。

结果楚怀王熊槐大发雷霆:你们这些家伙,还把我当王吗?你们是在侮辱我,侮辱楚国。

他怀着一肚子气,被押送到咸阳。而到了咸阳,他的待遇有没有得到改善呢?据说,当时秦王赵稷坐在章台殿上,有滋有味地看着台阶下和一帮臣子混坐在一起的楚怀王,并没有任何歉意。

如此看来,对楚怀王如此无礼的根子,还是在这个年轻的秦国国君身上。魏冉、向寿,更是故意不理睬楚怀王,好似台阶下压根就没有一个王,他们看楚怀王的眼神,就好像看一个乡下土包子。

熊槐正要咆哮于朝堂,秦王却开口了。

秦王开口,却不是安抚熊槐,而是气势汹汹地勒索:

"割让巫、黔中二郡,寡人就让你回去,之后秦楚安好。"

安好个屁!熊槐几乎要疯了,有你这么做王的吗?你是秦王我是楚王,大家都是王,就算你比我强一点点,可是也不能抹杀平等的事实啊!

再说了,邀请我过来的时候,你是怎么说的?

《史记》原文——秦昭襄王是这么说的:"寡人愿与君王会武关,面相约,结盟而去,寡人之愿也。"

楚怀王尽管气到极点,却也恢复了一丝理智:秦人都这么干了,摆明了就是不打算讲理。他也琢磨着,可以先忽悠过去,回国了再跟秦人算账。

秦王说不行,一定要先割地,再放他回去。

楚王终于爆发了:秦国你这是摆明了"诈我而又强要我以地",老子反正被你们骗过来了,就不肯割地,你怎么着,把我杀了不成?

秦王却又不杀他,而是把他关在了咸阳,接着派出使者告知楚国:"你们的王,已经成了秦国的俘虏,赶快拿巫和黔中两块地来换吧!"

这个时候的楚国，最有希望继承怀王大位的是两个人：一个是太子熊横，可是熊横此时在齐国做人质；另一个就是熊横的弟弟子兰，大家应该还记得，此前就是这个子兰，一心撺掇老爹去秦国。

所以如果楚国人选择子兰接班做楚王，可想而知他会如何对待秦国。令尹昭睢，在关键时刻起了定海神针的作用，他抵制住朝中子兰这一派的势力，坚决主张：

> 王与太子俱困于诸侯，而今又背王命而立其庶子，不宜。

大王被困在秦国，太子熊横则被困在齐国做人质，如果你们在这个时候还只顾自己的私心，违背大王的旨意拥立庶出的王子，不合适。

大王不在，令尹就是楚国的决断人，所以最终楚国还是派出了使者，到齐国去要人。

但是如果齐国不放熊横回来，王位十之八九就归子兰了，所以子兰这边并不太焦心。

没错，楚国使者到达临淄之后，发现齐国朝臣还真有这个想法，他们觉得这是个占便宜的大好机会。楚国不是急着要熊横吗？我们就逼他们，把淮河以北的土地割给齐国。

而真要这样的话，子兰就得逞了。

好在齐国大臣并不都这么说，就有人提出：如果这样做的话，楚国肯定立其他公子（譬如子兰），那我们空揣着一个熊横，又有什么用呢？

前一拨人说，楚国如果立新王，我们就跟新王做个交易，给我们淮北，我们就把熊横杀了。如果新王拒绝，我们还可以联合秦国、韩国，以拥立熊横作借口，一起攻打楚国！

齐湣王田地一听这话倒是突然醒悟了，他实在是个很聪明的人（可惜最终聪明反被聪明误，后来死得很惨，而且就死在楚国人手里），他认为在这样一个时间，齐国应该拉楚国一把，而不是去计较那些蝇头小利。

田地的算计是：如果齐国扣留熊横，楚国就会对齐国怀恨在心；而熊横不回去，他的弟弟子兰就会上台，子兰一上台，楚国就会向秦国屈服；如果楚国屈服，再加上已经被打残的韩魏，谁还能替齐国在前方遮风挡雨？

所以，田地拍板，立即送熊横回去。

也就在这个时候，秦国派来了使者，说：我家大王很仰慕贵国的公子田文，想请他到我们秦国去。呵呵，大家都笑了：你们秦国刚使诈骗了楚国的大王，现在还想诈骗我们的公子？

但秦国的使者说为了彰显诚意，他们愿意把秦王的弟弟高陵君送到齐国来做人质。这个高陵君，便是秦惠文王和芈八子即宣太后所生的第三个儿子（老大秦昭襄王、老二泾阳君）。

仔细一算，这笔买卖齐国不亏啊，田文，是齐威王儿子靖郭君的儿子，也就是属于"公子"这个范畴，而不是"王子"范畴。

田文是谁呢？他就是当时已经著名的"四公子"之一孟尝君。孟，是他的字。

那么"尝"又指什么呢？有人说是田文的封地，可是据正史记载，他"食邑于薛"，封地明明是薛（今山东省滕州市），为什么不叫孟薛君而叫孟尝君？

目前只能有一种猜测相对比较合理，那就是田文曾经被封在尝邑，即今天的山东省枣庄市，而又字孟，因此被称为"孟尝君"，当然父亲死后，他便继承了薛地。

田文在当时很有名，齐湣王田地却很忌讳他（大家都能理解其中的道理），所以秦国说邀请他，田地就点头了：去呗，不送！

所以，秦昭襄王七年（前300），孟尝君田文来到秦国，成为秦国的相邦。

他的前任，便是赵疾（樗里疾），就在这一年死了。赵疾是秦孝公的儿子，是此时的秦王赵稷的叔叔，所以他当家，其实无形中对赵稷是一种压力，好不容易盼到他死了，赵稷很高兴。

赵稷当时还有另一个做相邦的人选，那就是娘舅魏冉。可是出于大家都能理解的原因，赵稷并不希望自己的娘舅来当相邦。

所以到遥远的东方找孟尝君田文来做秦国的相邦，从这一点来讲，还真是个明智之选。

这样，还可以名正言顺地把话多讨人嫌的弟弟高陵君打发到东方去，何其美哉！

田文说好吧，薪水给足我就来。

成交！

秦昭襄王八年（前299），田文在咸阳上任没几个月，一颗石头丢进水里还没溅起水花呢，反对他的人就出现了。

反对派没有留下姓名，但我们也可以猜得出谁是他的后台——秦国的"舅舅帮"。

诽谤的内容多少也是仔细研究过的："田文现在虽然是秦国的相邦，可别忘了他毕竟是齐国田家的人，肯定会把齐国的利益放在首位，秦国放在其次，所以他做相邦，秦国危也！"

这个话表面上好像有点道理，其实不堪一击。因为秦王赵稷只需要转动脑子想一想，就会想到秦国此时用着很多与楚国芈姓同源的人，难道这些人也会把楚国的利益放在首位，把秦国利益放在其次？

或许，田文亏就亏在没有一个美丽的姐姐当上秦国的王太后——春秋之际齐国的姜家出了很多美女，到战国时期的田家，这个"美女传统"就失传了，或许这就是田文在秦国吃亏的根本原因。

结果秦王赵稷就翻脸了，要把田文抓起来（一下子从万人之上的相邦变成阶下囚，这个变化太刺激），新相邦的人选已经定下了，就是赵国人楼缓。

田文的最大优势，就是手下门客众多，且成分复杂，什么人都有，这一点给了此时的他很大的好处，首先就是消息灵通（可以想象一定有爱打听的门客）。那边秦王刚在寻思，这边田文的第一个门客就知晓了,赶紧来告知主人(如果正常程序,等田文知晓,送他进监狱的人已经在门外了)。

不但如此,还有第二个门客告诉田文,此时可以救他的,唯有秦王最宠爱的某姬,而且他有这方面的门路。

那就赶紧去办吧!结果门客回来又说,这位宠姬愿意帮忙,只是有一个条件,她要田文那件白毛狐狸皮袍。

田文苦笑:这可咋办?为了拍秦王的马屁,我已经把这件狐狸皮袍献给秦王了啊!

于是第三个门客登场了,他说:俺没有别的本事,可是偷鸡摸狗俺是这方面的大拿!

好,就派出这名门客,潜入秦国的王室宝库,轻松地盗出了狐狸皮袍。田文就把这件皮袍献给宠姬,也是田文命大,当晚正好这名宠姬侍寝,她在秦王耳根子边一磨,年轻的秦王赵稷就答应释放田文。

不得不说田文手下真有些狗盗的能人,可是狗盗的能人多了,真正能辅助他使齐国强大的人,像商鞅、吴起这种人,就不来了。

当然,此时田文就乘车全速向东跑,天没亮便到了边境,可是等待鸡叫才能开关放行。这时间,秦王赵稷起床尿了个尿,仔细一寻思就觉得不对了:为什么自己的爱姬会突然替田文说好话?这里头到底有什么缘故?

所以秦王赵稷一面怒骂女人,一面就派兵出来追杀田文。

这边秦兵十万火急,那边田文也是心急如焚,得赶紧想办法出城啊。他手底下却又有一个能人,会一种特技叫作口技,平时常学个狗叫哄田文开心,这个时候田文就想起他来了:来,来,你会鸡叫不?来一段。

好嘛。能人这就酝酿一番,来了一番"惊天地泣鬼神"的鸡鸣,这鸡鸣简直就是霸王鸡的级别,一下子惊动了周围十里地的公鸡,全都起来一阵啼叫。城关里的人一听鸡叫了,该上班了,于是开关验节,就把孟尝君一干人等,全给放行了。

孟尝君这一回国，真的不得了，《史记》和《战国策》都说，他就在齐国向东方列国发起号召，主张联合讨伐秦国。

而这个时候，可怜的楚怀王，还在秦国做囚犯。秦昭襄王十年（前297），他冒险越狱，居然成功（这是不是史上唯一一个越狱成功的国君？），一口气跑出了咸阳。秦国一看不得了，赶紧封闭了秦楚之间的道路。楚怀王没辙，大路走不通就走小路，南边去不了索性去北边，这样就跑到了赵国边境。

按理说赵国该收留楚怀王啊，可是偏偏这个时候赵国的武灵王已经退位，且跑到北部边界巡视去了，国内只有年幼的赵惠文王和一帮七嘴八舌的大臣，叽歪半天觉得为了楚怀王得罪秦国不值得，于是楚怀王等了半天都无法进入赵国，只能改道去魏国，结果追兵在此时赶到，将楚怀王熊槐又抓回咸阳。

真是悲催啊，楚怀王被抓回去之后，显然遭到了秦人惨无人道的虐待，加上心情郁闷，不久便病死。秦国将他的灵柩送回楚国，东方各国一片议论纷纷，谴责之声直上云霄。

楚怀王之死，加上孟尝君在秦国的遭遇，这两件事合起来，便促成了最后一次诸侯联合反秦。

31　魏冉执政　他用了个年轻人叫白起

但是这里有个问题：孟尝君回到齐国发号召，第一个响应的，难道不是楚国吗？可是楚国真的没办法，因为在他们的怀王郁闷而死之前，楚军就已经被秦打败，死了五万人，丢了十六座城池，根本无力参与作战——而且真心悼念楚怀王的，也只有屈原一人而已，除了他，楚国还有谁愿意为楚怀王而死？

结果，一直被秦国欺负的韩国、魏国，加上齐国自己，就这三家，铁了心要跟秦国玩命，齐国的大将匡章（之前介绍过，孟子的徒弟）为帅，这就开始向秦国本土发起猛烈攻击。

据说，这一次三国联军的反攻，形势一片大好，于是原来三心二意的赵国和宋国，也来参加。如此一来增加到五国联军，居然一口气打到函谷关下——另一种说法是没那么厉害，只是打到位于今天山西省运城市的盐氏，而且攻不下来就班师了。

不过不论如何，这个阵势确实把秦国给吓坏了，于是拿出两座城，一座在今山西省垣曲县，当时叫作武遂，给了韩国；另一座在今山西省芮城县，当时叫作封陵，给了魏国。

于是五国联军，吹着喇叭唱着歌，解散回家。而当五国联军伐秦的大戏落幕，秦国的政治格局出现了细微的调整。

细微调整的前提，是大局不变。秦王赵稷在台前继续做木偶，宣太后继续操控大局。

秦王赵稷在这个时期，做的唯一一件比较有意思的事，就是给自己搞了一个"西帝"的称号，然后忽悠齐王做"东帝"，但是没想到齐王并不傻：实力没有到"帝"的程度就敢打这样的招牌，这不找打吗？结果齐王表示不敢当，整得赵稷下不来台，最后也只好灰溜溜地取消。

细微调整的内容，倒是颇有些意思。

首先是原来秦国的最高军事长官大庶长，相当于现在的国防部部长这么一个角色，换了个名称叫作国尉——大家应该记得，中学历史教科书告诉我们说，秦朝有个太尉，没错，太尉的前身就是国尉。

此前定策平定巴蜀的司马错，在老对手张仪死后多年，终于获得提拔，担任秦国首任国尉。他在这个官位上的首次亮相，便是秦昭襄王十年（前295）攻打魏国的襄城。

其次是丞相的人选变动。在楼缓短暂担任这个职位之后，宣太后终于出手，把自家亲戚魏冉扶上了相位。

而令人惊讶的是，魏冉上任之后做的第一件事，居然是推荐一个人，顶掉了同属一门亲戚的向寿。

这里头自然有魏冉的私心，因为一直以来向寿都是他在宣太后亲戚这一拨人里最大的竞争对手。

但你不得不承认的是，魏冉做这件事，确实漂亮得让人无话可说，因为他推荐的人，叫作白起。

魏冉为什么推荐白起？除了他认识到此人有出色的军事才能之外，还有一点不得不提，那就是魏冉是楚国人，而白起也是楚国人的后代。

至少在这个时期，毫无疑问是楚裔。

白起也是楚裔秦国人，他的老家，在今陕西省眉县，当时叫作郿邑——即《三国演义》里被董卓看中，在此修建郿坞的地方。

白起的祖先，来自楚国。根据唐代诗人白居易的考证，白起是楚平王太子熊建的后代，当年熊建的儿子熊胜，即在楚国作乱的白公胜，后来兵败被杀，他的后裔，就流亡到了秦国。但是白居易说自己是白起的后代，这个笔者就不太能确定了。

楚裔这个身份，在楚女宣太后当政、楚男魏冉做丞相的当下，自然是个很重要的加分项。

魏冉这个时候就推荐白起取代向寿，担任了秦军大将。秦昭襄王十四年（前293），韩魏两国联合进攻秦国，伊阙一仗，主将就是白起。

而就是这一仗，白起杀人魔王的形象果断定位。

因为在伊阙，他居然一口气杀死了二十四万韩魏人。

要知道周灭商的牧野之战，一共只杀死两万商朝人。白起这一仗，居然是牧野之战杀人数量的十二倍。

秦昭襄王十六年（前291），秦军继续攻击元气大伤的韩国，又拿下宛城，也就是三国时典韦战死之处。于是韩国、魏国终于被吓破胆，魏国拿出河东、韩国拿出武遂，一共六百里土地，献给秦国以求和。

白起如此出色，推荐他的人魏冉自然功劳大大，所以在秦昭襄王十六年（前291），魏冉被封为穰侯，封地有两块：一块在今河南省邓州市，当时叫穰城；另一块在今山西省永济市，当时叫陶城。

白起这个时候已经被提拔为大良造，他和司马错一起带兵进攻魏国，又在秦昭襄王十八年（前289）一口气拿下六十一座城，前锋一直推进到今天的河南省济源市。

当然，白起能拿下这么多城，有个前提是魏国为了阻挡秦兵前进，大量修城，济源在今河南省西北部，紧挨着今山西省。论路程，白起无非也就是今从山西省西南部杀到今河南省西北部而已。

接着，秦国又攻打赵国，占领今山西省的清徐县，再攻打魏国，夺取今山西省的垣曲县。魏国再无力抵抗，只能又求和，割让旧都安邑（这个就是后世文人所说的割地求和一直割到一无所有）。

秦昭襄王二十二年（前285），秦国以不容置疑的霸者姿态，在宛城召见楚顷襄王（逼死了他爹楚怀王，他却连个"不"字都不敢说），在中阳召见赵惠文王（此时赵武灵王已死）。

奇葩的是这个时候，东方五国还把另一个勉强算是强国的齐国看作眼中钉，这里自然有齐国国君齐湣王自身的原因（他在数年内远征燕国、灭掉宋国并招惹楚、赵、韩、魏，甚至还扬言要搞掉周天子），却也有齐、赵、韩、魏毫无大局观的因素（强秦在西方咄咄逼人，它们却跑到东方围殴齐国）。结果就是秦昭襄王二十三年（前284），燕、赵、秦、魏、韩五国联军围殴齐湣王，在济水以西一战中，以一挑五的齐军自然大败，燕军大将乐毅长驱直入齐都临淄城。

呵呵，它们把精力用在互殴上，秦国就笑了。秦昭襄王二十四年（前283），秦军的兵锋已经推进到了魏国首都大梁附近。

当然，韩国、魏国这时候已经如烂泥一般，随便秦国拿捏了。三晋之列，只有一个赵国还有勉强抵抗的可能。

于是这个时候，秦王赵稷就派出使者到邯郸去，指明要赵国的一块玉璧，即大名鼎鼎的和氏璧，交换条件是十五座城池（呵呵，你要知道，白起一口气就能夺取魏国六十一座城，十五城又算什么）。

秦王赵稷的算计很简单：你愿意交出和氏璧，这就说明赵国内心很虚弱（不敢和秦对抗），虚弱我就要你命，所谓交换的十五城，没几天就能拿回来，而我要的可是你整个赵国，又岂止这区区十五城；而赵国如果不愿意交出和氏璧，那就更简单了，秦兵以此为借口，大举推进杀入赵国便对了。

所以蔺相如奉命带璧出使秦国，与秦王当庭力争，最终完璧归赵的经历，固然很精彩很励志，可是能改变什么呢？难道蔺相如一张嘴，真能抵御秦军的进攻？事实上，廉颇的愤怒，真的不能说没有道理。

反映在真实世界，便是和氏璧事件过后，秦军大举攻打赵国，而赵军一败涂地，到秦昭襄王二十六年（前281），秦军的前锋已经推进到了今天的石家庄市。次年，屠神白起再度出手，攻破代邑（河北省蔚县）和光狼城（山西省高平市），杀死两万赵国人。

赵国这边哭爹叫娘，可是秦国还真是两边都不耽误，打了北边一转身又去打南边，这回吃亏的当然是楚国，司马错一口气完全吞下楚国的黔中——这里必须说一句，不要以为读了《黔之驴》，以为黔就是贵州，事实上最早的黔是湖南西部，后来才专指贵州。

随即白起也来到楚国，他的兵锋直指楚国防御的核心区域——陪都鄢城（今湖北省宜城市）。楚国在此驻扎了不少军队，决心拼死抵抗，没想到白起根本就不和他们玩常规战术，他在鄢水下游筑起沙包，将鄢水引入城中，多年未修缮的城墙轰然倒塌，鄢城一片汪洋，楚军的防御完全崩溃。

而拿下鄢城之后，白起又连续攻破湖北境内的邓城、西陵，邓城在今襄阳市，西陵今在宜昌市，西陵距离楚国郢都，只剩下一百多公里路了。

怎么办啊！楚国到了这个时候，真的发急了。郢都啊，这可是自打楚文王以来一直作为楚国都城存在的四百年古城，难道就要毁在白起手里了吗？

现如今，湖北省荆州古城以北约5公里处，所谓楚都纪南城遗址，东西长4.5公里，南北宽3.5公里，城墙最高处近7米，由夯土筑成，十分坚固。城的四周开辟有七座城门，已发掘的西垣北段城门有三个门道。南垣及北垣的古河道出口处，还有两座水门。

这座城就是郢都，只不过北边有座山叫作纪山，所以汉朝以后大家把这里叫作纪南城。

郢都的守御，其实并不算强。春秋晚期吴国侵楚，当时的楚昭王也是弃城逃亡。如果能守，为什么要弃？

战国七雄的都城，防御值比较高的，还是赵国的邯郸和魏国的大梁。邯郸曾遭魏国和秦国大军先后多次包围，但直到最后一次为止，都未被攻破。大梁也是如此，若非决堤放洪水来淹，是很难攻破的。

白起大军逼近郢都，纵火焚毁夷陵的楚国先王陵墓，楚王不但未能及时出城反击，反而是弃城而逃，直奔东北方向的陈，即今河南省淮阳县。

换句话说，此时的楚国，其实已经垮了。

32　阏与之战　看赵括他爹如何打扁秦军

但事实是楚国真的很大，秦兵是无法一下子将楚国击破的。当时在秦军的西边，也就是中国的云贵地区，正有一支由将军庄蹻带领的楚军，沿着长江一直从今天的重庆打到了云南，最终抵达昆明市附近的滇池。庄蹻认为自己征服了一块肥沃富饶的土地，且方圆有几千里，他这就打算向郢都报告。

结果这时候，黔中郡甚至郢都都被秦军占了，这支楚国西征军便成了滞留在云南的一支孤军，后来建立滇国，庄蹻便是滇国的第一个王。

至于逃往陈地的楚王熊横，其实也没有完全放弃希望，他还是迅速收集残兵，凑了十多万兵力，又夺回长江沿岸十五座城。

只是无论怎么挣扎，楚国的最终灭亡，已然在倒计时行列之中。

打完两头（南北的赵与楚），魏冉便布局攻击中间的韩与魏。韩魏倒是团结一致，魏冉打韩，魏就来救韩；魏冉打魏，韩就来救魏。问题是实力的差距实在太大了，秦昭襄王三十二年（前275），韩国大将暴鸢、魏国大将芒卯虽然拼死抵抗，依旧被秦军击破，今天的河南省郑州市一带，已经成为秦军东进的新据点。

而韩魏防御无效，韩国就琢磨着是不是向秦国示好，能多活几个年头，所以秦开始接近韩。魏国那边，则与东方的齐国（齐国此时刚刚从几乎亡国的悲剧中喘息过来，老实说军力已经远不如从前）、北方的赵国结成三国同盟。

三国同盟一成立，就打算惩罚此时自甘堕落、做秦国小弟的韩国，组成联军全力攻打韩国首都新郑以北的华阳城。结果秦国派出杀神白起，第一仗杀了三万魏国人，第二仗把两万赵国人赶入黄河，三国同盟瞬间又成了悲剧。

魏国没辙，只能向秦国屈服，于是秦王就下令白起带着韩魏两国军队，再次南下攻击楚国。

可怜楚国，刚遭遇了秦国的夺都之难，哪里还能再挨一刀？

这个时候，楚国使臣黄歇便登场了，他给秦王写了一封信，零零碎碎说了一大堆话，无非就是说秦国现在虽然强大，可是楚国也不弱（都城都让人端了还说不弱），如果秦兵执意要继续攻楚，楚国一定会拼死抵抗（这个时候也只有拿死来拼了），到那时，魏国和齐国，就会夺取楚国在今山东省、安徽省、江苏省三省交界的土地。这岂不是等于说，秦国在前边卖力，齐魏却在侧翼得利？

信里又说，如果秦国不进攻楚国，而是与楚结盟，压制韩魏，韩魏一定屈服，那么秦国运用楚、韩、魏、秦四国联合的兵力，去攻打齐国、燕国、赵国，天下一统，还能有多难呢？

呵呵，黄歇的这个套路，结果秦王还真听信了，这就与楚结盟——不论怎么说吧，楚国的危局，暂时是缓解下来了。

那么秦国不打韩魏也不打楚，它又会去打哪一国呢？

赵国！没错，就是赵国。

今天的山西省东陲、太行山中段，有一个县叫作和顺县，别看这个名字寓意非常和平，在古代可是兵家必争之地，叫作阏与，此时属于赵国。

秦国的大军，若是拿下这里，就能向东进入今河北大平原，赵国甚至燕国、齐国的灭亡，都指日可待了。

所以赵国一定要守住这里，此时的赵惠文王便把国内的两个军事大拿廉颇和乐乘喊过来，问他们谁愿意去救。

没想到的是——廉颇和乐乘，居然都不愿意，理由是："太远，路又险恶，就算到了那里，估计也来不及了，索性别救了。"

赵惠文王舍不得啊，自家的土地，自家都不去救，难道让阏与人指望燕国和齐国去救吗？

左顾右盼，他看见了一个人，此人姓赵名奢，原本是平原君手下一个征收田租的小吏，平原君觉得他很有本事，于是推荐给了赵王。

谁能想到呢，一个田租小吏，居然比赵国的大将廉颇还牛，他对赵王说：

"他们说得也不算大错，确实路远地险，可是我认为，秦军攻打那里，难道就是路近地不险？这就好比两只老鼠在洞里打架，谁都没有退路，哪个更有韧性更有勇气，就能获胜！"

赵王一听：可以啊，就任命你做将军，去救阏与。

结果，这个田租小吏出身的将军，带着部队走了三十里，就下令安营扎寨了。有人问：敌人就在西边，咋不往前走了？你听那秦军击鼓声、呐喊声，都把屋檐上的瓦片给震动了。

有这疑问其实也正常，赵奢却拒绝回答，他下令，谁敢多话就砍谁的头。有一个人按捺不住请求疾速前进，真让赵奢给砍了。一直拖延了二十八天（得亏阏与易守难攻啊），秦军派间谍过来，赵奢也不介意。间谍回去将见闻报告秦军，秦军大将顿时放松了警惕，再不管这一路，一门心思围攻城池去了。

可事实上，秦军间谍刚一上路，赵奢大军就快速进发，前锋骑射手，在距离阏与五十里处扎营。而秦军反应也真的很快，迅速反应过来，只不过差了一步，赶到之际，赵军营盘已经建成。

眼看一场大战即将爆发。一个小兵给赵奢提建议，说应该先占领北边的山头，这个就叫作居高者临下。

赵奢说"好啊",就派出一万名猛士,一路小跑冲向山头。秦兵一看,哎哟,这是要抢山头啊,立马也往山头跑,经过一场百米冲刺,最后还是赵国人获胜。而得了山地优势的赵军居高临下,秦国人想要吃掉赵军就没那么容易了。再加上阏与城里的赵国人看到援军过来了,士气顿时大振,冲出城门,与援军配合夹攻秦军,秦军就算再不要命,也挡不住腹背受敌啊,顿时大败。

当然这种抢山头战胜敌人的战例,后来被一个有样学样的家伙给搞坏了,这人就是三国时期的马谡。他也把军队驻扎在山上,敌人一来就挥旗让他们往下冲,结果被敌将张郃断水断粮,惨遭失利。

其实马谡不是死读书,他是读书只读一半,他只读懂赵奢把部队部署在山顶上,敌人一来就往下冲,可是没有读到赵军还有阏与城这一支搞里外配合。他更不知道某些战例,只能在特殊情况下使用,而且第一次这样用了,第二次再用就得变花样了。

回到赵国这一边,赵奢成功打败了秦军,虽然这场战斗规模并不大,并不能影响大局,可毕竟是最近十年中赵军难得战胜秦军的一例。

所以,秦国暂时又停止了对赵国的攻击。

不过,秦国这一波攻击之所以停止,背后还有比输给赵奢更重要的原因(如果只是打不过赵奢,可以再派一路军接着打嘛),而这个原因,和秦王的娘亲有关。

回到两年前,即秦昭襄王三十五年(前272),渭河南边的章台宫,发生了一件奇葩的事件:一个男人,在这里忽然死亡。

死者不是秦人,也不是楚人,而是义渠人。

更奇特的是:杀死这个义渠人的凶手,就是这个章台宫的主人宣太后,也就是秦王赵稷的母亲。

最不可思议的是,宣太后还和这个义渠人生了两个儿子,当然这两个儿子在这场事件之后,同样遭遇被抹去一切记录的悲剧。

包括那个义渠男人,他甚至没有留下姓名,后人只知道他是义渠人的王。

七、权谋

33　可怜张禄　若非在秦翻身，他的人生就是悲剧

　　义渠人的王，《芈月传》的编剧，给他起名叫翟骊，《大秦帝国》则名曰义渠骇。当然不论是哪个名字，都只是虚构而已。

　　义渠人曾经和秦国长期作对，可是近二十年中，双方成为和平相处的典范，显然义渠王和宣太后相好这件事，起到了很好的作用。

　　也没必要去指摘什么，上古时代中国人在这方面还是比较开放的，尤其是儒家思想尚未渲染的秦国和楚国。

　　当然宣太后情感归情感，理智归理智，当时光推进至秦昭襄王三十五年（前272），宣太后意识到儿子赵稷已经长大——这一年他已经在位三十五年，年过半百了。

　　事实上，秦昭襄王赵稷对母亲很宽容，他不干涉母亲的私生活，他没有见过义渠王和那两个同母异父的弟弟——他当然知道他们的存在。

　　这一年，应该是宣太后和儿子赵稷作了一番沟通，对宣太后而言，那个义渠男人已经没用了（老了）；对赵稷而言，义渠人也不再如往日那般强大，现在的秦国，足以搞定他们了。

　　好！母子二人一拍板，义渠王和两个儿子，就被杀了。当然这样说貌似太无情了一些，似乎应该说，宣太后无奈之下，悲伤地杀死了义渠王（她曾经的男人），秦王则"悲伤"地杀死了两个同母异父弟弟。

　　而后，早有准备的秦国大军便两路包抄，将义渠部落包围，该杀

的杀,该俘虏的俘虏。于是,困扰秦国数百年之久的义渠问题,终于得到了彻底的解决。

但先搞掉这个永远都不可承认的后爹,其实只是赵稷摆脱母族束缚的第一步,然后目标便是舅舅穰侯魏冉。

干掉魏冉,赵稷也有充分的理由。因为这家伙,居然利用秦国的军队,为自己在东方开辟了两块独立的领地(穰和陶)——似乎在魏冉想来,舅舅替外甥辛苦那么多年,得两个邑作为养老福利,也不过分吧!

但恰恰是这一点,成为政敌攻击魏冉的最佳入口——当然,没有这个,其他罪状也一样足以搞定魏冉。

而这个政敌,就是来自魏国的张禄。

张禄,原名叫作范雎,是魏国中大夫须贾的舍人。某次,须贾出使齐国,遭遇齐王一顿羞辱,无言以对之际,正是范雎出来,一番言辞将齐王驳倒。事后齐王反而对范雎很欣赏,给他送来黄金、牛肉和酒,请他留在齐国做事,结果被范雎婉言谢绝了。而稍后范雎又把这件事完整地告知了须贾。

范雎犯了这样一个错误:他以为自己是立功了,是给主人挽回颜面,其实是逆了龙鳞、犯大错了。

为什么这样讲呢?因为在须贾这样的领导看来,他被齐王羞辱,这个不要紧(回国说齐王很恭顺,谁敢说不是),一切在于人怎么说。可是范雎跳出来问题可就大了——"你居然比我口才还好,你是不是觉得我委屈你了,大材小用了?哼哼,看我怎么搞死你!"

随后发生的一幕,便是须贾向魏王告发范雎,说此人居然敢勾结齐国,罪大恶极啊,属于里通外国的卖国贼——看见没有,他的忠君报国就变成了里通外国,要弄死他了!

接下来便是用板子抽、用荆条打,打折他的肋骨,打掉他的牙齿,然后用苇席裹了,扔在茅厕之中,再让众人轮番往他身上撒尿……

到这事后,范雎终于明白了(这时候千万不能再喊冤,因为再喊冤就真的没一点活路了），他从包裹自己的芦苇席向外张望，看见一名看守，于是对看守小声说：

"公能出我，我必厚谢公。"

就是这样，范雎得了看守的帮助，才得以逃得一条性命——随后他就在一个叫作郑安平的人帮助之下，藏匿在民间，改名换姓叫作张禄。

这个时候秦国派了外交官王稽到魏国来，通过郑安平的推荐，张禄便见到了王稽，并得到了他的认可。王稽决心带他入秦。

可是到了秦国，你以为会万事太平吗？张禄望见远处而来的盛大车骑，就问王稽这是谁，当获悉是权相魏冉时，他立刻作出判断：

吾闻穰侯专秦权，恶内诸侯客，此恐辱我，我宁且匿车中。

果然，魏冉虽然是秦国的外来客，却深为厌恶一切来自国外的说客——说客都是来求富贵的，而富贵这种东西，在魏冉看来，多一个别人，自己这边就少一份。

所以王稽与魏冉一会面，魏冉就问他有没有带外国人进来，特别是那种能说会道、自我感觉良好的外国读书人。王稽连说不敢，于是魏冉离去。

张禄逃过一难，可是事情能这么简单吗？他认为：

吾闻穰侯智士也，其见事迟。乡者疑车中有人，忘索之。

于是张禄立即下车行走（假扮成随车步行的普通随从），一直走了十多里路（天哪，五千多米啊），魏冉的骑兵来了，把车上仔仔细细搜查一遍，确实没有藏人，这才罢休。

张禄额头冒汗：好险啊！

（笔者少年时读书到此处，觉得张禄真是神机妙算，会不会是司马迁虚构？后来才明白，一切都是真的，坏人只会更坏，不会变好，这里没有半点文学虚构，只是笔者太天真而已。）

于是张禄来到秦都咸阳，可是这个时候的秦国，已经不是秦穆公、秦孝公那个时代的秦国，商鞅可以有千千万万，秦孝公却只有一个，张禄通过王稽请求见到秦王，秦王根本就不理这一茬，把他扔在简陋的客舍里，吃最粗劣的食物，足足冷落了一年多。

为什么秦昭襄王会如此无情呢？很简单，秦国这个时候已经很强大了，还需要你教他如何强大吗？如果你能教秦国强大，你为什么不去教齐国、魏国、赵国、楚国强大，而跑到秦国这里骗吃骗喝，以为秦国人傻吗？

而且魏冉、华阳君、泾阳君、高陵君这些人，带兵打仗，有军功、有封地，军功越大封地越多，他们为什么要把这个机会让给素不相识的张禄？

换句话说，到秦昭襄王这个时代，昔日向广大知识分子开放的海纳百川之门，实际上已经关上了，或者说"口头上说海纳百川，实际上却嘿嘿哈哈"。

所以张禄想要闯出一条路来，就必须出绝招，从别人意想不到的途径入手。

是的，张禄明白这一点。他决心向魏冉开战，因为魏冉既是阻挡他仕途的人，也是阻挡秦昭襄王成为真正王的人。

万幸的是，古代秦国尚存一条路径，那就是允许士大夫上疏，而且这类书信存在被秦王亲自阅览的可能——这种路径，随着时代的发展，从秦、汉、魏、晋到宋、元、明、清，其实是越来越窄了。

而张禄的这封信，中心思想其实就是这样一段话：

和氏璧是天下名璧，可是最初从土里挖出来的时候，最有名的工匠却说这只是一块普通石头。我是普通石头还是和氏璧，需要大王您的品鉴，而品鉴就要听我的一席话，但是这一席话，我不敢在书信里说出来，希望您能给一次机会，如果听了觉得没有意思，就请杀了我吧！

结果，秦昭襄王不仅看了这封信，而且看懂了信上文字隐含的意思。他心动了。

34　绨袍恩怨　张禄的复仇让人大呼痛快

秦昭襄王看懂了信上文字隐含的意思，这就向王稽表示歉意，并用专车去接张禄。

于是张禄进入秦王宫，一到宫廷门口，他就开始摆谱，假装不知道这是内宫的通道，直接就往里走。此时秦王正好出来，宦官就呵斥他，让他避开："大王来了！"

张禄正好要抢这样一个时机，立马开始嚷嚷："秦国哪里有王？秦国只有太后和穰侯罢了。"

事实上张禄这是在冒很大的风险，如果这时候太后或是穰侯正好出现了呢？又如果秦王暴怒，一下子把他拉出去砍了呢？

这两种可能，其实大于第三种。

第三种是啥呢？就是秦王听明白了，不但不发怒，反而上来迎接张禄，并向他道歉：

> 寡人宜以身受命久矣，会义渠之事急，寡人旦暮自请太后；今义渠之事已，寡人乃得受命。窃闵然不敏，敬执宾主之礼。

大概就是说，确实是寡人不好，寡人早就该向您请教了，之所以耽搁这么久，是因为需要处理义渠的紧急事务，早晚都要到太后那里请示。现在终于处理完毕，才有时间向您请教，哎呀，我这个人笨得很，向您行个礼！

呵呵，这一回张禄可是赚足了便宜，连秦昭襄王都向他道歉了——但从另一方面讲，秦昭襄王摆出这样的态势，以后自己可一定要像样才行啊!

这个时候左右都退下了,房间里只剩下秦王和张禄两人,秦王就向张禄施了一个长跪礼——这里要说明一下,当时中国人都是屈膝而坐,所谓长跪礼其实就是为了表示尊敬,伸直上半身,即古文里说的"引身而起"。如果再俯身向下,便是完整的跪拜礼。

秦王都行这么大礼了,张禄这个时候却摆谱了。秦王连续做了三个这样的动作,他都是"嗯嗯"而已。

老实说,秦王如果发怒叫人把张禄拉下去砍了,也不足为奇啊。可是最终他还是耐着性子,长跪着请张禄赐教。

于是张禄说话了:"其实我呢,真不敢劳大王您行这么隆重的礼!当年姜子牙遇到周文王的时候,不过是个渔夫,可是文王听完一席话,就请他做自己的太师,用车拉着他回宫。这是什么道理啊?不就是因为姜子牙的话,说到了周文王的心坎里吗!

"至于我,只不过是个流浪异乡的人,和大王以及满朝的权贵都没有什么交情,只不过我想说的,都是匡扶补正国君的大事罢了。

"可是我该怎么说呢?我的忠心是赤诚的,可是大王您是怎么想的呢?处在大王与大王的亲生骨肉之间,我很难开口,这就是大王连续三次询问我而我不敢回答的原因啊!

"现在啊,大王您,对上害怕太后,在下则被奸佞臣子迷惑,身在深宫内院,成日被那些近臣包围,该怎么做呢?反倒是小人我,不怕得罪那些人,却还能说几句大胆的话,做几件大胆的事。"

秦王一听,"哎哟,这话里有话啊,我的烦恼,岂不就是你所讲的这些吗?"他立刻表态:

> 事无小大,上及太后,下至大臣,愿先生悉以教寡人,无疑寡人也。

太后的事,在这个时候,张禄还真不敢说,那么就先说说穰侯:

"大王您已经在位三十几年了啊,可是还没有能够建立起吞并天下的霸业,为什么呢?不是您不行,是您的臣子不称职,也是您的策略有问题啊!"

接着,张禄就指出了问题的要害:现在秦国在穰侯的主持下,越过直接相邻的韩国、魏国,去攻打遥远的齐国,您不觉得这里有问题吗?齐国曾经攻打距离自己十分遥远的楚国,结果获利的是谁呢?是距离楚国近的韩国、魏国啊!

张禄说:您应该执行四个字,那就是——"远交近攻"。为什么远交?因为远处的诸侯国,国土和秦国不连接,不存在你死我活的竞争关系,所以可以交往。为什么必须近攻呢?因为近处的诸侯国,它的国土连着您的国土,拿下它一块土,您就多一分力量。

譬如说韩魏,这是天底下的中心地带,您要称霸,首先就要掌控这里。

其次是楚赵,这是南北两头的强硬对手,您该怎么做?谁更强一点,您就联合相对较弱的一方,对付强的那一方。等强的削弱了,您再联合变弱的一方,对付还维持一定强度的一方。如此一来,楚和赵就会慢慢削弱。

至于齐国,反倒是最好对付的,因为赵国、楚国都被搞定,齐国还能折腾出什么花样来呢?

没错,日后的历史形势,就是按照张禄这个套路来演变的。

于是,张禄被任命为客卿——秦国给外籍人士的官职,礼节上不算秦王的臣子,而算客人,故有此称,官位相当于卿,爵位左庶长。从此,张禄(范雎)开始剽悍的人生。可是你不妨想一想,张禄生活的时代,是列国争霸的时代,所以他在魏国遭了欺负,到秦国能挽回生机。那么在大一统的时代呢?若是遭遇同样的情况,他又能到哪里去寻找生机?恐怕只有参加农民起义一条生路可以走了吧。

魏国和韩国,这就倒霉了。当然,实际上在张禄之前,这两个诸侯国已经被反复捶打,可是那时节,秦国打完韩魏还会打楚赵齐,有时候还带着韩魏一起去打，所以这两个诸侯国，勉强还能得以喘息。

结果张禄的远交近攻战略一实施，魏国就遭遇了集中式打击。秦昭襄王三十九年（前268），攻克位于今河南省武陟县的怀邑。两年之后，再夺取位于今河南省温县的邢丘。

从实质上看，秦国打魏国是远交近攻的第一步，灭六国自然就要灭魏国，那么秦军逼近魏国，魏国当政的大老爷们，又该如何应对呢？

这个时候，"战国四公子"之一的信陵君无忌就登场了，他说：还有什么别的办法，难道人家要杀你，你还给人家送温暖？

但是主政的相邦魏齐对自己的国家没信心：打是肯定打不过，还是派个使者去求和，看看秦国有什么新索求。

大伙都觉得魏相邦英明，那么谁来充当这个使者呢？依旧是之前的那一位中大夫须贾。

好戏这就上演了。此时已经从客卿再进一步当上秦国相邦的张禄，这一天便收到了魏国的求和书，而且前来求和的使臣，就是昔日的仇人须贾。

这一刻，张禄想起了自己的真实名号，原本是范雎。

于是咸阳的客馆之前，便出现了一个身着破旧衣裳的人，须贾一看来人面目，岂不就是范雎？

你居然还没死啊……

是啊，托您的福，我还活着……

如今你在这里做什么呢？

给人家当差役吧。

哎呀！须贾这个时候却起了一点同情心，为什么呢？因为这个时候魏国快被秦国打趴下了，而如果魏国灭亡了，他这个中大夫的官职，不也就没了吗？届时他岂不是要和范雎"同是天涯沦落人"！

所以这个时候，须贾请范雎吃了一顿饭，还给他一件旧袍子，算是尚有一点情分吧。于是两人说起此次前来拜见秦国张相邦的事。须贾说:"怎么办呢?不知道你在秦国有没有跟张相爷认识的人?"范雎就一口答应,并且愿意借来一辆马车,当下就给须贾做车夫,把他拉到了相邦府前。到了目的地,范雎就让须贾在此等候,他进去通报一声。

结果须贾等了许久,都不见范雎出来,也没有人让他进去,于是须贾就问门卫:

"刚才那个范某怎么进去半天,还不出来?"

门卫瞪他一眼:什么范某,不知道不要乱说,他就是我们秦国的张相邦!

须贾顿时目瞪口呆,心中有万马奔腾。他此时还能做什么?就是脱衣服,光着膀子,双膝跪地,向眼前的相邦府拼命磕头。

门卫倒是奇怪了,您好歹也是异国的使臣,在这里玩什么行为艺术啊,也不敢多问,就向府内通报,说门外有个自称是魏国使臣的人,光着膀子在府门前拼命磕头。

这个时候,里面就出来几个人拎小鸡似的把须贾拎进大堂,扔在地上,一圈衣着华丽的侍从以老虎看死狗的表情围观着他,而大堂之上端坐在那里的,正是范雎,也就是此时的秦相张禄。

张禄说:今天我不杀你,因为一件绨袍,证明你龌龊的心胸背后,居然还保存一丝良心,为了这一点点良心,我就留你一条狗命!

当然,不杀他并不意味着就这么算了。随后张禄就请来各国的使臣,大家都坐在堂上,酒食很丰盛,唯独须贾坐在堂下,面前是一槽草豆掺拌的饲料,两个受过黥刑的犯人在两旁挟着须贾,像喂马一样喂须贾吃饲料。

所以不怪须贾多如牛毛,只恨张禄少。

眼看着须贾吃完饲料,张禄就丢给他一句话:

速斩魏齐头来!不然,且屠大梁。

消息传回魏国，魏国顿时议论纷纷：原来秦国如此强大，是因为有了咱魏国人范雎当他们的相，可惜咱们的上层瞎了眼，不识人才啊，从前冷落了公孙鞅，现在又得罪了范雎，报应啊报应。

魏齐立马就慌了，这还用得着说嘛，自己当年多嚣张啊，于是一转身就跑到了赵国。赵国平原君，素来与他关系不错。

平原君就是赵武灵王的儿子赵胜，说实话，他内心里也鄙视魏齐这类人。但是毕竟多年你来我往这个交情不能弃之不顾，所以就把魏齐给留下了。

结果没多久，张禄的信来了，说：平原君您的高义大名，我仰慕得很，现在请您到咸阳来，愿意和您一起十日之饮。

平原君能咋办呢？去有危险，不去更危险（秦国打过来拿啥挡？），所以就假装啥也不知道，若无其事地应邀出访，结果到了秦国，秦王就请他吃饭，说：

"从前周文王把吕尚当作自己的太公，齐桓公则把管仲当作自己的仲父，我呢，就把张丞相当作我的叔父。现在我的仇人在你那里，你也不用抵赖，要么把他的人头交出来，要么就把你交待在这里，而且我还要攻打你们赵国。"

消息传到赵国，赵王立刻发兵，就要包围平原君的府邸搜查。魏齐消息灵通，提前跑路，又找到了此时担任赵国相邦的虞卿。虞卿却很"仗义"，抛弃相印就带着魏齐又跑回了魏国，找到信陵君，希望能借路去楚国。

信陵君说："这个货啊，坏了我魏国的人才（逼迫范雎去了秦国，现在反过来打魏国），我为什么还要救这样的人？"

但是信陵君最后还是决定去接他，结果还没到呢，那个魏齐居然怒了——怒发冲冠，拿剑抹了自个的脖子。

最终，魏齐的首级被送到咸阳，平原君终于得以安全回国。至于那个虞卿，因为这件事丢了官位，再也没有别的国家愿意请他，他就只能蹲在家里爬格子，写《虞氏春秋》去了。

35　芈月真相　宣太后、她的丈夫以及两个情人

话说张禄的敌人，可不仅仅是魏齐，更强大的，是秦国的"楚系班底"。

老实说，以张禄一人的实力，想要扳倒上至宣太后，下至穰侯、华阳君、高陵君、泾阳君这一帮贵戚，几乎是不可能的。

可是加上秦昭襄王赵稷呢？

事实上，扳倒穰侯、华阳君、高陵君、泾阳君，让宣太后回到她应该待的位置上去，这才是赵稷心目中的理想状态。

问题是怎么扳倒、何时扳倒，尤其是老娘宣太后，怎样和平地让她放手。

正因为这一层顾虑，秦昭襄王赵稷沉吟到他在位第四十一年（前266），仍未行动。

最终还是张禄（此时已恢复原名范雎）的这样一句话，使他最终下了决心：

> 臣居山东时闻秦之有穰侯，不闻其有王也。然则权安得不倾，令安得从王出乎？臣窃为王恐，万世之后有秦国者，非王子孙也。

范雎的意思，您以为您不办穰侯，受害的只是您自己吗？不！权力就好像流水，一点点流入穰侯的池子，您池里的水就越来越少。您现在是王，都不能夺回权力，那将来您的儿孙怎么办？我恐怕万年之后的秦国，就不再是嬴姓赵氏，而是魏氏了！

啊呀！

秦昭襄王终于拍案而起，他要行动了，而行动的目标，就是老娘和老娘的班底。

不过实话实说,岁月不饶人,此时的宣太后,已经折腾不起了。

她的合法丈夫,已经死了四十一年。

她的婚外丈夫(义渠王),也已经死了六年。

她还要权力做什么呢?

所以一旦儿子和她摊牌,她就只能宣布自己隐退——实话实说,老太太不明智,隐退这种事,自己主动比较好,被儿子逼着被动隐退,有伤身心啊。

这时,她意识到大限已到。此时,她唯一挂念的,是她的第三个男人,这个男人叫作魏丑夫——但如果真的丑,为什么老太太会看中他呢?无论如何,老太太在死之前,颁布了一条命令:

"为我葬,必以魏子为殉。"

这可吓坏了丑夫,于是丑夫花钱请一个叫作庸芮的大臣给自己说话。庸芮找个机会进见老太太,问她:

"太后认为人死后还会有知觉吗?"

老太太说自己又不傻,人一死就一死百了了,哪里还有什么知觉。

"既然如此,太后为什么还要让自己生前所爱陪葬呢?"庸芮说,"如果人死后还有知觉,您该想想您的丈夫,也就是我们的先王,先王听说这件事,已经生气很久了,太后到了阴间,先要跟先王解释这件事都来不及,哪里还会有空搭理魏丑夫呢!"

呵呵,好吧,你说得对!

这个史载第一强势的太后,就在秦昭襄王四十二年(前265)十月过世了,葬于芷阳骊山。

而太后都这样了,更别提什么穰侯、高陵君、华阳君、泾阳君,统统被赶出咸阳,去自己的封地。而穰侯的封地可是在遥远的山东,秦国还是看他毕竟为国家操劳多年,特地派了牛车帮他拉东西,结果装了一千多车,后来出边关的时候,边关检查下来,说穰侯的宝贝,简直比秦王还多。

那么,魏冉做相邦,封为穰侯;现在范雎做相邦,是不是也该有个爵位呢？

是的，秦昭襄王想到了这一点，把应城封给他，所以范雎从这时起，又叫应侯。

这个应城，可不是今天湖北省的应城市（当时还属于楚国），而是在今天河南省鲁山县东部。

应侯范雎，自然要继续贯彻他此时远交近攻的国策，而此时近攻的目标，便是韩国。

韩国挨打多年，被秦这样的恶狼反复撕咬之后，老实说已经没有多少肉了。除了国都新郑之外，还有的国土便是今修武县以西、太行山与黄河之间的一块地，当时叫作南阳，坚持到嬴政十六年（前231）才献给秦国；成皋、荥阳，则在秦庄襄王元年（前249）被秦攻占；阳城、负黍，秦昭襄王五十一年（前256）被秦攻占。

秦昭襄王四十五年（前262），秦国猛烈攻击的，则是当时尚属于韩国的野王（今河南省沁阳市）。

而从野王向北，就是上党郡。

这里便要说一下上党郡。所谓上党，其实就是"地极高，与天为党"的意思，它的东边是太行山，西边则是太岳山和中条山，而由群山包围而成的一块高地，就是上党。今天的山西省长治市、晋城市及其辖县都在这块高地范围之内。

也正是因为地势险要，素有"得上党可望得中原"之说。秦国如果拿下这里，便有了向东吞并赵国的台阶。而韩国或是赵国若是能守住这里，诸侯国延续下去就尚存一线希望。

所以有些人说，如果赵国不贪图上党，就不会有长平之败，没有长平之败，赵国就不会灭亡——这简直就是胡嚼舌头。打个比方，上党这个地方就好比是一个台阶，邯郸在台阶之下，人家都站在台阶之上了，你若不去争，他从台阶上一跃而下，你便是死了。

白起已经攻下野王，随时都有可能北上。试问韩国的上党太守冯亭，又能拿什么来应付？孤军奋战，毫无疑问是死路一条，冯亭开始寻找帮手。而此时他的帮手，也只能是东边的赵国。

所以冯亭派使者前往邯郸，请求赵国接收上党。

赵国的王此时是赵孝成王，武灵王的孙子。要不要接受上党？他把这个问题丢给臣子们讨论。

最保险的回答，当然是不要。上党这样烫手的山芋，谁能接得了？

平原君却认为，应该接收上党，因为不论要不要上党，秦国都会进攻赵国。不接受上党，秦国就不打赵国了吗？不可能的。

既然不论如何秦国都会打你，如果赵国军队能及时进驻上党，赵国就等于多加了一道防线，而且这道防线是建立在山地之上，相对于平原而言，当然更加有用。

所以赵国的问题，不是要不要上党，而是该用多快速度进驻上党。

但是赵国行军，真的太慢了。当秦军由左庶长王龁带领攻陷上党城时，赵国的援军才刚刚抵达长平。

长平，在今天的山西省高平市西北。从上党郡所在地今长子县到高平市，大约七十三公里，而从邯郸市到长子县，大约二百公里，换句话说，赵国援军走了三分之二的路程，前方就传来了城破的消息。

赵国援军的主将，便是当年与蔺相如将相和的廉颇。

廉颇明白，接下来必然是一场恶战，来势汹汹的秦军，不可能就此罢休。而秦强赵弱，是谁都明白的事实，廉颇该如何抵抗呢？

就是逐级抵抗。

什么意思呢？

强敌来犯，最前面的第一支军队会战败，第二支也会战败，这样一来，强敌就会骄傲，认为对手不堪一击。

可是强敌不知道，最坚固的防守在丹河东岸，在这里，赵军依山傍水，可以利用天险，遏制秦军后续的所有攻击。

而只要守住了丹河，秦军就无法继续东进，只能撤退，而秦军撤退，不就是赵国的胜利吗？

所以事实就是：

第一仗，裨将赵茄被杀，赵军首败。

第二仗已经是两个月之后，秦军又杀死赵军四个都尉，夺取了二鄣城和光狼城，赵军继续败退。

三个月之后，秦军开始进攻赵军修筑的墙垒，又杀死两个都尉。

第四个月，双方的战场便推进到了丹河边。此后一直到赵括前来换岗，战线并无变化。

如果赵王不换帅，而是一直信任廉颇，廉颇显然就会在丹河边一直守下去，直到秦军退兵。

按照廉颇这个思路，赵国不会获得太大胜利，但至少能守住丹河防线。

这样的思路，你放在韩、赵、魏屡吃败仗的时代，真的很现实。但是邯郸城里这时骚动起来，赵王居然对廉颇不满，说这老家伙不行了，得换人。

这个其实很不合逻辑，不要说赵国，把韩、赵、魏、楚全部加起来，这十年中和秦国打仗，哪一次赢过？

既然从来就没赢过，为什么廉颇防守，赵王会认为他是错的？

事实上，秦军和赵军相持在丹河边，如果赵国能在这个时候发动韩、魏、齐、楚，或是出动多国部队来援助，或是攻击秦国的南部，令秦国陷入多线作战的境地，就算不能打败秦国，也至少能让秦王脑壳疼一小会儿，说不定他就下令左庶长王龁暂时撤退了。

所以关键其实还是在后方，就是这个时候，赵王犯了第一个严重错误，他没有向韩、魏、齐、楚求救，而是向秦国求和。

赵国的错误，恰好被秦国利用了。秦王既不答应求和，也不拒绝谈判，双方就在咸阳瞎扯，前线却在继续进攻，更重要的是，韩、魏、齐、楚都晓得赵国和秦国谈判了：既然你们都在谈了，那么我们还凑热闹干什么呢？

范雎这时又得意了：不要吵不要闹，赵国的丹河防线很难突破，因为廉颇在那里严防死守；可是搞定赵国，不一定非盯住廉颇不可啊，还有第二战场，那就是邯郸。秦军不能在长平打败廉颇，就在邯郸打败廉颇！

根据秦国间谍在邯郸收集来的情报，范雎获悉：赵国上层已经对廉颇不满了，可是苦于没有良将可以替代廉颇，所以赵王也没有动作。

那么秦国就要帮赵王找那个替代之人。范雎很快便从收集来的情报之中，发现了一个最佳人选，他便是赵括！

赵括，赵国名将赵奢的儿子。他的优点，是很擅长军事理论的研究，据说在沙盘上的推导，甚至能胜过老爹赵奢。

而他的弱点也很明显，就是军事实战经验缺乏，基本上没打过一次仗。

那么，历史上有没有从来不打仗，一上战场就大破敌人的所谓军事天才呢？

纵观史册，真的有。

不是诸葛亮，诸葛亮早年那些神话般的胜利，都来自说书先生的虚构。

东晋十六国时期，西北地区有个书生叫谢艾，从来没上过战场，可是敌军来犯，他被任命为大将，乘坐轻便的小马车，戴着白色便帽，击鼓前进，就真的打败了敌军，而且不止一次。

同样创造奇迹的，还有三国时期东吴的陆逊。他在火烧夷陵之前只打过一些小规模战，可是一朝被任命为大将，仗也打得有声有色。就连战斗经验丰富于陆逊千百倍的刘备，也被他打得几乎全军覆没。

所以如果说读书人就一定做不了大将，单有军事理论就一定转化不成战场实际的胜利，这显然是胡说八道。

关键在于，他的军事理论，是不是能与战场实际做到完美的结合，他的奇兵，是不是能克制敌人的要害。

长平之战，换掉廉颇，赵国也不一定就会败。

如果能换一个比廉颇更强的，换将也未尝不可。

还是要看赵括到底有没有真功夫，到底能不能把军事理论知识，完全转化为战场上的神机妙算。

36　纸上谈兵　赵括兵败而死，可是为什么白起随后也死了？

赵括，如今在网络上吹捧他、为他"平反"似乎蔚然流行。但那些故意吹捧他的人，往往只不过为了标新立异赚点流量而已。其实赵括是个什么样的人，蔺相如早在战前就已经有了定论：

"大王因为虚名就任用赵括领兵，这就好比是用胶粘死弦柱再去弹瑟那样不知变通。赵括这个人啊，能力仅限于熟读父亲的书籍，哪里会知道什么叫作随机应变呢？"

他的父亲赵奢，也这样说过：

"战争是关系全体将士生死存亡的大事，而括儿居然将它当作儿戏。将来赵国如果用他做大将，一定会使赵国元气大伤啊！"

连他的母亲都说："赵括一当上大将，就到处探访哪里的田地房产比较合适，看中就掏钱买入，这样的人，又有哪一点像他的父亲赵奢？"

为什么今天有些人，会觉得自己比蔺相如乃至赵括的父母更了解赵括的心思，替他鸣所谓的不平呢？又有谁，替长平之战死去的四十五万赵军鸣不平呢？

当然，在战争结局到来之前，就连秦国都不能肯定赵括是不是一个弱鸡。

万一他真的比父亲赵奢还厉害呢，那秦国岂不是搬起石头砸了自己的脚？

所以，秦国东征军团表面上的统帅依旧是王龁，实际上已经换成了杀神白起。而且保密工作做得非常有效，长平之战打到一半，赵括仍不知道和自己对阵的是何许人。

更让人讶异的是，在后方高谈阔论运兵当如何神出鬼没的赵括，一上真实战场的举动，居然是毫无策略可言地挥兵猛攻对手。什么胜战计、敌战计、攻战计，什么混战计、并战计、败战计，赵括其实什么计都没有使出来。

综合各种史料来看，赵括当上大将之后，唯一的动作就是"出兵击秦军"，既没有两翼包抄，也没有十面埋伏，就是大喝一声冲过去。

而秦军的反应，是四个字："佯败而走"。

赵括也不含糊，直接就追杀到秦军阵营前，于是秦军就依靠壁垒，坚决抵抗。

所以这个时候，是赵括猛攻，而秦军死守——只守，不出战。

读《三国演义》的同学其实可以看出来了，这哪里是智将赵括，简直就是张飞一般的智商啊。但凡有一点军事智商或是战场经验，就应该考虑：按力量对比，敌方大于我方，可是我方猛攻敌方营垒，敌方居然按兵不动，这是不是意味着另有企图？

都说赵括纸上谈兵，熟读兵书，难道他不读《孙子兵法》？孙子可是明明白白说过："善战者，致人而不致于人。能使敌人自至者，利之也。"

善于作战的人，他的厉害，就是在于能调动敌人而不是被别人调动。能使敌人自己来上钩的，是以小利引诱的结果。

赵括是调动了别人，还是被别人调动呢？

赵括是让别人上钩，还是自己上钩了呢？

显然是后者，如果真的熟读兵书，赵括为什么连这点最基本的兵法原理都不懂！

而就是这个时候，秦军两路兵，一路两万五千人，已经包抄了赵括的后路；另一路则是骑兵五千人，插入赵军与营垒之间。

当然，从全局看，还是要给赵括一点肯定，因为在面临秦军大包抄切割的走势之下，他居然能做到稳如泰山，就地筑起营垒，与秦军僵持。

秦军一时半会儿，也无法攻破赵括的临时营垒——这足以证明，赵括确实有两把刷子，并不是一无是处。如果不是任命他做大将，而是让他做一个副将、偏将，在战争实践中慢慢磨炼，未必不能成为他父亲那样的名将。

只可惜，现实并没有给他这个机会。

而且，秦国可是付出了十二分的努力，秦王在这个时候来到接近长平前线的河内，同时下令：

"赐民爵各一级，发年十五以上悉诣长平。"

大战之际，喊口号是假的，赐一级爵位那可是真的，秦王以此下令十五岁以上的秦国子民都去长平前线——这个可能夸张了，但大量兵力和民工被派去白起军营是可以肯定的。

也就是说，秦军这边升职加薪、调派增援，摆出了十足拼命的架势。

据史料，后来秦国王翦征楚之际，秦王嬴政交给他六十万大军，被认为是前所未有之巨大兵力，几乎是秦国的机动兵力全部出动。如此看来，白起这边能动用的最大兵力，不可能超过六十万，应该在五十万左右。

那么赵国呢？

廉颇起初带兵二十万，赵括替代他做主帅之际，又带来二十万，合计四十万，加上被战争席卷进来的一些上党本地兵民，总数可能接近四十五万。

所以长平之战的后半段，就是四十五万赵军被五十万秦军包围的战争。

老实说，秦军虽然将赵括包围，但真的要将其消灭，并不容易。诚如兵法所云："用兵之法，十则围之，五则攻之，倍则分之。"这也就是说，赵括并非没有翻盘的机会。

但是很可惜，他又犯了一个错误。在初期战局不顺利的情况之下，他采取了"筑壁坚守，以待救至"的策略。

天哪！赵国四十五万大军在他麾下，他还指望邯郸能派几个兵过来救自己？

事实上，一直到战事结束，邯郸都未能组织起成规模的增援，因为没办法，赵国还要北防燕，东防齐，内守邯郸，哪里来的援军给他？

赵括居然连这个情况都没搞清楚，可见他的数据工作搞得并不好。

而赵括不出战，秦兵就有机会加固包围圈，并将赵国运粮道切断。

所以真实的场面可能是，秦国并没有拿人数不超过五十万的军队来硬啃蛮干，而是挖战壕、拉封锁线，搞起了"围而不攻"。

足见以赵括的军事智商，短期进攻固然不行，长期防守也差口气——不做好粮食储备，不保障运输的安全，他拿什么来长期防守？

这就是他和廉颇的差距。廉颇进攻秦军也不行，可是他做好了长期防守的准备，并不慌张。

而赵括这边，被困四十多天之后，终于饿得憋不住了。于是挑选所谓的"锐卒"，也就是精锐敢死之士，赵括亲自带领，对秦军发起最后的突击。

结果，冲刺四五遍后，包括赵括在内，这些锐卒全部被秦军乱箭射杀。

这个时候，被困在包围圈内的四十万赵军士卒就想：

"哎呀，大将军都阵亡了，肯定是输了，输了我们就投降吧，好一点能放下武器回家抱孩子去，再差也就是被押去做苦役，终归比饿死好。"

这个想法至少在此之前，是成立的。因为古来战役，几乎没有杀降兵尤其是大规模杀降兵的例子，春秋时期，甚至连被俘的大将都会被放回去，如崤之战中秦国的孟明视。

白起虽然以杀人多闻名，可是在这一仗之前，死在他手上的数十万三晋与楚国士兵，也都是战场上伤亡的，并非战后滥杀降兵。

《史记》记载：白起担心赵国人反复无常，不全部杀掉，会成为后患。

同样，《史记》还记载了秦国人孟明视被晋国军队捉住又释放，结果成了晋国的后患。

这就好比说张三和李四打架，张三打不过李四，但李四打倒张三之后，总是将他放走。可是到后来，张三终于打败了李四，他会把李四放走吗？张三就说：李四反复无常，不杀掉会成为后患啊！

就是这么一个逻辑。

但是还有一个疑问：赵军多达四十万，难道这四十万人就如羔羊一般，任人宰杀？现代条件下，拥有枪炮原子弹的独裁者，确实能做到杀死数十万平民，但长平之战，可是冷兵器时代啊！当第一批赵军被杀死之际，其余旁观者真的不会反抗吗？目前推断，主流说法有三。

第一种说法，白起使用的是诈术，即先骗赵军说：没事哈，和以前一样，放下武器，就让你们回家。而后在夜深人静之际，全副武装的秦军，忽然将已经卸甲、手无寸铁的赵军包围，而后便是一场屠杀。

第二种说法，白起把赵国降兵分别安置在不同营垒，营垒之间，驻扎秦军加以隔绝。所以一个营垒的赵军被杀，其他营垒并不知晓。如此逐营屠杀，直至四十万人全部丧命。

第三种说法，则是挖一个大坑，将四十万赵国降兵束缚双手，然后一声喊，推入大坑，同时四周秦兵奋力挥铲，将他们活埋，这个便叫作坑杀！

详细情形到 21 世纪的今天，依然难以证实。但是从数据来看，赵军四十五万人，战场死亡数仅为五万，而秦军伤亡近二十万，难道全是战场所致？

会不会存在一个可能，秦军战场死亡数也不过数万，剩下的十几万伤亡，是坑杀赵军俘虏之际，赵军愤怒反扑的结果呢？

1995 年,在山西省高平市永录村发现了尸骨坑,出土了大量的尸骨和箭头、带钩等物件,其中一号坑中重垒交错的尸骨,有的胳膊大腿有明显断裂的痕迹(应该是刀伤),有的胸腔内遗有箭头,还有的仅见躯干而无头颅。

足以证明,长平杀俘事件中,赵国士兵绝不是不反抗的绵羊,临死拉个垫背的,或许就是此时最好的结局。

姑且存疑吧。

最终,只有二百四十名个子比较小、年纪比较轻的赵国士兵被释放回国。长平之战中,赵国参与者一共四十五万,五万死于战场,四十万死于白起的屠杀。

消息传出,"赵人大震"。

请注意,"大震"并不是说赵国人害怕了,失去抵抗勇气了,秦军可以将赵国一举消灭了。

当然,在长平之战后,秦军确实有很大优势,当时白起分兵三路,北路攻占太原,西路攻取皮牢,而东路则由白起亲自带领,猛打赵国都城邯郸。

这个节奏,明显就是要一口气吞掉赵国。

兔死狐悲。这个时候韩国醒悟过来,与赵国合谋,想了一个办法,就是拼凑出一笔重金,去游说秦国当权的大臣范雎,说赵国愿意割六座城,加上韩国也奉送一城,换取暂时的和平。

担当说客之人,便是苏秦的哥哥苏代。

苏代的说辞是:赵国快要灭亡了,谁是秦国的第一功臣呢?当然是白起啦,那么你范雎愿意向他低头吗?就算你愿意低头,他肯放过你吗?

范雎听懂了:白起是什么人?他是魏冉提拔起来的。而魏冉可是自己的仇人,一旦白起得势,自己还有好日子过吗?

于是范雎向秦王建议：不要逼赵国太甚，兔子急了还会咬人呢，反正我大秦吞灭六国已是大势所趋，让他们多活一年两年，又有什么关系呢？

秦王赵稷说"好"——其实秦王这么爽气，有一个潜在的因素就是长平大战，确实也大伤秦国的元气，就好像强手与强手搏命，输的被打残了倒在地上，可是胜者不也使尽了力气，得喘口气休息一下嘛！

结果，令秦王赵稷没想到的是，秦兵刚一撤退，赵国又牛了，拒绝割地了——似乎是原地打个滚，又恢复元气，能再打一仗了。

于是秦昭襄王四十八年（前259）年年底，秦国再次动兵伐赵。秦王的意思，还是让白起带兵，结果白起拒绝，理由是灭赵良机已然错失，赵国人发愤图强，已经活过来了。

没辙，秦王只能让五大夫王陵带兵出发，结果从秦昭襄王四十八年（前259）一直打到昭襄王四十九年（前258），邯郸纹丝不动。

秦王又劝白起：还是你战无不胜，你就再辛苦一趟吧！没想到白起再次拒绝，秦王让范雎去劝——更是遭了白眼：当初我说一口气拿下邯郸，谁出来阻拦的？

白起，你危险了！你一下子得罪了两个人，一个秦王，一个范相，这俩人你一个都得罪不起啊。

白起不干，最终出来带兵的是白起曾经的副手王龁。这个时候，楚国的黄歇、魏国大将晋鄙，都来救邯郸。晋鄙不敢与秦兵交手，迟疑之际，信陵君无忌出现，门客朱亥用四十斤的铁锤，砸碎了晋鄙的脑壳，于是多国部队一齐向邯郸进发。王龁围攻邯郸一年，不但毫无战绩，更陷入多国包围中。

此时秦王和范雎第三次来请白起出山，白起居然还是不肯，于是触怒赵稷：老子连自家老娘都逼死了，还会舍不得你？于是一声令下，白起就从排名第一的大将，一直降职到小兵，而且被打发到今天的甘肃省去，这显然就是流放了。结果，白起走到今天陕西省咸阳市的任家咀村时，秦王赐死的使者就来了。白起仰天长叹：

"我犯了什么罪，老天你要这样对我？"

他转念一想：哎呀，长平之战，赵国几十万人向我投降，结果我用欺骗的手段将他们活埋，"是足以死"。

于是秦昭襄王五十年（前257）十一月，一代战神白起死了。

37　谁当秦王　吕不韦：说到底这就是个钱的问题

白起的死，貌似是范雎的胜利。可是真的到了这一天，范雎心里又不踏实了。当年帮过范雎的郑安平，带兵两万去援助王龁，结果反遭赵军包围，他居然投降了——率领两万秦兵向诸侯投降，郑安平是史上很少有的例子。于是王龁只能解除对邯郸的包围，向西撤退。赵、楚、魏三国参与的邯郸保卫战，终于取得胜利。

郑安平是范雎的人，居然向赵国投降，这件事对范雎的打击，是空前的。而没多久，范雎的另一个恩人王稽，也被下属告发有私通诸侯的罪行，结果不容辩解，被斩首示众。

范雎的心颤抖了：这是要干啥啊，马上瞧我不顺眼了吗？秦昭襄王五十二年（前255），他终于辞去相邦一职，明面上是因为燕国人蔡泽的游说，实际上内心的害怕才是真相。而且尽管已经辞职回到自家的封地，他还是难以安心，就在同年病死——请注意，此前并没有任何信息透露他身体欠佳。

而范雎一死，秦国远交近攻的时代，也随即落下帷幕。新的剧情，便是毫不留情地扫灭六国、天下一统。

这个时候，如果回溯一下当年的商鞅变法，大家应该还记得"重农抑商"四个字。

如果拿秦国和当时的六国作比较，你会发现两者有极大的差异。秦国对商业，是真的全力打击，所以从秦孝公以来，很少能看到出名的秦商，更不存在哪个秦国人能把生意做到六国去。

秦国这样做，其实是简单粗暴的战时措施，说白了就是："秦国的一切都是为了打仗，老百姓如果发现做生意能赚钱，就不会安心种田，更不愿意为秦国侵略扩张廉价地付出性命。"

说得更直接一点，商鞅的核心思想，就是要让秦国的老百姓头脑简单、四肢发达，最好是吃很少的粮、干很多的活，还能动不动就为秦国付出生命，回报是很低廉的一个爵位——虽然低廉，却也有用，因为秦法严苛，一旦犯法，这个爵位就可以帮人保命。

但是发展到战国后期，商鞅的政策其实和秦国的现实，发生了很大的矛盾。

你想啊，扩军打仗，这不得花钱吗？一国之君缺钱的时候，看见腰缠万贯的商人，岂不是双眼发光？

不要说一国之君，秦国的公卿贵族，哪一个不喜欢钱？

所以商鞅变法，控制得了一时，控制不了永久。

战国时期，除了秦国之外，总体而言，对待商人，各国政府都是比较宽松的，当然最宽松的还是东方的齐国、卫国，中原的魏国、赵国则次之。如粮食、丝麻，是当时商人贩运的主要货品，其中又以齐国的高档织染刺绣品最有盈利空间，广受各国贵族欢迎，所以商人最喜欢卖的，就是这一类商品。

而商人一旦积累财富到了一定程度，就会大量购置田产，这是第二步。

现金充足、田产无数，那么第三步就是步入政界了。

历史上，做官往往成了最大的生意。中国数千年历史上，总是如此，只不过隐藏在华丽的外衣之下，不为人所知而已。

卫国商人吕不韦，正是这个思路的先行者。

首先要说，吕不韦不是爱国者。他是卫国人，可是从未想过要为卫国做什么。

当然这不能怪吕不韦，商鞅也是卫国人，吴起也是卫国人，可是他们都未能在卫国发迹，卫国也不可能给他们这个机会。

其次，吕不韦没有儒家的那一套大仁大义说教，他不是儒家，也不是法家，基本上他和大多数人一样，是个实用主义者，而这正是绝大多数商人的选择。

大概在秦昭襄王四十二年（前265），吕不韦在赵国邯郸，也就是当时北方的商业贸易中心，认识了一个寄居在此的秦国人，他便是赵异人。

赵异人不懂生意经，种地不行，做工也不行，更没啥文艺特长，以普通的衡量标准而论，简直就是个废物。

可是他有一个特殊身份：他的父亲，是秦国的安国君；他的爷爷，就是秦昭襄王赵稷。

但是如果没有吕不韦，这个身份一钱不值，因为安国君并不是秦昭襄王的嫡长子，赵异人也不是安国君的嫡长子，他的母亲夏姬也并没有得到安国君的特别宠爱——不存在任何加分条件。

也就是说，单单一个赵异人，一文不值（秦国自商鞅变法后，王的儿子除非得宠或是其他原因，并不能得到封地）。

可是吕不韦的本事，就是在一堆看似一文不值的残次品中，寻找出值得投资的标的物。

看见赵异人，吕不韦说了四个字："奇货可居。"

也就是说，别看赵异人现在没有什么特别，可是在吕不韦手里，他能将他变成"潜力股"，利润远超吕不韦之前的任何一笔生意。

为了确认这一点，吕不韦回家了一趟，问自己的老爹：

"种田的话，可以获得几倍的利润回报呢？"

老爹说："十倍。"

"倒卖珠宝玉石呢？"

"百倍。"

"那么如果投资在一个落魄的王孙身上,让他从不可能变为可能,最终成为一国的国君,能得几成回报呢?"

老爹说:"这个啊,回报不可限量。"

好了,吕不韦心中有数了,他这就回到邯郸,拿着各种礼物去拜访赵异人。赵异人觉得奇怪:为啥呀,咱俩有啥交集呢?

吕不韦说:"我来拜访您,是因为我要光大您的门庭。"

呵呵,赵异人笑了。他第一回听到有这种说法,反驳道:"你为什么不先光大自己的门庭,再来光大我的呢?"

吕不韦很直接:"只有先光大了您的门庭,我的门庭才能得以光大。"

话说到这里,赵异人再装傻,那就是真傻了。"那就聊聊。"

吕不韦先说第一层,那就是关于赵异人的爹安国君。本来安国君是没希望的,可是他哥,也就是原来的太子,在魏国做人质,死了。所以安国君此时已经成为秦国的太子,未来可能继承秦国的王位。

好,那么这件事,就有了一成的希望。

吕不韦再说第二层。安国君有几个儿子呢?他一共活了五十四年,却生了二十多个儿子。

所以即便机会均等,赵异人也只有不到二十分之一的可能立为嫡长子。

但事实上不可能机会均等,那个时候,安国君最喜欢的儿子是子傒,道理很简单,不讲什么立嫡以长,安国君就是宠爱子傒的娘亲。

"那么怎么办呢?"吕不韦说:"你没有希望做接班人,又身在这与秦国敌对的赵国,一旦哪天秦赵又开打,赵王一肚子火没地方发,先把你抓起来杀死祭旗,不是没有可能啊。"

这话虽不入耳,却是实情。赵异人说:"那么你说说,我该怎么办呢?"

吕不韦微笑:"这个就是我的价值所在!"

"你若不信我，就继续在赵国待下去。可是你若信我，我有办法让你回秦国去，"吕不韦说，"而且我还有信心，能助你继承王位。"

此言一出，赵异人惊呆了。

惊喜，就有这么大！

吕不韦再说第三层。他简单描述了一下自己的运作计划，核心就是一个女人，即华阳夫人。华阳夫人的受宠程度，更甚于子傒的娘亲，只是华阳夫人不能生而已，而这个，就是赵异人唯一的机会！

吕不韦说："咱们现在有两个条件，一是你的王孙身份，二是我有钱啊。单是其中一个条件都不足以成事，可若是把两个条件组合起来，呵呵……"

话说到这个地步，赵异人就算是傻子也明白了，那就是吕不韦拿钱去秦国打通上下关节，收买相关人等，重点就是华阳夫人，让安国君立赵异人做接班人。

但是这个计划，能成吗？

吕不韦不语，显然这是要赵异人表态了。他立即叩头拜谢：

"必如君策，请得分秦国与君共之。"

好！吕不韦这就开始砸钱。

第一个五百金，是给赵异人做自我包装的费用："你是秦国的公子，不能这么落魄，得嚣张、得大方、得豪奢！"

第二个五百金，是吕不韦到秦国去的公关费用。当然，华阳夫人毕竟在宫闱，岂是一个生意人能随便见的？吕不韦的拜访对象，是华阳夫人的弟弟阳泉君。

顺便在这里说一句，华阳夫人和阳泉君，都是楚国人，而且是楚国的王族身份——芈姓熊氏。

阳泉君当然不会轻易见人，可是如果一个来自赵国的商人，屡次送上厚礼，他若是坚持不见，岂不是要把礼物全部退还？

所以阳泉君还是见了吕不韦，而一见面双方自然要说几句话。按常理吕不韦应该拍他几句马屁，可他偏偏不走寻常路，一上来就吓唬阳泉君：

"君之罪至死，君知之乎？"

你犯下了死罪，自己还不知晓吗？

阳泉君当然会发怒。可是发怒之余，他想：我毕竟是楚国人，只不过凭借姐姐的受宠才得到这个封君的地位，朝堂之上那么多人嫉妒我仇视我，说不定在暗地里谋算着要害我呢。

于是他就让吕不韦说下去，而这一来吕不韦便知道自己说对路了，这就开始滔滔不绝：

"您现在位居高位，府上珍珠宝玉、骏马豪车、美女如云，可是您有没有想过，您一切富贵的源头，只是因为大王宠爱您的姐姐。可是大王春秋已高，您难道就不为将来做打算吗？"

一语惊醒梦中人，阳泉君说"对啊"，赶紧"避席"，请吕不韦说下去。

吕不韦说："关键就在于您的姐姐没有生儿子，可是没有亲生儿子，难道就不能领养一个吗？现在邯郸做人质的异人，他是大王的儿子，却没有一个照顾他的母亲。那么问题不就简单了吗？异人没有母亲，您姐姐却没有儿子，请君居中引荐一下，让您的姐姐认异人做自己的儿子，这样一来，异人不再孤苦伶仃，而您的姐姐也有了自己的儿子，将来王位更替，还会有什么损失？只会更发达呀！"

于是阳泉君把这话带给自己的姐姐，吕不韦在这边又拼命送礼，让阳泉君姐弟俩身边的每一个人都只会说异人如何贤德——其实异人是不是真的贤德，又关他们什么事？大家认的都是钱、是势力，给足了钱，异人当然就贤德。

所以最终传到华阳夫人耳朵里的，都是异人如何如何"文武全才"、如何如何"英明睿智"，"更重要的是还很爱戴秦王和您，尤其是把您看成生母一样，每天都在赵国思念"……

再加上华阳夫人的弟弟阳泉君，又把吕不韦的话带到姐姐那里，华阳夫人就更是深信不疑了。女人啊，凭借自己的青春美色赢得秦王的爱，可是青春终究会流逝，美色也总会衰老，得趁现在秦王还爱恋自己，为将来做好准备，这话可真是千真万确啊！

吕不韦搞定了咸阳这帮人，掉转马头就奔向邯郸。这个时候赵异人还是邯郸的人质，万一赵王觉得奇货可居，把他扣下，吕不韦岂不是前功尽弃？

38 吕氏秦国 一个生意人将五百年东周彻底推倒（上）

所以吕不韦又送钱献宝，打通邯郸的达官贵人——当然这个其实比他在秦国要简单许多，因为之前他在赵国做了多年生意——官场和生意场，自古以来常常是相通的。他这就通过这些贵人，向赵王传递了这样一个信息：

"秦国安置在赵国的人质，是秦王最宠爱的儿子，很可能成为未来的秦王。现在赵国战场上打不过秦国，难道还要得罪未来的秦王吗？倒不如奉上厚礼，客客气气送他回秦国，这样，日后秦赵之间不就好说话了嘛！"

赵王收到信息，真的就开始善待赵异人，准备要送他回国了。

这个时候，吕不韦的后院却出了情况：这个干啥啥不会的赵异人，居然看中了吕不韦一个善舞的美丽姬妾。

换句话说，也就是他的女人。

而且，这个女人，当时已经怀了吕不韦的孩子。

赵异人跟吕不韦说："请把这个舞姬送给我。"

吕不韦据说当时就怒了："什么意思？老子在前方拼命尽力给你奔前程，你小子倒好，居然在我家里搞上了老子的女人！"

但是吕不韦冲动过后冷静下来觉得为难呀，因为之前已经做了那么多事，如果现在和赵异人翻脸，岂不是一切努力都付诸东流？

于是吕不韦对自己说：算了，不就是一个舞姬吗？天下漂亮女人多的是，有了权力，这些都不是个事！

最终，吕不韦很大方地把这名舞姬送给了赵异人。而不久以后，这个舞姬就给异人生下了一个儿子，他便是赵政，即后世史书所称的嬴政[①]！

也因为这个，另一个说法就是：吕不韦其实有阴谋，他是故意让这个舞姬去勾引赵异人。因为当时这个舞姬已经怀上了吕不韦的孩子，吕不韦就想，如果赵异人娶了舞姬，生下孩子，必然会把这个孩子当作自己的。

哈哈，那岂不是吕不韦把自己的孩子，通过这样的鱼目混珠，混入了秦国的王室血脉？

所以民间有一种传闻，嬴政其实是吕不韦的儿子，该叫吕政才对。

另，吕不韦的这个舞姬，后人管她叫作赵姬，于是便产生了一个新的问题：赵异人是嬴姓赵氏，他能再娶一个姓赵的女子做夫人吗？

这个问题，笔者可以给你果断的回答：不可能！古语有云："同姓不蕃。"民间娶不到老婆的穷人可能会无所谓，但王族这个阶层的，怎么可能娶与自己同一姓的女子？

又有人说：这个赵姬不是普通人，她是赵国贵族的女儿。

这就更加荒唐了，吕不韦一个商人而已，不要说根本娶不到赵国的国姓贵族之女，就是万幸娶到了，那毫无疑问就是夫人，怎么可能会是区区一个舞姬？

至少有一点可以肯定的，就是包括《史记》在内的各类历史记载，都没有记载她姓什么，但是不可能姓赵，更不可能是赵国的公主或是

---

① 正史中称始皇帝为赵政。如《史记·秦始皇本纪》："秦始皇帝者，秦庄襄王子也……以秦昭王四十八年正月生于邯郸。及生，名为政，姓赵氏。年十三岁，庄襄王死，政代立为秦王。"后世史书多称"嬴政"，实际称"赵政"更符合史实。

贵族之女。司马迁的《史记》，说她是"赵豪家女也"，显然是"赵国某土豪的女儿"，而不是"赵姓土豪的女儿"。后来有人开始把她叫作赵姬，应该是指"来自赵国的舞姬"这样一个意思，就跟今天我们说的什么"吉卜赛女郎""米脂婆姨"其实是一个说法。

这个时候，赵异人还不能带着老婆儿子一起回国，甚至因为秦赵大战不断，赵国一度打算杀死人质赵异人，最终还是吕不韦拿出六百金，买通了守城官吏，两人逃到秦军这边，这才得以归国。

而赵异人归国之后，他的老婆儿子就成了赵国手上的筹码，也正因为有筹码的价值，赵国到最后也没有杀掉这娘俩。

那么我们就先说赵异人和吕不韦一干人等，回到了秦都咸阳后的作为。

在拜见华阳夫人的时候，吕不韦又特意提醒赵异人，要穿楚国风格的服装。

呵呵，这个就叫作细致入微——华阳夫人是楚国的女儿，虽然在秦国多年，可是她喜欢的还是楚国的饮食、服饰文化，所以异人穿楚服前来，她就心花怒放了。

"哎呀，我是楚人啊！"

一高兴，她就真的认异人做自己的儿子，而且给他改名字，就叫作"子楚"！

不得不说，赵子楚这个名字，显然比赵异人来得高大上许多。

而华阳夫人认了儿子，老爹那边的工作就好做许多了。果然没多久，安国君就立赵子楚为自己的继承人。之后的情势，便简单了。秦昭襄王死后，安国君继承王位，赵子楚成为太子，而滞留在邯郸的嬴政和娘亲，也被赵国客客气气地送回咸阳。

结果三天之后，新的秦王就卒了，谥号为孝文王。而赵子楚，就这样坐上宝座，成为秦庄襄王。

这里我们要放慢一点节奏，理一下线索。因为我们讲述这些事，好像很迅速，可事实上，嬴政从出生到去咸阳，整整在赵国待了八年，这八年中，他既没有见过父亲赵子楚，也没有见过可能的生父吕不韦。据说，倒是见过燕国的太子丹——当时他也在赵国做人质，与年幼的嬴政有缘相识，处得还不错，算是知己了。

而这个时候，在邯郸街头奔逐游玩的两个小孩子，又怎么会想到若干年后，他们会成为敌人，甚至发下毒誓非要将对方置于死地不可呢！

不过，在王位更替频繁的同时，秦国的军事威力，却没有大幅度下降，因为在秦昭襄王的晚期，又有一个齐国人来到秦国，他便是蒙骜。

齐国人在春秋晚期到战国时期，以远超其余六国人的智谋而闻名，如孙武、孙膑、司马穰苴都是超越那个时代的军事大家——这里要说的是，二孙、司马以及后世三国东吴的陆逊都是田家分解出来的支脉后裔，这个庞大家族在很长时期内都以智谋闻名于世。

而这个叫作蒙骜的齐国人，在秦国也以他的军事才能著称。秦庄襄王元年（前249），就是由他担任主将，秦军连续攻下韩国多城，最终迫使韩国割让中原地区最为险要的成皋之地，也就是后来的虎牢关（今河南省荥阳市汜水镇西北）所在地。

随后，蒙骜又攻下了赵国的太原、榆次，以及魏国的高都（今山西省晋城市）等三十多座城池。可以这么说，尽管秦庄襄王在位时间并不长，可是赵、韩、魏的元气，已经在这个时候损失殆尽。

唯一的回光返照，是秦庄襄王在位的最后一年，魏国的信陵君魏无忌组织起燕、赵、韩、楚、魏五国联军，在黄河以南击退了蒙骜，但也就仅此而已。

秦庄襄王三年（前247），当十三岁的嬴政登上王位之际，统一天下，其实已经是无法改变的潮流了。

嬴政所要做的，只是把已经被打残的五国和一个只顾自己的齐国，陆续清扫干净而已。

相对于秦孝公、秦惠文王、秦昭襄王这些先辈，他的贡献，老实说，只是扫尾而已。

当然，扫尾也不简单，嬴政足足花了二十六年，才做完这件事。而后，他又做了十一年始皇帝，打造起一整套制御天下的权力体系。

这三十七年，可以分为三个阶段。

嬴政登上秦国的王位，是在公元前247年，到秦王政十年（前237）罢免吕不韦，这十年间，他其实就是一个虚君。真正掌握秦国的人，是吕不韦。所以这十年，不妨称之为吕不韦时期。

此后十六年，即秦王政十一年（前236）至始皇帝元年（前221）则是他真正履行秦王职责、挥师灭六国的时期，不妨称之为秦王时期。

而始皇帝元年（前221）他登上帝位，一直到秦始皇嬴政三十七年（前210）沙丘之死，又有十一年，是他做秦朝皇帝的岁月，即称之为始皇帝时期。

先来说吕不韦时期。从秦庄襄王时代起，吕不韦便担任秦国的丞相（嬴政即位后，尊他为相邦，号"仲父"），这个职位也就相当于秦国的大管家，一人之下、万人之上，说的便是他。同时，他被封为文信侯。

吕不韦上台之后，做的第一件事便是彻底葬送了东周王室。存在了五百一十五年的东周，此时尚存一个东周君。面对秦国的疯狂东侵与杀戮，他居然一下子从植物人状态振作起来，与各路诸侯联络，试图打造一个新版的反秦联盟。

但这如果属实，其实也全在秦人的视线之下。还有可能，是东周君完全没有反抗的勇气，吕不韦随便编排这么一段"情节"作为借口，因为事实便是吕不韦带着秦兵打进洛阳，将东周最后的七个邑"河南、洛阳、榖城、平阴、偃师、巩、缑氏"，全部收入囊中。维持了五百多年的东周，终于彻底消失。

当然以东周那点人力物力，本身就不可能做什么，之前秦王不灭它，也不是有多么仁慈，只不过多少还存一丝颜面罢了。

但是吕不韦只是一个商人，他不是周王朝的公卿大夫出身，和这一套体制本身就没有任何牵挂，所以灭了，也就灭了而已。在他看来，秦灭周，和秦灭蜀，没有任何差别。

而灭周之后，吕不韦就毫不客气地把河南这么一个商业繁荣的天下正中之地及其十万户人口划入自家名下，这些地方成了他的封地。

但是吕不韦的这个封爵，其实和商鞅的商君是不一样的。商鞅那个时代，商地是实封，也就是那块地真的归商鞅了，封地上的百姓、粮米、财税，都是商鞅的，甚至商鞅还可以征募军队。但吕不韦此时，河南邑的土地，其实还是秦国的，他只是享受这个地方的粮米财税收入而已。文信侯这个爵位，实质上和张仪的武信君差不多，只是爵位上，侯比君更高而已。

所以到最后，吕不韦遭遇不测之际，他是不可能像商鞅那样组织武装力量进行反抗的。

吕不韦做的第二件事，是打垮信陵君魏无忌。

但是这个"打垮"，不是依赖秦军所谓天下无敌的威势来打垮的。事实上，在秦庄襄王三年（前247）左右，尽管秦国已经控制了今河南省至少一半的土地，可是信陵君魏无忌，依旧能组织起五国联军（第四次反秦同盟），将秦军打得落花流水，一直追逐到今河南省的灵宝市，也就是函谷关下。

那么吕不韦如何打垮信陵君呢？无非也就是用钱这个远比刀枪剑戟厉害的武器。据说秦国花了高达万金的财政预算，用于支付给魏国那些战场上只会丢盔弃甲的大员们，然后由他们找来晋鄙的门客（晋鄙被信陵君的门客用大锤砸死），在魏王面前说尽信陵君的坏话，于是最终，就凭借着这一霸王招数，成功解除了魏无忌的统帅职位。

最终，魏无忌在秦王政四年（前243）死去。

于是曾经的战国第一霸魏国，现在就好像一只没有刺的刺猬，蜷缩在今河南省东部，等待秦国的最后一刀加以宰杀。

39　吕氏秦国　一个生意人将五百年东周彻底推倒（下）

吕不韦做的第三件事，则与韩国有关。

此时，已经是秦王嬴政的时代，只不过嬴政还是个毛孩子，所有权力都握在吕不韦手里。

这一日，吕不韦便接到报告，说是韩国主管水利事务的官员郑国（姓郑名国）前来投奔，并献上一张工程设计图纸，说是如果把泾水向东引，与北洛水相贯通，秦国的粮食产量就能大幅提升，而要做成这件事，只需挖一道渠而已。

具体来讲，就是从今天陕西省的泾阳县西北，引泾水向西到瓠口，然后利用这里西北高、东南低的地势特点，沿北山南麓引水向东延伸，注入北洛水。泾水，含有大量有机物，用来灌溉秦国的土地，就能降低耕土层中的盐碱含量，也就是改良了土壤，粮食产量因此就能提高。

吕不韦觉得这事可以做，虽然会临时征用大量民工，不免影响前线战事，可是前线暂时少一些兵，少打几场仗，少占几座城池，貌似有点吃亏，可是后方多一些民工，把这条渠挖好了，粮食就能增产，前方军队的补给就不再会有问题。这样的大好事，傻子才会拒绝呢。

当然后来，吕不韦发现这居然是韩国的一项阴谋，阴谋的目的就是让秦国人忙着修渠，就没工夫侵略韩国。

我的天哪！当工程进行到一半，郑国的"特工"身份暴露，吕不韦想不明白了：韩国当局你的智商得有多低啊，我要进攻你、灭亡你，你还派个特工来帮我修渠，仅仅是为了多活几年？

没错，郑国也这样认为，他跟吕不韦和秦王嬴政说：

"始，臣为间，然渠成，变秦之利也。"

嬴政此时还是一个十几岁的小屁孩，不懂。

吕不韦可是懂得很，一声令下，工程继续，渠成之日，果然恩泽关中——至今，陕西省仍有一个郑国广场，广场上有郑国的雕塑。老百姓心里有杆秤，白起再厉害，他的功劳无非就是杀了多少多少人；郑国虽然是个间谍，他的功劳却是养活了关中多少多少人。

吕不韦做的第四件事，是打败楚国春申君组织的第五次反秦同盟。

秦王政六年（前241），楚国和赵、韩、魏、卫组成五国反秦同盟，嚷嚷着又要杀向函谷关，盟主是楚国的考烈王，结果秦军一出关，五国联军便作鸟兽散——春申君黄歇因为这件事，威望暴跌。

吕不韦做的第五件事，则与一个女人有关。昔日送给秦王的舞姬，又回到了他的怀抱，不过快活了几年之后，吕不韦却害怕起来。一是年纪一点点大了，他有些力不从心了，应付不了王太后的热情似火；二是嬴政长大了，虽然吕不韦觉得他有可能是自己的儿子吕政，可是在这样的情势之下，谁能确认？谁又敢确认？而既然吕不韦做不到跟嬴政说"大王，其实你是我的儿"，他就要为自己的将来作一番打算，至少应该退出后宫，结束与王太后的亲密关系。

然而，怎么办呢？要说吕不韦也真是动了不少歪脑筋，最后的办法，居然是找了一个据说男性功能超强的嫪毐，拔掉胡须而未履行阉割"手续"，就送进了后宫。

后来，嫪毐因为深得太后的欢心，居然也得了一个侯爵——长信侯，封地在今天山西省的省会太原市（太原一度被改名叫作毐国）。而嫪毐既然有了封地，便招募了一千多个门客。朝堂之上，很多事甚至吕不韦说了不算、秦王说了不算，嫪毐却能一字千金。

但是，嫪毐也担心：万一嬴政长大，发现了自己和他母亲的特殊关系，发飙砍人怎么办？

这种事，在秦国历史上有个前例，就是秦昭襄王的娘亲芈八子，当年也和义渠王双宿双飞生下了两个儿子，结局如何呢？

所以嫪毐决心先下手为强，他的计划，是哄骗太后，说：秦王是你的儿子，我和你生的两个难道不是你的儿子？嬴政能做秦王，我们的儿子为什么不能做呢？

最后达成一致：如果嬴政死了，就让他的弟弟（嫪毐的儿子）继承王位。

当然这事没有发生，因为随即就有人告密，而这个时候，嬴政已经二十二岁了。

正值成人期的嬴政，在人生最关键的时刻，遭遇了母亲的背叛，而秦国的两个大佬："仲父"吕不韦居然自我感觉良好，俨然嬴政的亲生父亲一般；更可耻的自然是嫪毐，居然直接以嬴政的"假父"自居。

愤怒、郁闷、焦虑、仇恨……

可以想象，一方面，这样的情绪在嬴政身上持续了很久，他成为始皇帝后的残暴、独裁，岂不就是这种情绪的升级版本？

嬴政当时心里可能在想：我是秦王，你们这些人（吕不韦、嫪毐）居然敢小瞧我、鄙视我，信不信我把你们全部送上断头台？

而另一方面，嬴政无疑认为，自己是秦王却遭受无视，关键原因在于权力并不在王手里，而在臣手里。

事实上，这种秦王束手、把国事交给有能力的大臣来处理的传统，自秦孝公以来，已经持续了很久。实际上在秦孝公之前，也是如此。

这就好像现在许多国家通行的二元首脑体制：一个是至高无上的君主，不容怀疑但是手里没有实权；另一个则是手握实权、处理政务的丞相或宰相，现代一般叫作首相或是总理。

这个制度本身并没有错，相反非常优越：既保证了最高权力的稳定，又能防止政事处理错误之后出现"执政者死不认错，于是矛盾激烈，最终演化为农民起义或内战，王朝覆亡"这样的情况，丞相或宰相虽然权力很大，却可以随时换掉，不存在几十年一人独裁执政的可能。

秦国之前就是这么做的，所以无论是商鞅，还是张仪、魏冉、范雎，能力再强，也无法形成长期独裁的局面。而秦王是否英明智睿，很大程度上也和秦国是否强大没有直接联系。甚至秦王可以是一个智障者，都不影响秦灭六国。

可惜的是：因为母亲和吕不韦、嫪毐厘不清的纠葛，嬴政明显对这种体制的合理性产生了怀疑。

换句话说，专制、集权的政治苗头，这个时候已经隐约出现在年轻的嬴政身上。

当嫪毐带着一大拨乌合之众杀向秦王所在的雍城蕲年宫（嬴政举行冠礼的地方）之际，已经有五千精兵在此等候多时，指挥官是秦国的楚系招牌人物之一昌平君，也就是此时的相邦。

结果就是嫪毐被生擒，被处以最残酷的车裂之刑。而他和王太后所生的两个儿子，也被毫不留情地活活摔死。

至于老娘，被关进雍城的萯阳宫——之后的剧情，便和春秋时期郑庄公和他娘武姜的故事如出一辙：起初是儿子发怒，发誓永不相见；中间经人百般说和，在嬴政这边就是一个叫作茅焦的齐国人；最终是母子恢复亲情。嬴政的娘，死于秦王政十九年（前228）——秦国史书，或许由于这些，没有记载这个女子姓甚名谁，直到汉朝的史书人称她为赵姬，意思就是"赵国来的姑娘"，再往后，就慢慢被一些读书不仔细的作者附会成了"姓赵的姑娘"。

怎么可能啊！一个"嬴姓赵氏"的古代男人，再浑也不可能娶一个同一姓氏的女子做合法妻子啊。

接下来，吕不韦就成了唯一的幸存者。

尽管他没有站在嫪毐一边，可是嬴政一样要干掉他。哪怕是吕不韦愿意放弃权力，回自己的封地做一个富翁终老，也不被允许——一年多后，吕不韦在河南封地接到了秦王的信：

七、权谋　209

君何功于秦？秦封君河南，食十万户。君何亲于秦？号称仲父。其与家属徙处蜀！

吕不韦心里说：你这不是忘恩负义吗？没有我，你爹就当不上秦王，你爹都没机会的话，还有你什么事？你还问我何亲于秦，我就是你亲爹，怎么样！你要杀亲爹啊……

最后，他被迫服毒自杀，对外公布的遗言很简单：
"我对不起国家，我对不起民众，我在这里，结束了自己罪恶的一生。"

当然，如果以客观第三者的角度，其实吕不韦并没有做错什么，你说他和嬴政娘亲有染这算错吗？她本来就是吕不韦的女人。

只能这么说，吕不韦一开始把政治当作生意来玩，这个出发点就错了，生意归生意，政治归政治，不要以为他在嬴政身上投资了那么多，嬴政就会永远善待他。

对于权力而言，钱算什么呢！生父又算什么！

至于嬴政，我们说，他的冷血程度，恐怕也是秦穆公以来最大的。吕不韦已经让出女人（把赵姬让给了嫪毐），让出权力（辞去相位，将政权交给了嬴政），让出政治舞台，退居河南做一个富家翁而已，他手上既没有兵，本身也不具备军事方面的能力，更没啥政治号召力，何必一定要逼他到死路上呢？秦惠文王当年杀商鞅，是因为商鞅和他有私人恩怨，可是嬴政杀吕不韦，试问吕不韦又和他有什么私人恩怨？

卫国人吕不韦，就这样死了。正如已死的魏国人范雎、楚国人魏冉、魏国人张仪、卫国人公孙鞅一样，他们都为秦国的崛起奉献了自己的一生，而结局都有一点点惨。

有一个楚国人，复制了上述各位的道路，也到秦国来混碗饭吃，而他的结局，会是诸位中最惨的一个。

他便是李斯。

八、皇帝

40　相生相克？　法家巨子韩非死在以法治国的秦

李斯并不是刚到秦国，在此之前他其实已经混迹于秦国官场，拿着客卿的薪水。

当然这得感谢吕不韦，吕不韦是李斯的第一个伯乐，正是吕不韦的推荐，他才得以见到嬴政。

之前，李斯已经向嬴政提出了秦国之后攻略天下的重点问题。

成就大事，除了努力之外，更需要抓住机遇。当年秦穆公为什么只能在西方称霸？只因时机尚未成熟，中原的诸侯实力还很强，周天子也没有完全衰落。

可是现在不一样啊，秦国强大，已经足以像扫除灶上的烟尘一样扫平其他诸侯。可是啊，如果秦王放松了警惕，甚至懈怠不理政事的话，一旦六国之中再出现一个贤明的君主，发挥强大的影响力，组织诸侯联合抗秦的话，纵然出现像黄帝一样有能力的秦王，也没办法吞并他们啊！

所以李斯的重点其实就是一个字："快！"六国现在是几百年中最弱的时候，秦国则是几百年中最强的时候，一定要抓住这个最好的时机，搞定六国！

当然这仅仅是分析大局而已，具体该怎么做呢？李斯也有他的计划，就是派很多说客到东方去，收买各国掌权的臣属，他们爱钱就给钱，爱女人就给女人……总之，一定要为秦国说话，为秦国做事。

可若是有的臣属大义凛然、油盐不进，怎么办呢？

李斯说，那也很简单，让那些接受了钱和女人的官僚们去排挤他、压垮他，如果这还不行，就派刺客过去，用利剑把他们杀掉。

而搞烂了一个国家的官僚阶层，也就意味着这个国家已经病入膏肓，这样的国家，就好似一堵烂墙，轻轻一推，它就倒了！

秦王嬴政一听，此话有理啊！

到吕不韦掉脑袋之前，李斯已经一步步从郎官（办事员）做到了长史（秘书长），一直做到客卿（部长）。

万万没想到的是，吕不韦和嫪毐这一堆烂事出来，加上郑国渠事件，倒霉的人便不只吕不韦和嫪毐的门客，而是扩大到所有外籍政客。李斯是楚国人，自然也在这个范围之内。

所以李斯就这样被剥掉了官服，被一脚踹出了咸阳。在离开咸阳向东而去的路上，李斯这个委屈啊，于是他给秦王嬴政写了一封信：

"冤枉啊！我不是秦国本地人，可是秦国今日能有这么富强，不正是靠了外来人才的相助吗？当年秦穆公从西部地区引进了由余，从楚国引进了百里奚，从宋国引进了蹇叔，这些优质人才都是外来的啊，秦国就是因为有了他们才实现了最初的崛起。而后来秦国又任用商鞅、张仪、范雎，他们不也是来自国外的客卿吗？如果没有客卿，秦国能有今日的强大？

"再说了，秦王您喜欢的那些宝贝，昆仑山的美玉、随侯之珠、和氏之璧，以及明月珠、太阿剑、纤离马、翠凤旗、灵鼍鼓，又有哪一样是秦国本土出产？难道您也要把它们都抛弃？

"还有郑卫两地的美女、赵国的佳丽，您是不是也要把她们赶出后宫，只喜欢西北的秦风大姐？

"东方风格的音乐，您是不是也打算不听，终日耳朵里只有敲打瓦坛瓦罐、弹着秦筝、拍着大腿、呜呜叫喊的西北本土音乐？

"可是您要知道啊，人才就是乱世间最好的武器，您把来自秦国之外的全部人才推往境外，那么这些人才就会到赵国去，到齐国去，到楚国去。假如六国诸侯之中，有一个能揽用人才、革新政治，您觉得自己还能睡得安稳吗?"

世间有些事就是这样,不要说李斯这封信写得有多好,关键在于:秦王能不能收到这封信,收信之后是不是认真看,看了之后理解不理解他的意思,理解之后能不能收回成命,让李斯回来。

老实说,写这样的信容易,可是几千年之中,能有几个君王接受臣属这样的直谏并迅速改正自己的错误?

恐怕更多的是雷霆大怒,说:"好你个李斯,让你自由下岗,你居然还心怀不满,写信来讽刺挖苦我,信不信我立马就下令割下你的脑袋?"

很幸运,嬴政一生之中,难得在这个阶段,是最冷静最听得进人劝的时候。

为什么这么讲呢?你想啊,他刚把仲父吕不韦干掉,老娘则几乎就等于是打进了冷宫,朝中百官,要么是吕不韦的人扫地出门,要么是嫪毐的人砍下头颅,剩下的本地派,则是一脸冷傲,总觉得他个后生能成啥事。

所以嬴政几乎是真的成了孤家寡人。

可就是这样一个孤家寡人,还要拼命把人才往外头赶?这不是神经病嘛!

李斯这一封信,恰好就是这样一个冰与火的间歇,在嬴政难得的空虚寂寞期,送到了他的面前。

嬴政看完信,决心把这个人弄回来。

而李斯一回来,就急着立功,要不然他怎么能安身立命呢?

老实说,到了这个时候,也真的是他最后的表演机会了。

李斯说,咱们第一个要灭的诸侯国,就是韩国!

是啊,韩国这个苦命的诸侯国,也到了最后的关口。韩王甚至已经向嬴政表态,愿意降低规格,取消韩王头衔,做秦国的附庸。

韩国是没有人才吗？其实也是有的，在韩国王室，就有一个大理论家韩非，儒、道、兵、墨、法，他就是法家的代表人。战国时期若有大学，他就是大学校长；若有学术交流，他就是大家眼中的所谓"大师"。

在这个时刻，韩国就把这位大师级人物派到了咸阳。

至于嬴政，听说韩非来了，居然很是兴奋，貌似他也读过韩非的书，甚至以韩非的迷弟自居。

秦王欣赏韩非，韩非又岂能不抓住这个良机？他立马就给秦王写信表示效忠——话说韩国是希望他能为祖国延缓灭亡的时间，可是韩非一激动，却跟秦王嬴政大谈如何扫灭六国、早日实现大秦的理想。他甚至说：

> 臣昧死愿望见大王，言所以破天下从之计。大王诚听臣说，一举而天下之从不破，赵不举，韩不亡，荆、魏不臣，齐、燕不亲，霸王之名不成，四邻诸侯不朝，大王斩臣以徇国，以戒为王谋不忠者也。

可就是表忠心表得太急躁了，嬴政却有些狐疑了，史书说："王悦之，未任用。"其实这是文字上的忽悠，如果秦王真的喜欢他、信任他，怎么会不用他？

那么嬴政为什么怀疑韩非呢？其实这里有两个因素。第一个是李斯的诽谤。李斯据说是韩非的同学，可是在名利场上，两虎相争必有一死，在李斯看来，韩非要是得了嬴政的信用，自己就完了，所以必须弄死他！

当然，李斯尽力说韩非的坏话，不惜诽谤污蔑，其实都是一个次要因素。嬴政又不是傻子，他难道不知道任用韩非就会影响李斯的仕途，因而李斯一定会攻击韩非？

韩非被攻击，关键在第二个因素，也就是嬴政自己的想法。我们知道，嬴政是一个冷血的人，他既然能弄死吕不韦，就不可能真的信任外人。其实他也不完全信任李斯，但李斯毕竟是个在楚国没根基的人，至少此时在嬴政眼里，李斯有私心，但这私心伤害不了秦国太多。

可是韩非就不一样了，韩非是韩国的贵族，他难道会真的不爱自己的国家？——事实上韩非是真的不爱韩国，偏偏嬴政不信，或者说不能坚信这一点——万一韩非这厮掌握了权力，就玩阴的，嬴政该怎么办？

嬴政想起韩非写的那些书，法、术、势这些阴招，韩非可是大宗师啊，嬴政感觉自己应该玩不过他。

既然玩不过，那就不奉陪了！

因此，嬴政一声令下，韩非就从贵客变成了牢里的囚犯。啥情况啊？韩非正纳闷呢，老同学李斯送来了死药：赶紧自我了结，要不然秦王给你来个五马分尸那就更难受了……

当然，韩非还想挣扎着表达一下自己确实是忠贞不贰，可是嬴政哪里还会见他？

结果一代宗师就这么死了。

据说韩非死后，嬴政又突然后悔了，派人传达赦令……

41 易水燕寒 嬴政对旧日哥们的无情引发一场血案

韩非死了没多久，嬴政的老朋友、燕太子丹又登场了。他是来秦国做人质的，听说现在的秦王是他以前在邯郸一起共患难的小兄弟嬴政，他兴奋地朝殿上拼命招手。

"哎呀，阿政，我想死你啦！"

很可惜，嬴政对他极为冷淡，几乎没怎么搭理。随后给他的待遇也很差，就是普通的人质能享受的吃饭喝水而已。

燕太子丹怒了。

燕国被攻打、被攻破城池、被掳掠人口，太子丹从来没怒过。秦王不理睬他，他真的怒了。

怒的原因很简单，因为没面子，男人重要的是面子。嬴政不给太子丹面子，就是逼太子丹和他翻脸。

没多久，太子丹便逃回了燕国，他发誓要和这个不讲义气的嬴政拼到底。

这里我们要说一句，嬴政这样对待昔日兄弟，确实很不讲情义，也不符合当时秦国的利益。因为这个时候的燕国，毕竟还和秦国隔着一个赵国，秦国此时目标是要灭赵、韩、魏、楚，还轮不着齐和燕，所以他完全可以对太子丹客气一点，甚至说几句仁义的假话也行，无非就是好吃好喝供着，能花秦国几个钱？

可是嬴政偏偏就把自己冷血的面孔完全展示给太子丹看，一点都不掩饰。

好吧，我承认你有冷血的资本。

当然，嬴政轻视太子丹，理由很简单：我马上要把赵国给灭了，你们燕国就在赵国后面，而既然我要灭你的国，毁你的家，杀戮你的国人，我还跟你客气个啥？

太子丹跑路后两年，即秦王政十七年（前230），韩国灭亡。

嬴政于是集中火力攻打赵国。赵国这个时候还幸存一位良将，那就是李牧。在满目疮痍，且兵力不足、粮草不足、装备不足的情况之下，李牧依旧能挡住秦军的所有攻势。

秦国马上启动金钱计划，用金银买通赵王的宠臣郭开——郭开估计，赵国是保不住了，既然保不住我就乘机多捞点钱，等国破之日，我就到山里别墅做我的富家翁吧。

此人的最终结局，是在"转移资产"之际被不知名的人士半道截杀。但此时，他的话真的是很灵光：赵王居然不信替自己把守最后一道门户的李牧，下令撤李牧的职，让一个叫作赵葱的人来顶替。

据说李牧并不买账，他试图抵抗，只可惜抵抗失败，赵葱割下了他的人头。随即秦军大将王翦发起总攻，又割下了赵葱的人头。于是赵国全线崩溃，秦王嬴政，得意地坐着小车进入邯郸城。当年与他以及他的母亲结怨的人家，全部满门抄斩。

嬴政他娘，也就是所谓赵姬，听知这一消息不知是喜是悲，就在这一年，呜呼哀哉与世长辞。一切恩怨，俱付诸东流。

灭了赵国，秦国大军便向燕国进逼。在嬴政看来，窝囊了八百年的燕国，也只能乖乖束手就擒了。

果然随即传来消息，燕国请求献地的使节团队，已经从蓟城出发。这个使者团队的正副代表，分别叫作荆轲、秦舞阳。

燕国，实在是战国七雄中最让人无语的诸侯国。

在这之前，乐毅担任燕国大将，攻打齐国，连下七十余城，创下燕国历史上的最高光时刻。然而燕惠王对他无端猜忌，以至于乐毅出逃、燕军在即墨城下覆灭，燕国的大国梦，瞬间化为泡影。

现任燕王，也就是太子丹的父亲，在赵国遭遇长平之战惨败的悲剧之后，不但不伸手相助，更以五倍的兵力偷袭赵国，而讽刺意味十足的是，一转眼就被赵国大将廉颇打得落花流水，长驱直入五百里，与燕国缔结了城下之盟方才班师。

可是燕王挨揍不长记性啊，八年之后，燕王眼瞅着赵国被秦国打残，居然又想过来分一杯羹。这次起用的大将是七十多岁的兵家老法师剧辛，真可谓老牛拉破车，结果又被赵将庞煖一顿暴打，两万燕人都做了俘虏。

太子丹比他的父亲强多少呢？很可惜，半斤对八两而已。早些年，他的师傅鞠武说，你应该向北联合匈奴人，向南联合齐楚，向西联合三晋，组成一个大联盟，才能有效对抗秦国啊。

结果太子丹不听，他认为这个计划一是涉及方面太多，无法实现，二是秦兵已经打到眼皮子底下，扯那么远有什么用呢。

长远的不行，他一定要来快捷见效迅速的，鞠武说那就只有刺客了，选一个刺客到秦国去，把你的老相识嬴政一剑给捅了，那么秦国就要选新的秦王，嬴政还没有儿子，秦国的宗亲一定会争抢这个王位，混乱局面或许会持续很久，那么咱们燕国也就暂时安全了。

太子丹说这主意好，问题是哪里去找能刺杀秦王的人呢？那一定得是江湖一等一的高手才行啊！

于是鞠武介绍了高人田光，田光说：你为什么不早点来找我？现在我一把年纪白发苍苍，你居然指望我去杀秦王？

田光又介绍了荆轲。

太子丹告诉荆轲，他有两个计划。计划一是最好的方案，即像当年曹沫劫持齐桓公一样，由荆轲劫持秦王嬴政，逼迫嬴政签下不再侵犯燕国的条约——不得不说太子丹的脑子啊。这是什么时代？嬴政又是什么人？就算你能让嬴政签约甚至发下毒誓说不再攻燕，可是撕毁条约对于嬴政来说算个啥！

计划二是没有办法的办法，那就是杀了嬴政。

荆轲心里说：这不是瞎扯吗？骗我来的那个老田呢？

田光已经自杀了。

此时荆轲陷入了空前的绝境：如果拒绝，太子丹一定先把他杀掉（以防泄密，田光就是如此）；可如果接受，他又能有几成把握杀掉秦王？就算真的杀了秦王，他不也是死路一条吗？

没办法，荆轲只能答应，先活着再说。

就这样维持到了秦王政二十一年（前226），赵国已经灭亡，太子丹说，"不行了，你必须行动了。"

荆轲没办法，只能提出杀秦王的两个条件。

第一就是要樊於期的人头。樊於期是秦国的叛将，此时停留在燕国，荆轲说如果樊於期愿意割下自己的头颅，他拿着头颅去见秦王，秦王就会很高兴，而一高兴，荆轲就能左手抓住嬴政的袖子，右手把匕首刺进他的胸膛。

结果樊於期真的答应了。眼看着装到匣子里的人头，荆轲就提出了第二个条件。

"刺杀秦王,必须得有天下最锋利的匕首才行!"

太子丹说:这个我当然已经预备好了,赵国徐夫人的匕首,号称天下最锋利的匕首,我花了百金买下它,又让工匠用毒水淬它,并且拿罪犯来做了试验,真的是只要见一丝儿血,没有不立刻死的。

荆轲说:这事你都干得出来,好吧,我愿意去——可是我还需要一个助手,你帮我选的那个什么秦舞阳不行啊,外强中干,一到关键时刻必然要掉链子。

荆轲说他要等一个朋友,但这个朋友住得有点远,需要一些时间。

太子丹说:哎哟,我能等,可是局势不能等啊,秦兵已经灭了赵国,马上就要打到咱们燕国来了。

于是荆轲就只能带着秦舞阳出发,一帮人穿着白衣戴着白帽给他们送行(此去必然一死,所以提前戴孝给他们献礼)。在易水岸边,荆轲的朋友高渐离击打着筑,荆轲唱着歌,这首歌的完整内容今天已经无从得知,唯有其中两句为后人传颂,即:

"风萧萧兮易水寒,壮士一去兮不复还!"

42　荆轲刺秦　殿堂上杀人的表现为何很业余?

秦王政二十年(前227)的咸阳,燕国正使荆轲捧着樊於期的首级,副使秦舞阳捧着地图匣子,走到殿前台阶下,准备向秦王嬴政奉献燕国的诚意。

然而就是这个时候,太子丹说十三岁就敢杀人的秦舞阳,却尿了。

《史记》描述说:"至陛,秦舞阳色变振恐,群臣怪之。"

这个时候,紧张是可以理解的,可是紧张到"色变振恐",让秦国的臣子们都看出来了,那确实有点夸张。

于是荆轲说:

"北方藩属蛮夷之地的粗野人,没有见过天子,所以心惊胆战。希望大王稍微宽容他，让他能够在大王面前完成使命。"

荆轲的意思，是希望秦舞阳能留在殿上，和他一起完成使命——因为随后执行刺杀之际，多一个自己人在场，便多一分希望。（譬如后来秦王嬴政绕着柱子逃跑的时候，如果秦舞阳能发挥他蛮力的优点，将嬴政抱住，荆轲上前一刀，这事不就成了吗？）

秦王嬴政却让秦舞阳退下，只留下荆轲一人献图。

嬴政未必觉察到了什么，只能说对秦舞阳这样的尿人，他也觉得没有见面的价值罢了。

那么此时，就剩下了荆轲自己来执行这件事。他献上地图，在秦王面前缓缓展开，直到最后，徐夫人的匕首便露了出来。

荆轲右手抓起匕首，左手便去抓嬴政的衣袖。

嬴政很自然地抽身跳起，衣袖挣断。

老实说，其实荆轲的第一步就完蛋了，所谓一流剑客，就在于能一剑刺中。

而荆轲，居然大失水准，一抓不住秦王，就陷入被动，来不及进一步采取行动（事情失败后，荆轲对于这个问题的解释是，希望能挟制嬴政，让他签字画押，许诺不再侵略燕国）。

这样一来，嬴政却有机会拔剑了。

历史上幽默的场面就在这时出现了，一边是燕国"第一剑客"出手惊人地慢，一边是秦王拔剑拔不出来，因为他的佩剑是一把长剑，剑鞘套得很紧，加上慌张激动，一时居然不能立刻拔出。

以至于本该是紧张刺激的世纪大行刺，实际上却演绎成有几分搞笑的追逐戏：秦王绕着柱子在前面跑，荆轲在后面追。这场面，荆轲如果脑袋好使一点点，岂不是转身就能抓住秦王吗？

按照秦国的法律，大臣上殿是不能携带武器的，侍卫们也只能守护在殿外，没有秦王的命令谁也不许进来，而秦王这时候正紧张地奔跑，哪里有空说话。

这个时候，朝堂上有一个医官夏无且，身上有一个药袋，就用这个药袋掷向荆轲，他追逐慢下来，同时一帮侍从就在那里大喊：

"大王，往后推剑！"

原来此时嬴政的长剑系在腰上，必须把剑柄推到背后，剑才能出鞘。

所以这一瞬间，是夏无且的药袋砸中了荆轲，同时嬴政的剑却拔了出来。

再不犹豫，荆轲使出江湖剑客赖以成名的掷刀术，把手中匕首掷向嬴政。

这类场景我们其实都看过，要么是在实地的马戏团表演现场，要么是在电视剧里常有这种镜头，很多高手甚至可以蒙着双眼，飞出去的匕首也能准确掷中目标。

可是呢，荆轲这一掷，却是掷中了铜柱，根本没挨到嬴政的毫毛。

而嬴政的剑术却派上了用场，一剑把荆轲的左腿砍断。

据说，愤怒不已的秦王接连攻击荆轲，荆轲被击伤八处。

到了这个时候，荆轲自知大事不能成功了，就倚在柱子上大笑，张开两腿像簸箕一样坐在地上说：

"我之所以失手，是因为我想活捉你，迫使你订立契约回报太子。"

这时侍卫们冲上前来杀死荆轲，而秦王目眩良久。

那么我们首先要说一句：行刺秦王，确实是成功率很低的冒险行为。春秋战国时期早年的几次行刺成功案例，如专诸，把匕首藏在鱼腹之内刺杀吴王僚；又如聂政，独自一人，拿着一把剑大大咧咧闯入韩国都城阳翟，以白虹贯日之势，直接杀了韩相侠累和他的几十个侍卫。

而这两件案例之所以能成功，有两个要素。第一是趁其不备。哪个王会想到饭桌上一盘烤鱼，鱼肚子居然能藏下一把剑？第二是像聂政那样，真的是剑术天下一流，提把剑一路杀进去，一二十人根本挡不住他——但是这也有个前提，那就是秦王必须大开门户办公，要不然，有成千的禁卫军，就算是关羽和项羽"二羽合一"，也根本就冲不进去。

嬴政开门办公？呵呵，你以为他傻吗？

更严重的问题是：荆轲的剑术功底，显然远不如聂政，可能只比专诸强一点点。

不信看荆轲刺秦王的现场记载：

> 图穷而匕首见。因左手把秦王之袖，而右手持匕首揕之。未至身，秦王惊，自引而起，绝袖。拔剑，剑长，操其室。时恐急，剑坚，故不可立拔。荆轲逐秦王，秦王还柱而走。

荆轲据说是本事极大的江湖豪客，可是匕首第一刺，没刺到秦王，秦王就跳开了。那么再往下，他一武林高手，按说什么反应啊速度啊，都该比一个养尊处优的秦王嬴政强啊，可是秦王一边拔剑拔不出来一边跑，就这样，荆轲居然追不上他，白白浪费了最好的刺杀时机。

坦白讲，我怀疑荆轲的本领是有水分的。

怀疑依据是在刺秦王之前，荆轲没有任何出手杀死某个高手的记录。司马迁只说他喜欢读书击剑，可是喜欢归喜欢，功力归功力，功夫片风潮一时那会儿，很多人喜欢功夫，可是因为喜欢功夫，就能成为李小龙一样厉害的高手吗？吹牛可以，实战就一边待着去吧。

就连在司马迁的笔下，也没有荆轲与高手过招的任何记录。可能是高手的人，如盖聂对他怒目而视，结果他转身就跑了，没有交手；鲁勾践对他呵斥，他也是悄声离去，没有交手。

一个在江湖上没有任何与高手过招记录的人，你说他的剑术很厉害，凭的是什么？

事实上，《史记》和《战国策》这些文字背后，只能透露出一个信息：荆轲是个酒鬼，喝多了就喜欢吼两声，可能比较接近后来的所谓野兽派唱法。

难道只是因为他唱歌唱得好，就能推断出他一定是个顶级剑客？

当然，等嬴政把长剑拔出来之前，手持匕首的荆轲打不过他，那倒是正常得很。

之后，荆轲用匕首投向秦王，投不中，更说明他的手掷投射技术也不高明。

历史记录表明，荆轲的反应速度不如秦王嬴政，使用匕首不熟练（至少没有达到高手的程度），捕捉猎物的手段很单一（只知道绕着柱子追秦王），投射技术更是很烂。

全场指标都很差，你说这是江湖高手？

至于荆轲的最后一句留白，"事所以不成者，乃欲以生劫之，必得约契以报太子也"，也是虚弱无力的。因为一个高手，高就高在他能准确预判自己能做什么，不能做什么。他既然做不到劫持秦王，那就杀掉秦王，哪里来的既"想"又"要"，结果最后是既"想不成"，又"要不到"。

实际上笔者想，若是荆轲能使用一种粉末状的毒粉，包在袋子里，一把向秦王扔过去，造成秦王的暂时性昏迷，然后再一匕首扎过去，倒是有很大的成功率……

所以荆轲刺杀秦王，唯一的成果，是——"秦王目眩良久"。

司马迁为什么能把这件事描述得如此详细，就好像他亲身经历一般呢？因为这件事的亲历者医官夏无且，把经过完整告诉了好朋友公孙季功和董生，而公孙季功和董生，又把这件事告诉了当时司马家族的先人（司马是秦国人），世代传承下来，这才有了司马迁的笔录。

荆轲刺秦王这件事，对时局的影响究竟有多大呢？

老实说，并不大，只不过原本就停留在燕赵边境的秦军，有了理由继续挺进——荆轲不刺秦王，难道秦军就不打燕国了吗？——其实这只是正常"程序"，灭赵之后，秦国本来就要灭燕国。

而后秦军很快就攻下燕国都城蓟城，这个也没啥悬念，之前连被秦国欺负的赵国，都能兵临燕都城下，现在面对兵强马壮杀人无数的秦军，燕国还能抵抗个啥？所以并不存在因为荆轲刺秦王所以秦国发狠打燕国一说。

都城被攻陷,燕王就从今华北跑到了东北,到襄平也就是现在的辽阳去了。为了让嬴政息怒,他不惜割下儿子丹的脑袋,献给秦军。

秦军放弃了追击燕王,但不是因为收到了人头,而是因为此时秦国有更重要的任务,那就是灭楚国!

43　最后一战　纵然是战神项羽的爷爷也无力回天

楚国,可实在是上古时期的超级大国,鼎盛时期国土一直从今天陕西省南部向东延伸到山东省的南部。楚国一段时间以来都是相当了得的存在。

当然,经过秦国的连年打击,此时的楚国已经元气大伤,西部、中部四分之三的人口和土地都被秦国夺取,在秦国人眼里,楚国纵然曾经是勇猛无比,可是现在已经被打得没有杀伤力了。

这种想法,反映在现实,就是当王翦说灭楚要六十万人的大军才可时,年轻的秦王嬴政和年轻的骁将李信都笑了。

李信表示,给他二十万兵,就能把楚国这只"扬子鳄"抓进动物园做秦王的玩物。

而李信的副手,嬴政给他配备的是蒙恬。

这个配备,不算黄金组合,至少也是新锐一加一。

当然,秦国此时是两面作战。其北路军由王贲带领,正在攻击魏国的都城大梁。到秦王政二十二年(前225)三月,牢不可破的大梁城,终于被黄河水冲塌,最后一任魏王假,在投降之后被秦军斩杀。

王贲,是王翦的儿子,他的儿子王离,则是以后巨鹿大战的见证者。子孙三代,可谓见证了秦的盛与衰。

而南路军,就在李信和蒙恬的带领之下,杀入楚国。李信的部队,起初在今河南省境内作战,先攻下位于今天河南省驻马店市东部的平舆城,再攻下后世三国曹操的许都东边的鄢陵城。

而蒙恬呢，也迅速攻下位于今天安徽省西北部的临泉城，再向北推进到今亳州市境内，在当时叫作城父的地方与李信军会师。

那么楚国的军队呢，难道就是节节败退、无力抵挡？

要知道此时的楚将，就是后来西楚霸王项羽的爷爷项燕。

项燕是楚国最后的良将，他知道此时楚军的实力已经不足与秦军优势兵力正面对抗，所以他采取了尾随战术，即在敌人的背后默默跟着敌人，但是保持距离不跟敌人打。

这个时候秦国自己这边也出事情了。不知大家是否还记得昌平君，就是那个曾经担任秦国相邦，在嫪毐事件中出尽风头的楚国公子（他的名字已经失传了，有人猜测他是秦简里的丞相启，但时间对不上），就在秦兵疯狂进攻他的国家这一时刻，他突然爆发了，在今河南省淮阳县，也就是当时的陈郢起兵反秦。

似乎是与之相呼应，在城父战场，一直尾随着秦军，因为三天三夜都不能休息，士气接近瓦解之际，项燕突然发起进攻，一口气杀死七个都尉，李信、蒙恬只能落荒而逃。

李信，就是汉朝飞将军李广的祖先。李广家族的为将之路，似乎走得都很不平坦。

当然，项燕的胜利，对于此时庞大的秦国战争机器而言，无非是打坏了几个零件而已，因为随后秦国便组织了三倍于李信、蒙恬部队的武装力量，由王翦做大将，扫荡了陈郢地区的叛乱，昌平君只能逃回楚国。于是王翦便推进到位于今天河南省驻马店市东部的平舆城。

六十万秦军布阵于此，项燕知道在劫难逃，他也全力以赴，拼凑了尽可能拼凑的武装力量前来抵御。王翦不慌不忙，每天沐浴、吃肉、喝酒，而楚军却因为仓促而衣食不周，相持一段时间后只能撤走，结果王翦立即整兵追击。

两支军队在今安徽省宿州市南的蕲城交战。本身就弱于对手，长期紧张和运动再加上补给不足更造成战斗力下降，楚军在强悍的对手面前全面崩溃,项燕战死沙场。

随后,王翦便攻破楚国此时的郢都,即今安徽省寿县,活捉了楚王负刍。

但是楚国还有一些人继续抵抗,他们又拥戴从秦国逃回来的昌平君做楚王,但是在秦王政二十四年(前223),也被秦军攻灭,昌平君最后以末代楚王的身份而死。

不过,虽然楚国已经灭亡,南方的越人却拒绝承认秦国的权威,这个我们后面再讲。

楚国、魏国都已经灭亡,这个时候秦国才派王贲去东北追杀太子丹的老爹、末代燕王喜,这件事到秦王政二十五年(前222)办成了,于是燕国也灭亡。

随后王贲又扫荡代地,把赵国留在这里的残余力量赵嘉,也消灭干净。

至此,战国七雄,五个已经销声匿迹。除了秦国和齐国,还有一个因为害怕早已经自动摘掉公爵头衔,爵位贬为君的卫国,龟缩在今河南省濮阳市一地,貌似还没有被秦军武装占据。

齐国的最后一任国君田建,已经在位四十四年,到了这个时候他打算去咸阳,和秦王嬴政作一番深入探讨,看看是不是能长期和平共处下去。

但是最后他没去成,因为走到城门,城门司马说:

"齐国是为了什么,而要立你这个国王?"

田建回答:"为了齐国。"

"既然是为了齐国,你这个王为什么要离开齐国,去当秦王的俘虏?"

显然,以秦国的不讲信用,没有人对齐王跑这一趟抱有丝毫希望。

于是田建便退回宫廷。这时即墨的地方官来拜见他,说了一番慷慨激昂的话:虽然天下此时除秦之外只剩一个齐国,可是齐国毕竟有几百万的军队,分出一百万来,由在东阿的赵、韩、魏流亡人士做向导,去收复三晋；再分出一百万来，由临淄城南的楚国流亡人士做向导，去收复楚国。

田建一声叹息：事情都到了这个地步，你还说这些干吗？一百万国人，你以为是一百万只鸡吗，随便拿出去给秦国人宰杀？

始皇帝元年（前221），秦军进入齐国，齐国投降。这是战国七雄中，唯一一个没有经受太多战争苦难的诸侯国，但是田建本人并没有得到善待。秦国忽悠说会给他五百里的封地，最终却把他流放到今天的河南省辉县，当时叫作共邑的地方，困在一片松柏林中，活活饿死。至于齐国田家的后裔，之后便流浪四方。

到这个时候，秦就算是统一了中国，但是其实还有一个例外，那就是卫君角，他一直保留着野王这块地，也就是今河南省沁阳市，延续到了公元前209年，才被秦二世最终废除。如果你说卫国是寿命最长的诸侯国，也真的没错。其第一代国君是周文王姬昌的第九子，最后一代则与项羽刘邦同一时代。这是个啥概念？八百多年啊。"秦国＋秦朝"才多长寿命？就算把早期的附庸时代都算进去，也不到七百年。

44　三公九卿　大秦帝国的朝廷班子和郡国体系

那么，现在，嬴政已经灭了六国，统一了中原，他该怎么治理这个庞大的国家呢？

首先要说，秦朝后来的三公制度，即丞相、御史大夫与太尉这样的格局，其实在灭六国之前，就已经存在了。

太尉，是来自魏国的尉缭，至今文献关于这个人的信息很不完整，我们甚至不明了，"尉"到底是官名的简称还是真实的姓氏。

当然大概率而言，他应该确实是姬姓尉氏，单名一个"缭"字。

尉缭来到秦国，大抵是秦王政十年（前237）。当时距嬴政杀了嫪毐、把吕不韦赶出咸阳不久，但应该在李斯上《谏逐客令》之后，因为只有这个时候，他才有顺利进入权力中枢的可能。

令嬴政意外的是，尉缭是兵法家，开口却不讲如何打仗，而是说如何使钱。

"秦国现在这么强大，诸侯唯一的对策也就是合纵了，如果赵韩魏三家能像当年联合对抗智伯那样团结，秦国真的很难下手，可是他们的那些官员有一个致命的缺陷，那就是贪财不要命。所以秦王你只要拿出大量财物，贿赂那些官员，我算了一下，不超出三十万金，就可以灭掉六国。"

自古以来，大讲特讲使钱比《孙子兵法》还厉害的智囊，也就是这位了吧。

结果嬴政还就真信了。

实效如何呢？最难打的赵国就是这样搞定的，廉颇、李牧，他们再能打也没用，"孔方兄"一出场，全部稀里哗啦。

秦国能扫灭六国，最大的功劳其实不在李斯和白起、王翦这些人，而有赖于兵法家尉缭使钱这项特殊建议。

所以嬴政可以对李斯表示不屑，对尉缭却一直持有特殊的尊敬，还让尉缭享受同自己一样的衣服饮食，每次见到他，总是表现得很谦卑。

偏偏尉缭在内心里十分鄙视嬴政，理由是嬴政的长相："蜂准、长目、挚鸟膺、豺声。"

蜂准是什么呢？"准"的古义为鼻子，"蜂准"意指像蜜蜂一样的鼻子，实际上就是后世一般所说的鹰钩鼻。古人认为，这种长相的人，嘴巴会很甜，可是内心邪恶狠毒，不可接近。

长目好理解，现在的说法就是眯缝眼——眼睛眯成一条线，感觉睁不开眼似的，上下眼皮间勉强可以看见黑眼珠。古人认为这类人非常聪明却也异常狡猾，做事情不择手段，目的性很强。

挚鸟膺又是什么呢？挚鸟就是老鹰，膺就是胸，直白讲就是嬴政长的是鸡胸，换句话说就是心胸狭窄。

至于豺声，就是豺狼那种长长的调子，许多电影里大反派，比如公公或是奸臣，就擅长这个调子。

嘴巴甜内心邪恶、眯缝眼似笑非笑，还有一个鸡胸，说话尖尖细细，这样一个形象，居然是很多人崇拜的英明神武的秦始皇？

当然真相是否如此，恐怕只有等秦始皇陵完全开掘才能揭晓答案了。目前我们唯一能肯定的是，尉缭不是随口乱说，事实上他本人也差点死在嬴政手里，据说是当时担任廷尉的李斯苦劝，才得以化解危机。而在秦王扫灭六国之后，据说尉缭第一时间功成身退，彻底消失，这也是他对嬴政长期不良印象的必然结果。

尉缭的继任者，据史可查的是屠睢，这个我们稍后再讲。

那么丞相呢？

我们熟知的秦朝丞相是李斯，但事实上，秦始皇初期的丞相是王绾。秦灭六国之后，王丞相的意思，是秦朝一半土地实行郡县制，而比较边远的一半土地如燕、齐、楚，则封给秦始皇的儿子和功臣们，让他们去做诸侯。

也就是说，王绾主张两种制度。

结果，这个方案被李斯全面推翻，王绾也因此失去相位。但是从符合实际的角度来讲的话，一下子在全国范围内实行郡县制，确实有操之过急的意思。后来刘邦就是吸取了这个教训，一半郡县一半诸侯，这才得以顺利过渡，汉朝也成功长命百岁，成为中国历史上最成功的封建王朝之一。所以说王绾掌握着真理，只不过他的主子嬴政急于求成，而他的下属李斯又急于抢班夺权谋取相位而穷拍秦始皇的马屁，主张全部实现郡县制。

王绾下台之后，秦始皇就实行了双相制度，一个左丞相，一个右丞相。秦朝以右为尊，担任这个职位的人，是冯去疾。而李斯只是左丞相，急速抢班夺权还是差了一口气。

冯去疾是谁呢？答案令人匪夷所思，居然说是冯亭的后裔。而冯亭，就是点燃长平之战导火索的人——韩国上党郡太守。

以时间来看，冯去疾总不可能是冯亭的孙子吧。儿子或是侄子呢？也许侄子或是族子的可能性更大一点。

而且秦朝还有一个冯家的子孙，做到了御史大夫，这就是冯劫。据说冯劫也是冯亭这个大家族的人。

上党冯家在嬴政的朝堂之上如此权势显赫，实在太让人惊讶了。

御史大夫，就是秦朝的监察总长，监察的对象就是冯去疾、李斯这些人。

三公以下，就是所谓九卿了，相当于今天的部长级人物。

排名第一的是奉常，管理宗庙礼仪，这个职位空有虚名，实权是没有的。

排名第二的是郎中令，名义上是负责皇宫的门卫传达室，其实权力很大，一手掌管部分禁卫军，另一手又掌握着见习官员（郎官）这个青年官僚群体，可以说是皇帝的身边亲信了。

排名第三的是卫尉，就是负责皇家警卫部队，主要功能是维持治安，听上去很威风，但其实也就那回事，名不符实。

排名第四的是太仆，这个职位就是《西游记》里弼马温的原型，不过除了管马之外，还管车，但不维持治安与交通，他纯粹就是皇家御者总长。

排名第五的是廷尉。此时李斯就是这个职位，主要职责是管司法和执法，抓人、审讯到最后判刑，一揽子事宜都归他管，某种意义上也可以温和地说就是一个法务工作者。

排名第六的是典客，负责与外邦的联系。但秦朝对外并不存在任何平等的外交，外邦都必须臣服才能和平共处，所以这个官职更多的是徒有其名。

排名第七的是宗正。这个官是帮秦始皇管理嬴姓赵氏这一大家子人，职能有点像清朝的宗人府。老实说，秦朝统一了天下，按理说是嬴姓赵氏全体成员的荣耀，可虚华的体面之下，嬴姓赵氏什么实惠都没有，等到秦二世即位还惨遭大规模屠杀，这可谓历史上最悲剧的帝王家族了。

排名第八的是治粟内史。这个简单，就相当于秦朝的农业部部长，因为秦朝重农轻商，所以几乎又是秦朝的财政部部长。秦始皇后来北伐匈奴、南征百越，都靠这个部门筹钱筹粮。

排名第九的是少府，管理特殊财政，也就是皇帝的小金库。秦二世那会儿，章邯就是干这个的。

九个卿，真实的重要性，不能看排名。任何一个朝代，管钱管兵管人事这三个职能都是顶顶重要的，所以奉常、典客之类，在秦朝是很拉胯的。而管钱管兵这两项里，卫尉不如郎中令，治粟内史不如少府，因为后两者更接近皇帝，是皇帝的身边人。

这是中央朝廷，至于地方上实行郡县制，即把全国分为三十六个郡，这个时候的郡也就差不多是今天的省了，名称不同而已。

那么究竟是哪三十六个郡呢？解读比较靠谱的是南朝的裴骃，他爹就是给《三国志》作注的裴松之。他在给《史记》作集解时备注，三十六郡是：

三川、河东、南阳、南郡、九江、鄣郡、会稽、颍川、砀郡、泗水、薛郡、东郡、琅邪、齐郡、上谷、渔阳、右北平、辽西、辽东、代郡、钜鹿①、邯郸、上党、太原、云中、九原、雁门、上郡、陇西、北地、汉中、巴郡、蜀郡、黔中、长沙凡三十五，与内史为三十六郡。

这里的内史，就相当于今天的直辖市。

三川郡，可不是今天的四川省少一川，而是黄河、伊河、洛河这三条河流的汇流之地，包括原来韩国和周王室的领地。

再往东就是原来韩国的核心国土，即颍川郡，后来东汉三国之际

---

① 钜鹿，今写作"巨鹿"。

人才最为鼎盛多产的地区，荀彧、郭嘉、陈群、钟繇、徐庶都出生在这里。

至于魏国，由于水淹大梁的灾难，旧都已成废墟。而管理这一块土地的砀郡，郡府设在商丘，得名源自此处的砀山，也就是后来刘邦斩蛇起义的芒砀山。

在今天江苏省和安徽省的北部，则设立了泗水郡。根据出土的秦朝竹简、封泥、印信等文物，这个郡在秦时的标准称呼为"四川郡"。郡名源于郡内的四条河流，即淮、沂、濉、泗，大概又因为有条河叫作泗水，被误会成了泗水郡。

往南去，九江郡很容易让人误会，以为就是今天的江西省九江市，实际上这个九江郡的郡府在寿春（今安徽省寿县），而今天的江西也在其管辖范围之内。

从九江郡往东就是以往的吴越之地，秦朝在这里设了两个郡，西部是鄣郡，郡府在湖州；东部和南部则是会稽郡，郡府设在今天的江苏省苏州市，今天的江浙沪，基本上属于会稽郡。在先秦直至三国时期，这里的土著人都以骁勇善战闻名（现如今文质彬彬的印象，一直到宋明才逐渐定型）。这里也是反秦气氛比较浓郁的地方。

从九江郡往西则是以往的楚地，北部是南阳郡，中部是南郡，南部是长沙郡，偏西是洞庭郡，也就是原来楚国的黔中，即今湖南省西部——要说的是，今天的贵州省，是不在秦人武力统治范围之内的。

今天的西南地区，只有巴郡和蜀郡、汉中郡，四川西部、南部和云南，都不在秦人武力统治范围之内。

今天的西北地区，秦人最西的郡，就是陇西郡，管辖的是秦国最早的崛起之地，也就是今天的甘肃省南部。

甘肃陕西交界处，这里是当年义渠国的所在地，秦人在此设立了北地郡。

陕北则曾经属于魏国，魏文侯在此地设立了上郡，秦人延续了这个郡名。

再往北，跨过黄河就是九原郡和云中郡，本来是赵国胡服骑射的战利品，九原郡在今天的内蒙古自治区乌拉特前旗，云中郡在今天的托克托县。

从这里掉头往南就是今天的山西省，从北到南依次是雁门郡、太原郡、上党郡和河东郡。

往东则进入赵国旧都，没改名，郡名依旧叫作邯郸。这似乎有点特殊照顾的意思，不知道是不是因为嬴政的童年就在此度过，此后两千多年邯郸也一直没改名，直到今天，是中国地名里很少的特例。邯郸往东有一个巨鹿泽，秦朝在此设立了巨鹿郡，后来的巨鹿之战就发生在此。

巨鹿郡往东去，就是齐鲁大地。齐国旧都临淄，设立了齐郡，海边有琅邪郡，梁山附近是薛郡，黄河边上是东郡。

巨鹿郡往北去，燕国旧地，设立了上谷郡、渔阳郡、右北平郡和辽西郡、辽东郡。

上谷郡为燕国北长城的起点，即今天的河北省张家口市；渔阳郡即今北京市怀柔区。右北平郡则在今内蒙古自治区的宁城县，辽西郡在今辽宁的义县，辽东郡在今辽宁省的辽阳市。这五个郡，都在燕长城上，可见秦朝对这里的布局，主要就是长城的边防。

至于燕国的都城蓟，显然是没落了，连个郡府都没混上，只能屈居一个县，和魏国都城大梁的待遇一样，这估计就是因为荆轲刺秦王的事件了。

搞完这一堆事，嬴政就要考虑最严肃也最隆重的问题：自己的尊号该叫什么？

45　显摆给神看　不得不说秦始皇你真的膨胀了

按理，秦推翻了周天子，秦君就成了秦天子，而天子就是王，所以嬴政就该继续做他的王，反正这个时候他的世界里已不存在第二个王。

可问题是，嬴政觉得这个名号有些陈旧，而他自我感觉，自己灭了六国，应该比任何一个王都强。就连上古传说的三皇、五帝，这时候都不在他眼里了。

老实说，真不晓得嬴政的自信从何而来，要知道他能灭六国，并不是因为区区嬴政有什么了不起，而直接原因是王翦、王贲这些人能攻善战，论根本原因则是他的祖先秦孝公，任用了商鞅变法，之后秦惠文王、秦昭襄王这两位，才是真正锁定胜局的人，嬴政只不过是捡了个皮夹子而已。

可是偏偏这个捡皮夹子的人，把自己的运气当成豪气万千丈，要超越三皇五帝了。

最后，他决定叫"皇帝"，即把三皇和五帝，合二为一。而皇帝的文告，从此叫作"制"，命令则叫作"诏"。原来大家用来称呼自己的"朕"——有钱的老板可以自称为"朕"，要饭的乞丐也可以自称为"朕"，如今嬴政说："朕"只归皇帝一个人用。

还有谥号，也被否定了。按照周人的制度，一个国君在位的时候，做得好与不好，国人都是有资格来批判的，周厉王不许国人议论他，于是引发了国人暴动。此后批判就渐渐少了，可是国君死了，贵族还是可以通过给他起谥号来批判他，其实就是警告国君的子孙。

后来，随着国君权力的越来越膨胀，国人批判他的能力越来越弱，可是一直到战国时期，还是一种合法合理的制度。

现在，被嬴政一脚给踢翻了。嬴政说，不许你们现在说朕的坏话，更不允许你们在朕死后说朕的坏话。

那么怎么办呢？嬴政想了个办法，第一个皇帝（他自己）就叫始皇帝，第二个叫二世皇帝，如此无限循环下去……

可是，如果国人觉得皇帝不好，想要造反怎么办呢？

嬴政说，皇帝可以不好，但国人就是不能造反。

为了剥夺老百姓造反的权利，嬴政把天下的兵器，除了秦军使用的之外，全部收集到咸阳，铸成巨钟和铜人。

没有了兵器，可是天下还有那么多富豪，万一在某处造反怎么办？嬴政又发一条令，把他们的旧宅全部拆迁，强行安置他们到咸阳居住，一方面繁荣秦都咸阳，一方面也便于监视。

还有六国诸侯宫廷里那些宝物啊美女啊乐器啊怎么办呢？嬴政说：统统给我拉到咸阳来。在咸阳北边，按照六国宫殿的样式，全部再造，最终形成一大片皇帝的享乐区域。

不过必须说的是，嬴政做的一些事，虽然本身并不是为了造福人类，但整体而言，对之后的中国人还是有裨益的。

譬如嬴政要巡视全国，为此修建了大量驰道，虽然当时仅限于军用、官用或皇帝专用，老百姓就算交了钱也不给用，可是毕竟修了这些路在，后人就有使用的可能。

这类道路，又分三种。这里先重点讲其中前两种，第三种秦直道下节再讲。

第一种是所谓甬道。这种甬道，直到元末明初施耐庵的小说《水浒传》里还有记载，譬如说到武松打虎之后："下了轿，扛着大虫，都到厅前，放在甬道上。"

那么甬道究竟是什么样的道路呢？就是两边有墙、头上有顶棚，这样的路，下雨不愁（有顶棚遮雨），更有遮蔽隐私、防止闲杂人等偷看的好处。

所以不妨把这样的道路，称作"专用秘密通道"。后来决定秦朝命运的巨鹿之战，秦军主将章邯就在巨鹿与棘原（今河北省平乡县）之间修筑了一条甬道，数万民夫往来其间输送粮草，而道路两侧，则派出多支军队巡逻或是跟随保护。

同样性质的甬道，也出现在秦始皇陵等多处。《史记》载："二十七年，（始皇）作信宫渭南……自极庙道通骊山，作甘泉前殿，筑甬道。"

第二种则是大规模的秦朝国道，也就是所谓"驰道"，意思就是

"马车能快速奔跑不受阻拦的道路",犹如今天的高速公路,但是没有收费站。

驰道的核心当然是秦都咸阳,有九条不同方向的路线。第一条是从咸阳出发,出函谷关,沿着黄河一路向东,经今山东省临淄市,最终地点是今山东半岛上的成山角——当时认为这里是日神所居之地,秦始皇后来到这里拜祭了日神,寻求长生不老药,还在这里射过一次大鱼,李斯曾在这里刻下"天尽头"三个大字。

第二条是往西北去,终点站临洮(今甘肃省临洮市)。

第三条往西南去,终点站巴郡(今重庆市)。

第四条往今湖北去,出武关到南阳,终点站在今湖北省江陵市。

初期就是这四条主干线,后来又增修了江南新道和北方大道。

秦始皇于嬴政二十八年(前219),巡察东方,筹备封禅,走的就是上面讲的第一条驰道。他到达泰山之后,把当地的儒生叫过来,问他们该怎么封禅。一帮儒生各说各的,根本达不成一个统一意见,而且多数主张:虽然是皇帝,封禅这事也不能乱花钱,钱是全国老百姓的钱,不能给拿去摆谱——结果就把秦始皇给激怒了。当然这个时候他没有下毒手,最多就是谁的意见也不听,他自己搞一套:跑到泰山最高峰立了一块碑,跟天神说自己如何伟大;又跑到梁父山祭祀大地之神——当时的国人,认为泰山是天神之山,梁父山是地神之山。至于什么玉皇大帝地藏王,那都是后来的精神崇拜,当时根本没有人搞这些子虚乌有的东西,信仰就是拜拜天再拜拜地最后拜拜老祖宗,并不复杂。

然后,秦始皇就顺着驰道到山东半岛看大海去了。其实他一辈子大部分时间待在赵国和秦国,都是内陆,哪里见过波澜壮阔的大海?要知道经常看海,人的心胸就会随之开阔许多。但是他显然没有太多看海的经历,再加上本身心理有疾病(这个是根本原因),所以气度就小许多(远不如他的父辈)。

后来他从驰道下来,往南到了琅琊山,在这里逗留了三个月,在越王勾践琅琊台的基础上修筑了一道新的琅琊台，同样也树碑刻石，说自己有多么了不起——这简直就是无聊了。

这个时候，有一批在齐国和燕国忽悠人求仙药的方士，他们发现秦始皇到处树碑刻石，这是典型的受骗最佳人选啊。

为什么这么讲呢？你看哈，方士是这么分析的。秦始皇到处树碑立传说自己了不起，这说明啥？不能说明他真的了不起，只能证明他内心的虚弱。只有内心虚弱的人，才会需要树碑来掩饰这一点。

所以别看秦始皇排场那么大，那么牛气哄哄，其实智商不高、很好骗哪！

这样，就有一批方士给秦始皇吃所谓不死药，秦始皇吃了貌似没啥感觉。方士说对啊，吃了有感觉就是要死了，要死了还能叫不死药吗？

还有一批方士也给秦始皇吃所谓不死药，秦始皇吃了穷拉肚子。方士说对啊，这药就是排除你身体里的有害物质，你拉肚子拉得越厉害，说明你肚子里有害物质越多，越多就越要吃药。

结果就是整得尊贵无比的秦始皇成天跑肚拉稀，最后他有些怀疑了：到底这些人靠谱不靠谱？

又来了第三拨方士，他们说前两拨都是骗子，真正的仙药，陆地上没有，要到海上仙岛去找，而且不能空着手去，必须凑齐几千对童男童女，由法术高强的方士带领，坐着船到大海中去寻访。这样，神仙觉得你有诚意，就会收起海市蜃楼的神通，让你真正到达蓬莱仙岛。

秦始皇一听，还是这些人靠谱。

于是就有了徐福出海的记载，其中强调他们还带了三年的粮食、衣服、药品，甚至还有到达仙岛之后准备种田的耕具（到了仙岛还要种田，感觉这是要去发现新大陆啊）。

但是随后就没下文了。

《日本国史略》说："孝灵天皇七十二年，秦人徐福来。"这个孝灵天皇，据说是日本第七代天皇，在位七十六年，活了一百二十七岁。

呵呵，你要是信这个，倒是对路了，徐福真的找到了一个长命百岁的地方。秦始皇一共只活了四十九年，要是活日本孝灵天皇这个岁数，什么赵高、项羽、刘邦，统统靠边站。

可惜，徐福就此没了消息。最后秦始皇得到的汇报是："蓬莱啊，我们已经见到了，就是没办法接近，风向不顺啊！"

没有办法，秦始皇只能回咸阳。路过后来项羽的都城彭城（今江苏省徐州市），他又想起一件事，那就是他的先人秦武王曾经举过的那个周鼎，相传落在了彭城附近的泗水，于是他就派了一千多个大兵去泗水打捞。

后人增加情节说，秦始皇亲自来到了泗水边，居然看见周鼎的一角露出了水面，大喜：这不是周鼎在召唤朕吗？于是下令打捞，结果就在即将成功打捞上岸的那一刻，忽然从鼎里伸出一个龙头来，一口咬断了绳索，于是鼎再度沉入水中，再也无法找到。

秦始皇又前往今天的湖南省，结果在湘江之上遇到大风，就暴怒，命令从监狱里放出三千名囚犯，让他们拼命砍光了湘山上的树木，用来报复湘江的女神，相传为尧的女儿，即舜的妻子。

当然，这些记载可能都有些戏说的成分，但是流传甚广，至少说明一点，那就是东方和南方的人，都不喜欢这个骄傲的皇帝。大家都乐于看到独裁者被戏弄、被拒绝，甚至是被干掉！

秦始皇嬴政二十九年（前218），这一幕真的发生了。秦始皇又一次趾高气扬地出发了——去东方巡视。当走到一处名为博浪沙的所在，居然前所未有地遭到了刺客的武装袭击。

博浪沙在哪里呢？在今天河南省新乡市东南三十三公里原阳县城东关，这里北面是黄河，南面是官渡河，沙丘到处连绵起伏，沙丘低洼处，沼泽地、水洼连成一片，可是偏偏咸阳到东方的驰道，又恰巧通过此处。于是刺客潜伏在附近的高处，他们研究了几种武器，最后认为大铁锤是最好的选择——秦始皇坐的是马车，且车舆上蒙着厚帷幔，用弓箭射很可能根本射不进去，至于剑客则几乎就是送死。

可惜的是，大力士抛出去的这一锤，虽然砸中了车队里最豪华的那辆，秦始皇却并不在车内。不过虽然不中，这晴天霹雳般的流星锤攻击，还是把秦始皇和他的卫队都吓了一跳，等到他们反应过来再去追捕之际，刺客早已转移逃去无踪。

后来才知晓，是韩国宰相名门张家的后裔张良，他请了一个大力士在此伏击。

这一次暴力袭击，秦始皇虽然没有表示啥，实际上却受惊不小。完成巡视琅琊的预定任务之后，他回到咸阳，连续两年都没有再出门，直到嬴政三十二年（前215）才再度出去巡察。

就是这一年，一个燕人术士，自称从海上归来，送给秦始皇一页他抄录的《录图书》。这书其实没啥特别，就是有一句话，引起了秦始皇的关注：

"亡秦者胡也。"

九、寂灭

46　亡秦者胡　谁能想到此胡居然是他的儿子？

胡是啥呢？

一种说法是名字里带有"胡"字的某人，"亡秦者胡也！"翻译过来就是：

"名字里有胡的人，会令秦灭亡！"

而秦始皇的一个儿子，恰巧就叫赵胡亥，这一年五岁。难道这个五岁的孩子，会灭了秦？

另一种说法则是被称为"胡"的北方少数民族，即后来的匈奴。

匈奴最初的居住地，是在阴山南北，头领称作"撑犁孤涂单于"，翻译过来就是"天底下的伟大首领"。

你瞧瞧，这个头衔和秦朝的"皇帝"，是不是有一种既生瑜何生亮的感觉？

所以秦始皇很直接地就认定，"亡秦者胡"，说的就是草原上的胡——这还得了，立马发兵打他！

蒙恬，祖籍山东。爷爷蒙骜从齐国移民来到秦国，六十多岁当上秦国的将军，打了九年仗，攻下差不多一百座城池。老爹蒙武，跟随王翦灭了楚国。到第三代蒙恬，再为秦国立下了赫赫战功。秦始皇嬴政二十六年（前221）秦一统天下的最后一仗——攻打齐国就是他的杰作。

之后，蒙恬被任命为内史。接着，蒙恬又披挂上战场，这一回的主攻对象，就是匈奴。

老实说，和匈奴的战争，完全不同于在中原的征战。匈奴人一不用战车，二没有步兵，甚至连城池都没有。而这个时候，秦朝军队的主要打法还是战车与步兵的组合式攻击。

当然，论一对一的战斗力，匈奴人真的不如中原身经百战的这些战士，所以蒙恬大部分时间就好像在玩老鹰捉小鸡，费事就费事在匈奴人跑得快，捉不着——捉不着还怎么打？

史书说，蒙恬大军北上之后，先是夺取了河套以南的土地，在这里设立了四十四个县，再修直道，然后修筑长城。做完这些工作之后，他再推进到黄河以北，扫荡匈奴的残余势力。

整体而言，并不费力，就是太耗时。

据《史记》的记载，蒙恬与匈奴交战"十有余年"，但问题是蒙恬在秦始皇嬴政三十七年（前210）就死了，所以笔者推断，蒙恬在秦始皇嬴政三十六（前221）就已经北上。但《史记》明明说，这一年蒙恬灭了齐国，之后被任命为内史。

所以唯有一个可能，就是蒙恬灭齐、担任内史和出发北上攻打匈奴，都在秦始皇嬴政三十六年（前221）。

秦直道，是秦始皇命蒙恬监修的一条重要的军事要道，史载南起云阳（今陕西省淳化县），北到九原（今内蒙古自治区包头市西郊），全长七百多公里。这构成了秦朝的第三种道路，至今考古有所发现。

除了北方的匈奴，秦始皇还有什么值得烦忧的事呢？

之前笔者讲到秦灭楚之际，留了一句话，说楚国虽然灭了，可是越人依旧不服，不知各位还记得否？

秦始皇可是没忘记这个茬儿，他指令国尉（秦国升级为秦朝之后，太尉也升级为国尉）负责搞定这件事。

国尉，应该是尉缭吗？

请注意——此时，尉缭已经生死不明。

接任者叫作屠雎。

我们说，秦国打了那么多年的仗，练就了一支庞大的职业军团，灭六国统一天下之后，这个庞大的杀人机器，一部分军人，可能驻扎在咸阳；另一部分军队，稍后派去攻打匈奴；还有一部分，可能分散驻扎在一些战略要地；那么剩下的呢？

五十万人，剩下了这么多，全部交给了国尉屠睢。让他带领南下，扫荡拒绝服从权威的越人。

在很多人看来，越国和楚国都被灭了，越人还有什么能力阻挡这五十万的秦军？难道散居在南方山里，战斗力还能比中原的赵、韩、魏更强？

呵呵，山里人的冷兵器，说白了无非就是短箭小弓，近距离格斗则是靠剑与长矛。他们这种颇有些落伍时代的弓箭矛剑，远不如秦人的制式兵器。

但是有一点越人比六国强，那就是百越尚处于物物交换的状态，不认钱！所以秦国对付六国时用的花钱收买内奸那一套，在这里居然行不通——当然更多时候，秦人也不屑拿钱收买越人头目。

此外，言语也不通（这一点要说的是，百越各个部落往往也彼此言语不通），秦国就算要收买，也没法说明白。

所以秦人只能打，而且得一座山一座山地打，一片林一片林地钻。

尽管如此，屠睢还是完成了任务：首先搞定了相对弱小的东瓯（今浙江省温州市），接着攻下了闽越（今福建省），设立了闽中郡管辖这两块地区；最后才拿下了岭南的南粤（今广东省）和西瓯（今广西壮族自治区）。

西瓯，是这场战争的最难关卡。中学历史书告诉我们，秦朝修了一条灵渠，为什么修？不就是因为攻打西瓯部落时，山高路险，行军艰难，运粮更是困难吗？

大约在秦始皇嬴政二十九年（前218），也就是秦始皇在博浪沙遭遇袭击的那一年，屠睢终于推进到今天的广西壮族自治区桂林市一带，但是很可惜，他遭遇越人的夜袭，面颊与身子中了两支毒箭，而这些毒箭是浸泡过蛇蝎剧毒的。

这位秦国国尉就这样阵亡了。

你想想，秦国灭六国的战争中，有没有国尉级别的人战死？没有！但是在秦征百越的战争中，国尉屠睢阵亡了。

虽然国尉阵亡，毕竟秦朝征讨百越的战争，已经打到了中后场，所以随后担任征讨任务的将领，级别就低一点。

四年之后，秦军卷土重来，任嚣与赵佗分别担任主将和副将，终于将剩余的南粤和西瓯部落全部征服。于是秦朝在这里设置三个郡，即南海、桂林和象郡。其中象郡的治所在临尘县（在今广西壮族自治区崇左市境）。

还有一种观点认为，象郡的南界一直到今天的越南中部，汉朝的日南郡，班固说就是秦朝的象郡。如果这个说法没错的话，秦军的兵锋所至，岂不是到了今天的东南亚？

而这一场南征，其实对秦军的消耗很大。打到秦始皇嬴政三十三年（前214），已经统一全国许多年的秦始皇，居然又下诏把全国境内的无业游民、嫁给女人的男人（上门女婿）和商人，全部强征入伍，用作南征的第二批作战部队。

战争结束之后，为了巩固南方三郡，秦朝政府又把有犯罪记录的人员发配岭南，估计是人数不足，随后又征发了一批平民，前后据说总计有五十万人，有男有女。这些人后来就在岭南定居下来，成为第一批岭南汉人。

老实说，秦始皇在南方和北方差不多同一时间发动的两场战争，有不能说的原因——战国时期扩军备战，等打完六国一看，军人实在太多，而且这些军人多数还有一些军功爵，那么怎么办？秦始皇就想了这个办法来消耗多余士兵。

而当真正两边开打，又发现不论是南方还是北方，一旦要实现完全占领，就必须调配更多人口前往。所以有研究认为，秦始皇其实有意识地严苛政法，使"犯罪"的人越来越多，送往南北两条战线的人也越来越多。

这种利用重法陷阱的做法，一直维持到嬴政三十四年（前213），秦始皇又颁发一道圣旨，进行司法整肃，说有很多司法人员，违背了始皇帝仁慈爱民的本意，于是又把一批法官小吏，也充军到南北两条战线。

这个时候，其实已经有很多人在私底下吐露对这位伟大皇帝的不满。而秦始皇称帝之后的第一任丞相王绾，就被罢免。继任者便是冯去疾和李斯的正副组合。

李斯好不容易当上丞相，当然要顺应秦始皇的需求，讲点皇帝爱听的话。结果就是这一年，即嬴政三十四年（前213），在咸阳的君臣酒宴之上，在一批马屁精想着法子阿谀奉承之际，有一个山东人叫作淳于越的，却逆势而行偏要给皇帝提意见，说是虽然现在陛下统一了天下，可是政权还未稳固，一旦出现权臣怎么办呢——建议还是要分封子弟及功臣作为膀臂辅翼。

秦始皇就把淳于越的意见交给李斯处理。李斯自然不高兴：你说的权臣是谁？难道是为陛下兢兢业业工作的李某人不成！

所以淳于越被李斯骂了一顿，而后李斯就给秦始皇上奏章。其实淳于越的意思是要限制权臣、多封诸侯，结果到李斯手里就整成了读书人因为书读多了，脑子里想法太多，大秦帝国需要的是顺民，是乖乖替皇帝干活、心甘情愿为皇帝奉献一生包括去死的人，如果书读多了，这样的人就会越来越少。因此，李斯主张：

> 臣请史官非秦记皆烧之；非博士官所职，天下有藏《诗》、《书》、百家语者，皆诣守、尉杂烧之。有敢偶语《诗》、《书》，弃市；以古非今者族；吏见知不举，与同罪。令下三十日，不烧，黥为城旦。所不去者，医药、卜筮、种树之书。若欲有学法令，以吏为师。

这就是所谓"焚书",除了法典不烧,医药、算卦、种树的书不烧,其余"诗书百家"类书籍,全部烧掉。唯一的例外,是秦朝官方的博士,可以把这些书作为档案收藏。

另外,如果老百姓不接受这个法令,私自谈经论道怎么办呢?李斯说,但凡两个人以上谈论诗书的,拉出去砍了;读了书拿古代的事来非议当下的,族灭全家;身为官吏,发现上述情况,却不检举的,同罪!法令下达三十天之后,家里私藏书籍还不烧掉的,在他脸上刺字,拉去做四年苦役。

这些话,说白了就是李斯揣摩秦始皇圣意的结果——此时的丞相,正确的职责不该是根据国家的实际情况来处理政事吗?然而李斯认为,形势已经大不同了,现在,他这个丞相唯有做一件事才是正确的,那就是"猜测皇帝怎么想,然后就这么做"!

秦国(秦朝)那么多当家人,从早期的百里奚到中期的商鞅再到最近的王绾,都在一定程度上坚持自己的主张,因为在他们看来,当相邦,就必须提出并实行自己的主张,否则,都听帝王的,这个相邦岂不是成了一个传声筒?

从李斯开始,规矩变了,相爷不是爷,变成专门揣测主子心思的奴才了。

所以有些人吹捧李斯如何如何厉害,但笔者要说,他是秦国所有丞相中角色最烂的一个,比商鞅、张仪,差太远了。最后,就是因为李斯揣摩主子心思的能力下降,断送了他的性命,这应该说完全是自作孽,不可活!

47 沙丘死局 一切俱在中车府令的算计之下

既然连帝国丞相李斯,都是这样阿谀奉承的态度,高高在上的秦始皇,就更加不能控制自己了。如前面提及,他下令蒙恬,从驻扎的九原修一条笔直的大道,直达帝都咸阳附近的云阳。这当然是为了皇帝日后巡视北部边疆的需要，但之后修了好几年，都没完全修成。(因为蒙恬既要打匈奴，又要修路，实在忙不过来，等忙碌得差不多，赐他一死的圣旨就来了。秦直道的后期工程是秦二世时期完成的。)

当然，在秦始皇看来，修路只是小事，老百姓身沐皇恩，却不知感谢，太不懂事了，于是他又抓人来修宫殿，而这宫殿，便是后世所谓阿房宫。

关于阿房宫的设计蓝图，秦始皇是这样考虑的：首先，是整体规模，要达到"东西五百步，南北五十丈"这样一个尺寸，容纳总人口在一万人左右；其次，下面竖一根五丈高的旗杆，用木板搭建阁道，能从阿房宫一直通到秦岭，而后在秦岭的高峰上竖立一根石柱子即华表；最后，还要修复道，从阿房宫一直越过渭河，抵达帝都咸阳。

修这座阿房宫的同时，秦始皇还打算在骊山给自己预备一座豪华的陵墓，这两件事就一起办了。需要多少人力呢？算下来大概是七十万。

七十万人又到哪里去征集呢？依旧是老法子，结果没多久真的抓来七十万人，其中还有相当一部分人倒霉地被先施以宫刑，在阴暗的房间里养一百天之后再来干活。今天的安徽省六安市，一个叫作英布的人就被抓到骊山，比较幸运的是，他仅仅被施以黥刑，所以又被叫作黥布，而不是宫布。

秦始皇这样搞，终于有人看不下去了。这个"有人"甚至出现在替他出主意的方士里。譬如一个姓侯的，就和一个姓卢的在背后嘀咕：皇帝啊已经无法控制他自己了，总感觉自己是天地诞生以来的第一个伟人，已经自命不凡到恬不知耻的地步，三公九卿都成了摆设，只能机械地接收指令，不能有自己的任何一点想法；天下事那么多，都由他一个人来作决断，结果每天批阅的公文，有一石那么多（一石约等于今天的三十公斤，竹简嘛，确实重）。就是这样一个贪恋权力的凡夫俗子，居然还痴心妄想做神仙，我们是没有办法帮他实现。

两个人说完这些话，就哧溜一下全跑了。结果这些话却被人听见，传到了秦始皇耳朵里。不知道有没有添油加醋，反正最终的结果就是秦始皇暴跳如雷，于是开始抓人。抓不到侯某人和卢某人，就把咸阳城里所有能说会道的儒生全部抓捕归案，最后四百六十人被判罪名成立，坑杀！

这个事件的最终发生地，即坑杀现场，据说是在今天陕西省西安市临潼区与灞桥区一带，有一块平坦的谷地，即"坑儒谷"。

不过这里还有一个疑问，就是：明明说皇帝坏话（也是真话）的人是方士，为什么秦始皇最终迁怒并杀害的会是一帮儒生呢？

背后的原因，恐怕就是，诸子百家之中，道家的理论相对比较玄奥。既然玄奥，老百姓一般听不懂，就算有危害，也危害不到哪里去。墨家则注重实践更多于理论，而既然理论不多就不去管他了。法家是秦人信奉的思想。所以针对的唯一对象，就只有儒家了。

当然秦始皇一开始也没想对付儒家，只要他们乖乖听话不乱说乱动，政府就管他们的粮——某种意义上，秦朝的"博士"（掌管书籍文典、通晓史事的官职）就是这么来的。可是秦始皇万万没想到的是：某些博士居然不怕死，依旧到处在讲那些"不靠谱"的话。典型案例，就如之前那个淳于越。

所以你看看，一个人尤其是有权力的人，要做到"闻过则喜，有则改之，无则加勉"，是多么艰难。给当权者提建议，风险系数又是这么高——难怪数千年中，表达不同意见的，仅仅是表达，也少之又少。

秦始皇干这件事的时候，却遭到了身边人的反对。这个大胆的身边人就是他的儿子扶苏：

> 天下初定，远方黔首未集，诸生皆诵法孔子。今上皆重法绳之，臣恐天下不安。唯上察之。

老爹的决定，儿子没有百分之一百反对，其实扶苏只是希望法律能缓和一点，而缓和的理由是：读儒家经典的人太多了，陛下如果把这些人全抓起来，会导致天下动荡。

扶苏这么讲，目的是希望老爹能从暴力清剿儒家这个步骤稍微退回去半步，杀几个闹事的就可以了，大部分人还是以教育为好。

结果秦始皇火冒三丈了，认为这个儿子不行，一脚把他从咸阳踹到了上郡，跟蒙恬做伴去了。

那么这个举动，背后隐藏的是什么含义呢？

一些人认为，这表示秦始皇彻底对扶苏不抱希望了：你这个小子根本没我的魄力。下放上郡，就等于是流放。

这个判断，跟随后秦始皇带着小儿子胡亥出去在全国范围内巡视结合起来，可以解释为：

"扶苏没戏了，所以秦始皇向全国展示他的新接班人胡亥！"

但是事实真的如此吗？如果仔细看史料，你会发现：秦始皇于嬴政三十七年（前210）最后一次出巡之际，是胡亥提出要求随同老爹出游，而秦始皇只是允许而已。

况且，秦始皇也没料到自己这一趟出行，会是有去无回。

所以更大可能，秦始皇还是中意扶苏做自己的接班人，只不过觉得扶苏过于年轻，对世间的险恶认识不足，所以才打发他去了北方前线，而北方的大将蒙恬，也是他最信任的将领之一。

换句话说，这就是让他深入基层，吃吃苦！而这种吃苦，说白了就是老爹让儿子锻炼锻炼的意思。

假以想象，如果秦始皇出巡归来，怒气得以消散，儿子扶苏的归来，真的不是什么大问题。

至于胡亥，继承皇位的可能性几乎为零。

但是偏偏，在嬴政三十七年（前210）的巡视末尾，从南方的会稽郡归来的秦始皇，在北上途中突然病倒了。

最初，秦始皇以为自己只是旅途劳顿、偶感风寒，可是随后就发现病得有点重。

难道是因为在会稽祭拜大禹的时候，秦始皇照例说了一些大话，让大禹不高兴了？

于是，他立马让随行的蒙毅回会稽郡去祷告山川，请求大禹的原谅。

蒙毅出发之后，秦始皇继续往前走，走到平原津，他终于确认，自己卧床不起，可能不行了。

这个时候待在他身边的人，就是中车府令兼行符玺事赵高。秦始皇立即让赵高拟定密旨，发给远在上郡的大儿子扶苏：

"与丧，会咸阳而葬。"

当然此时他还没死，这道密旨只是一种预备，即如果他不行了，就马上发出。在此之前，封存在赵高这里。

显然这种程序，正常情况下没问题，可是这一刻，就给赵高留下了"暗箱操作"的空间。

秋天，在沙丘，就是赵武灵王饿死的地方，秦始皇也断了气。

此时的秦朝，秦始皇之下的最高层，就是冯去疾和李斯两个相，出行之际，秦始皇的安排是：冯相留守，李相陪同。所以在沙丘，这个时候的最高长官是李斯。

皇帝断气，第一个知道此事的人，当然是赵高。按照程序，他应该通知李斯，然后发出密旨，让扶苏前来继承帝位。

但是这里又牵扯一个问题，就是赵高和蒙家的矛盾。赵高曾经犯罪，当时负责审理此案的，就是蒙恬的弟弟蒙毅。结果蒙毅法不容情，判赵高死罪，后来秦始皇下令法外开恩，这才得以赦免。

这其实是秦始皇玩权术的一种手段，就是先吓唬一下赵高，然后赦免他，让他对皇帝感恩。

但这个手段的后遗症，就是赵高对蒙毅怀恨在心，并且随后把恨扩散到蒙氏兄弟。

如果扶苏继承大位，成为秦二世皇帝，蒙毅毫无疑问就会得到扶苏的信任，赵高未来的前景就十分悲观。

而随行在旁的胡亥，此时二十岁，赵高曾经是他的法学老师。

于是在秦始皇的尸体前，赵高便有了一个天大的主意，那就是篡改圣旨，以秦始皇的名义，下令杀死赵扶苏，而把帝位传给赵胡亥。

赵高能这样做，首先是因为蒙毅不在。其次是要得到随行的左丞相李斯答应才行。

那么李相又是个什么态度呢？

若是按照大秦法理，丞相是皇帝意志的坚强执行者，那么李斯就应该坚决贯彻秦始皇的意思，一旦发现赵高有篡改的意图，立即采取果断行动。杀赵高，是此时他的唯一正确选项。

但是以私利而论，扶苏和胡亥，哪个皇子做皇帝更好呢？扶苏身边有蒙恬，如果他做皇帝，必然会信任蒙恬和蒙毅，那李斯还有什么机会再得帝宠呢？

在这里，李斯是应该遵循律法行事，还是追求私利呢？

呵呵，很多人看到法家的"法"字，就会认为身为法家巨子，当然应该守法。可事实上，法家思想的理论基础，却是认为人的本性都是在于追求利益。既然是追求利益，就不可能有什么道德标准可言，所谓道德标准，是拿来要求别人的。

所以，李斯决定遵循法家的核心思想，即逐利才是真法。联手赵高，这就开始行动。

第一步，就是派出使节，以秦始皇的名义，下令扶苏、蒙恬二人自杀以谢罪，军权移交给王离。

结果就是，扶苏自杀，蒙恬却拒绝自尽，要求为自己辩护。胡亥也一度曾打算放了他，结果此时蒙毅归来，赵高想起旧恨，于是一起陷害，蒙恬、蒙毅全部被捕。

第二步，是要迅速回到咸阳即位。当时已经是盛夏，不可一世的秦始皇，已经开始腐烂。没有办法，李斯只能让他和臭鲍鱼同处一车，以掩盖异味。

第三步，是在回到咸阳之后，如何处置蒙氏兄弟？虽然有赵子婴（后来的三世）出面为蒙氏说情，但是最终兄弟俩还是被处以死刑。据说，蒙恬是吞药而死。蒙毅临死之前还说了一大串自己是忠臣不该被杀的"台词"，但是在这个时候谁还愿意听他的？再说忠臣就不能处死，这是哪一部剧的剧情？

48　六骥过隙　胡亥的人生觉悟：我就是想好好玩

最终，是赵胡亥而不是赵扶苏，成为秦朝第二任皇帝，即所谓秦二世。倘若这个秦二世能够将老父的帝国顺利传承下去，他的皇位是如何得来便不会是个太大问题。

然而秦二世的全部心思，居然是：

> 人生居世间也，譬犹骋六骥过决隙也。吾既已临天下矣，欲悉耳目之所好，穷心志之所乐，以终吾年寿，可乎？

翻译一下，就是说人这一辈子，就好比奔驰的骏马跑过缝隙。秦二世觉得自个儿这么年轻，已经做到了人间最高的级别的官——皇帝了，就算再奋斗还有什么意思呢？所以他打算"躺平"了，听听音乐看看美女跳舞，把人这一辈子能玩的花样都玩个遍，直到老死——这样，可以吗？

秦二世就是这样问赵高的。而赵高的回答是：陛下太英明了，人生就该如此，不过还有一件事要操心一下，就是你的那些哥哥和朝中的大臣们。沙丘那件事，虽然我们做得很隐秘，可是世上没有不透风的墙，他们已经起了疑心，一旦他们拿这个作借口搞事情，我们又该怎么办呢？

没错，赵胡亥觉得赵高的疑虑很有道理，可是该采取什么样的对策呢？

赵高的锦囊妙计，就是所谓"严刑峻法"，他说：

> 陛下严法而刻刑，令有罪者相坐，诛灭大臣及宗室；然后收举遗民，贫者富之，贱者贵之。尽除去先帝之故臣，更置陛下之所亲信者，此则阴德归陛下，害除而奸谋塞，群臣莫不被润泽，蒙厚德，陛下则高枕肆志宠乐矣。计莫出于此。

只有严刑峻法，让大臣害怕，让宗室害怕，害怕到整天担心自己会不会有事，就没有心思再来查究你胡亥是不是合法的皇帝了。

好吧，赵胡亥还真就这么干了。

第一批，是十二名皇子，在咸阳街头被处决。

第二批，是六名皇子、十位公主，在杜县被五马分尸。

历史上如此大规模地屠杀自己的兄弟姐妹，真的也只有秦二世干得出来。秦始皇当年生有二十三个儿子，长子赵扶苏已经被赵胡亥赐死了，如今又减员十八人，只剩下四人，除了胡亥，还有三人。

这三人之中，也有一个赵高（与中车府令兼行符玺事赵高同名同姓同氏），应该是胡亥的弟弟，看到这样一番血腥屠杀的场景，估计是吓坏了，他主动请求，愿意去做老父亲秦始皇的陪葬，葬在骊山之中。

秦二世说：好啊，给你十万钱，拿着到阴间去花吧！

还有两个不知名的兄弟，可能也随即遭到杀害。

真的是"落得个白茫茫大地真干净"，秦始皇和秦国的历代祖先，绝对想不到自己的子孙，会被自家人屠杀得如此干净吧！

结果就在秦二世疯狂屠杀自家兄弟的时候，这一年的秋天，爆发了大泽乡起义。陈胜、吴广宣称秦二世的哥哥赵扶苏没有死。随后，一场反秦风暴便从今天的安徽省迅速向河南、河北、山东、江苏等地传播开去。

这里要说的是，一群被安排到北方渔阳郡服徭役的农民，居然敢造反，而且还闹得那么大，真的是开天辟地第一回。在此之前，中原地区只有所谓"盗拓"，号称"从卒九千人，横行天下"，但显然更像是梁山好汉似的团伙，志在劫掠，可是陈胜、吴广这一拨，就是称王建国，要革秦朝皇帝的命了。

那么问题来了，陈胜、吴广起义，秦二世知否？

答案是肯定的，当时朝廷有一批谒者，是掌管传达等事的近侍，立马把东方出事的消息报告了秦二世。

结果秦二世根本不信，"你们在胡说！"而后便将他们打入大牢。所以大家都学乖了，稍后各个郡县的使者到来，就不敢说实话了：

"报告陛下，东方有一些小偷和强盗，各郡已经将他们全部逮捕，陛下不必担忧！"

秦二世乐了：果然，这才是真相啊！之前那几个家伙一派胡言，简直就是丧心病狂。

结果没几个月，张楚的将军周章，带着数千辆战车、号称数十万大军，居然推进到了今陕西省西安市临潼区东的戏水，距离咸阳仅仅四十公里。

这个时候，秦二世终于觉悟过来，召开御前紧急会议，询问众臣该如何应对。

少府，也就是皇帝的小金库主管、此时被派去主持修建骊山陵墓的章邯提了个建议：

盗已至，众强，今发近县，不及矣。骊山徒多，请赦之，授兵以击之。

农民军来得这么快，征发附近的常规部队过来援救，恐怕是来不及了。倒不如赦免骊山那些苦工，让他们当兵来抵挡。

老实说，章邯的这个主意，其实很不靠谱。把武器交给苦工，让他们抵挡起义军，这不是商纣王当年抵挡周武王的套路吗？结局可是阵前倒戈的呀。

但是一支军队的成功与否，往往取决于统帅。商纣王无法驾驭他的七十万大军，章邯却能将骊山的苦工在很短时间内打造成一支进退有度的铁军，这就是章邯的本事了。

于是周章被章邯打败，退出函谷关。秦二世胡亥二年（前208），章邯追杀到渑池，周章自杀，张楚军西路一支瓦解。随后章邯便向东推进，到年底便传出了车夫庄贾杀死陈胜、向秦投降的消息。

不过，火苗一旦燃起，就不可能轻易熄灭。陈胜虽然败亡，可是其他起义军已经崛起，其中又以楚国旧贵族项梁的势力最为庞大，而项梁就是当年死于秦楚战争的项燕之子。

所以章邯虽然灭了张楚，却又困于项楚。

回到咸阳，此时的大秦帝都之内，权力斗争再掀波澜，赵高终于将矛头指向两位丞相——冯去疾与李斯。

首先是夺权。先秦时代，国君享有的是所谓统领权，而治理之权，是授予"相"裁决的。可是从秦始皇开始，这个权力被剥夺了，朝廷的一切事务，全部由皇帝来决断。

老实说，这样做工作量是极大的。当年秦始皇在太平无事之际，尚且要每天处理公务，据说平均每天需要批阅的公文（简牍）重量达到一石（秦汉时期一石约等于现在的三十公斤）。更何况这个时候兵荒马乱呢？

于是赵高向秦二世提出建议，说："陛下何苦这么辛劳呢？把这些烦琐的事，交给臣和熟悉规章制度的侍中（皇帝的秘书班子）就可以了。如果有我们解决不了的难题，需要陛下亲自处理，再呈给陛下御览。"

秦二世本来就厌倦国事，一听这个建议，欣然接受，从此避入深宫。处理政事的大权，顿时便落在了赵高手里。

赵高想要彻底垄断朝政，还有一个障碍，那就是朝臣中的两个丞相，而其中又以左相李斯最让他放心不下。就在此时，右丞相冯去疾、左丞相李斯、御史大夫冯劫联合递上奏章：

> 关东群盗并起，秦发兵诛击，所杀亡甚众，然犹不止。盗多，皆以戍、漕、转、作事苦，赋税大也。请且止阿房宫作者，减省四边戍、转。

三个大臣的意思很简单：关东都闹这么大了，你这个当皇帝的还不知道勤俭节约一点吗？先把阿房宫和别的一些暂时不紧要的事停一停吧！

按理说他们说得并不过分，秦二世却怒了，他的答复居然是这样的：

> 凡所为贵有天下者，得肆意极欲……今朕即位，二年之间，群盗并起，君不能禁，又欲罢先帝之所为，是上无以报先帝，次不为朕尽忠力，何以在位！

瞧他这话说的，当皇帝不就是为了想干什么就干什么吗？现在我当了皇帝不过两年，便盗贼四起，你们这几个做大臣的，不能扑灭，反而还要取消先帝既定的政策（指修建阿房宫），岂有此理！你们对上不能报答先帝，其次不能为我效忠，要你们这些窝囊废做什么？

好啊，这个奇妙的逻辑，意思就是：我是皇帝，就只管享乐；你们是大臣，就要管理好国家；现在你们管理不好国家，反而要把责任归结到我这个皇帝身上不成？

于是右丞相冯去疾、左丞相李斯、御史大夫冯劫三个人，被绑起来一顿暴揍，直揍得冯去疾和冯劫丧失信念，宁愿一死了之。

李斯却扛住了，他承认自己有错，却不肯自杀——潜台词就是："我为国立过功，你就算不看功劳看苦劳，也该宽大处理我啊！何况实际上我根本就没犯啥过失啊。"

所以李斯扛住折磨，又写了一封奏章，给自己辩白，结果秦二世压根就没见着——赵高给扣下了。

其实秦二世看了奏章也不会改变决定，最多就是留李斯一条命让他回家种田去罢了。可是赵高决心一定要搞死李斯。他先后派出的几拨人，都说自己是皇帝派来的钦差，而李斯每见到一个钦差就诉苦，诉苦的结果就是被再暴打一顿。聪明如李斯，挨揍 N 次之后也只好服软，表示自己罪有应得，不再喊冤。也就在此时，真正的钦差到了……

秦二世拍手："好啊，李斯你果然是个罪大恶极的人！"

于是在秦二世胡亥二年（前 208），李斯和他的一个儿子在咸阳遭遇腰斩之刑——这个腰斩，真的是很痛苦的啊。据说先要把罪犯身上的衣服剥光，露出腰部，伏在砧板上，然后刽子手一刀砍下。

问题是人的主要器官，如心脏啊脑啊都在上半身，所以一刀下去，人被分成了两半，上面那一半还会神志清醒，甚至会坚持好长一段时间，后世说最高纪录，被处以腰斩的犯人，两三小时之后还没死！大清国雍正年间，一个犯人被腰斩之后，用自己的血在地上连写七个"惨"字，消息传到皇帝耳朵里，就连素来以残忍著称的雍正帝都不能忍受，终于下令废除这种刑罚。

李斯还有一个儿子叫作李由，担任三川郡守一职，此时在东方与刘邦、项羽鏖战，或许是没有及时知晓发生在咸阳的噩耗。老爹死后一个月，李由也被刘邦手下大将曹参斩杀。

一年之后，巨鹿大战发生，包围巨鹿的四十万秦军（最后的主力）被破釜沉舟而来的五万楚军打垮，秦军仅存的四员大将，苏角被杀，涉间自焚，王离被活捉，章邯被击退。一时间，秦军不可战胜的传说，彻底成为历史。随后章邯派长史（秘书长）司马欣到咸阳报告，结果司马欣在赵高的门房等了三天不得接见，随后获悉赵高即将对军队下手，于是司马欣赶紧跑回前线，向章邯报告。最终，章邯在洹水南岸的殷墟上，向项羽投降。

不过这个时候，因为秦军和东方人多年的矛盾其实难以在短时间内化解，许多东方人对秦人的残暴存有深刻记忆，所以复仇，几乎就是东方人的集体意识。等到秦军投降，东方人便对他们随意侮辱，于是秦人愤怒，议论着不该听信章邯向项羽投降，而这些声音又传到项羽耳中。最终，项羽就和黥布、蒲将军商议，派出军队，当夜把二十余万秦军全部杀死，埋葬在新安城南。

以所谓善恶因果论，秦军这样的结局，显然是五十多年前白起在长平坑杀四十万赵国降卒的报应。

49 宦官赵高 他难道不是阉人，居然还想篡位？

这个时候，咸阳城中的赵高可就犯嘀咕了：形势已然这样了，再想翻盘的希望几乎不存在了。秦帝国多半是被打回原形了，以函谷关为界，关东依旧归六国，关西归秦国，这样的可能性比较大。

但是这样一个秦国，谁来当皇帝呢？

赵高认为二世不能干下去了，他必须为自己的过错承担责任。新的皇帝，赵高想到的是自己。

是啊，赵胡亥是嬴姓赵氏，赵高难道就不是吗？只是稍稍偏庶了一点点而已嘛！

既然如此，唯一的悬念就是：朝中大臣支持谁？这是赵高要确定的第一件事。

为此，赵高做了一个实验，即所谓"指鹿为马"。

> （赵高）持鹿献于二世，曰："马也。"二世笑曰："丞相误邪？谓鹿为马。"问左右，左右或默，或言马以阿顺赵高。或言鹿者，高因阴中诸言鹿者以法。后群臣皆畏高。

其实赵高错了，错得很离谱。因为就算是顺着他的话把鹿说成马的人，难道就一定会支持他吗？只不过暂时畏惧他的权势而已。一旦权势变化，这些人中的很大一部分就会争着来打倒赵高。

后来的权臣，如曹操、司马懿，就没有这么愚蠢。他们赖以与皇室抗衡并最终扳倒对手获胜的关键有四。

第一是有一个自己的基本盘，即一批跟随自己成长起来的人，所谓一荣俱荣一损俱损。这批人的富贵与曹操、司马懿是捆绑在一起的。

第二是所谓影响盘，也就是那些看到权臣的势力如此庞大，前来投奔或依附的人。这些人，有一部分会融入权臣的基本盘，成为所谓铁杆；而大多数，其实是墙头草，一看风吹草动，就会随时改变自己的立场。

第三就是压制盘，也就是无可无奈，被权臣的势力强行压制下去的那些人，他们心怀不满甚至是仇恨，只不过暂时力量不足、无可奈何而已。

第四就是权臣的敌对面了。

在这个时候，赵高通过"指鹿为马"事件，最多就是辨认出了所谓"敌对面"，并将这些人清除出朝廷而已。压制盘和影响盘的人依旧大量存在，而这些人，一旦机会成熟，就会成为群殴赵高的人。

赵高要做的第二件事，就是对付秦二世皇帝赵胡亥。

篡权作乱是一个高风险的项目，如果不到万不得已，赵高还真的不急着做。因为如果维持现状，他的"首席权臣"位子是牢靠的，就好比是一个大企业的 CEO，日子滋润得很，他又何必冒险干别的呢？

可是这里有个前提，就是赵胡亥必须无条件、百分之百信任赵高，赵高才能安心。

但是形势严峻啊，关东起义军项羽、刘邦那些人，正在向西节节推进，而赵高唯一的对策，居然就是瞒着赵胡亥，不让他知道——这算个什么对策？

秦二世胡亥三年（前207）夏天，刘邦的军队居然攻陷了武关。而秦二世就在此时，忽然梦见一只白色老虎窜出来咬死了他的左骖。

"左骖"是什么呢？原来，先秦时期君王的通用交通工具就是马车，秦朝沿用，而国君、帝王的专用马车，也就是最高规格的"驷马"，即用四匹马来驾车，确保平衡性和耐久力。其中中间的马叫作"服"，两边的马则叫作"骖"，"左骖"就是最左边的马。

这个"骖"，实际上比"服"更重要，如果你去看秦陵铜车马，或是玩相似题材的游戏，就会发现两侧的骖马戴有金银装饰的项圈，而中间的服马没有颈圈。这是因为骖马除了向前奔驰，还有一个转弯、变道的"职责"，尤其是左骖马，《周礼·考工记》说，如果终日驰骋，而左骖不倦怠，这就是最好的马车配备。

那么回到秦二世做的这个梦，他梦见的是白虎来袭。白虎又是啥呢？就是所谓与青龙、朱雀、玄武并列的四方神兽。而白虎，就代表着西方。

白虎攻击秦二世的车，按当时的观念，就是西方大神已经不满意秦二世赵胡亥了。

换句话说，要换人了！

所以胡亥当然心急如焚，赶紧吃斋祈祷，把四匹白马沉入泾水，作为献给大神的礼物。

这里就有两种解释了。按照胡亥的解释，虽然他是皇帝，而具体办事的是赵高，所以天神发怒，得怪赵高办事不力。

而按照赵高的解释，天神发怒了，天子就要换人，赵胡亥没戏了！

于是先下手为强，赵高立即安排，让咸阳令阎乐带着一千多人冲进秦二世所在的望夷宫，大声嚷嚷着："贼人冲进来了，你们这些守卫干什么吃的？"

守卫莫名其妙，说哪里有什么贼人，结果就被阎乐斩杀，随后这一千人就冲进去，看见人就杀，一口气杀了数十个郎官和宦官。箭，居然射入了秦二世所坐的御帐。

秦二世怒了：朕是大秦的皇帝，谁敢如此放肆，左右速来护驾！咦，左右哪里去了……

这个时候，秦二世才发现，他的左右侍从早已逃散。最后回到寝宫，他身边只剩下一个宦官。

秦二世终于觉悟了，他问这个唯一的下属："你为什么不早点告诉我实情？居然到了今天这个地步！"

宦官说：我不敢说话，所以才能活到现在；要是早说话，还能活到今天吗？

这个时候，阎乐冲了进来："足下骄横跋扈，胡乱杀人，天下人都恨你背叛你，足下现在还有什么打算？"

呵呵，按照秦朝的制度，阎乐应该称皇帝为陛下，可是现在，他称二世为"足下"，其实也算一种敬称，只不过规格不如"陛下"罢了。陛下专用于皇帝，足下则用于诸侯王，甚至是一般士大夫。

当然到这个时候，赵胡亥也不计较这些了。他说："我还能不能见丞相一面？"

阎乐一口拒绝："丞相国务繁忙，没空见你这种人。"

赵胡亥说："那我不要当皇帝了，给我一个郡当王就可以了。"

阎乐依旧拒绝："现在天下这么乱，没有郡会接受你了。"

赵胡亥说："那就当个万户侯吧，实在不行，就做一个平民，给我一份公子的福利待遇就成。"

嘿，阎乐说："你这家伙咋就搞不清楚状况呢？俺们是来跟你讨价还价的吗？咱们是来砍你脑袋的！"

最终，二世胡亥只好自杀。（也可能是被迫自杀，而且可能性还是蛮大的。）

秦二世驾崩了，这个时候赵高就宣布开会，把所有宗室和高级官员都喊过来，交代事情说："现在这个情况你们也都知道，二世皇帝为

九、寂灭　261

这个局面负责，他自杀了。那么现在怎么办呢？我的意思，秦本来是一个王国，现在依旧回到以前的秦王国状态，那么谁来做秦王呢？"

此刻，赵高是不是自己想当王？这就涉及两个问题：

第一是赵高算不算秦国的皇家成员。以前一些作者和读者都不懂姓氏的变迁，以为秦始皇姓嬴，赵高姓赵，两者没有关系。但是现在搞懂了姓和氏的变迁，不难发现，秦朝皇帝和赵高其实都是嬴姓赵氏。赵高，自然不是皇室的核心主线成员，但说是支线边缘成员，还是靠谱的。

第二是赵高的身份。他是个宦官，既然是宦官，就是阉割过的，既然都阉了，咋还有这个心思呢？

但事实上，赵高的母亲，当年是因为触犯法律所以被收入隐宫，而后在此生下赵高。所以赵高是不是真的被阉割了，并不能确定。

上文提到的那个咸阳令阎乐，就是赵高的女婿。如果赵高没有生育能力，哪里来的女儿招女婿？

当然也有可能，赵高是生了女儿再被阉，或者这个女儿就是认的"干女儿"。

实际上，唐朝的宦官高力士，明朝的宦官魏忠贤，那一定是阉割过的。但是在秦的时代，宦官有阉割过的，也有未阉割的。譬如后妃宫廷，这里的宦官，以阉人为主（譬如嫪毐，就是假装阉割后混入）；而涉及国家事务更多的宦官，就存在未阉割的。

赵高，很可能就是这样后一种身份的"宦官"。

清代史学家赵翼写了一本《陔余丛考》。其中考证说，赵高是赵国的"嬴姓赵氏"，本来是赵国的公子，因为赵国被秦国所灭，他就混入秦宫，而后搞出这么多事，目的就是颠覆秦朝，为祖国赵国报仇雪恨。

呵呵，按照这个说法，赵高岂不是大英雄？

到清朝，就有人写诗歌颂赵高：

可怜百万死秦孤，只有赵高能雪耻。

> 赵高生长赵王家，泪洒长平作血死。

当然实在说，这个脑路转得有点太大，不靠谱了。

回到刚才那个话题，赵高虽然也是嬴姓赵氏成员，但是毕竟距离继承王室有点远，所以他先看中了赵子婴（成年后去掉"子"，即赵婴），来做新的秦王。

但是就连赵婴，也怀疑赵高是不是埋下了伏笔，暂时让他做王，机会一成熟，就会把他杀掉，自己做王。

此时是这一年的八月，到了九月，赵高就安排在皇家太庙里举办受玺仪式。按照规矩，赵婴得斋戒之后才能接受传国玉玺。

可是就在斋戒的时候，赵婴听到了一个传闻，说赵高并不甘心让出王位，并已经和楚人约定秦楚和平，而秦王就由他赵高来当。

所以你看，就连赵婴，也怀疑赵高是个假宦官，有当王的野心。

于是赵婴就设下对策：赵高不是叫我去太庙吗？我偏不去，不去的话赵高一定上门来请，届时我就把他杀掉。

这么一来，赵高也死了。

50 最后的秦 咸阳告急！南北两处秦国大军为何不救？

问题是，赵婴登上王位的时候，刘邦的军队已经开始向峣关逼近。

赵婴的第一打算，当然是守住政局，可是人心已经乱了，队伍不好带了，刘邦派出郦食其、陆贾，天花乱坠般对峣关守将一顿口舌攻击，守将真的就表示愿意起义，结果刘邦使用张良的设计，利用守将的懈怠，猛烈攻击，然后绕过峣关，出现在蓝田，连续两场大战，都大破秦军。

十月，刘邦已经出现在霸上（今作灞上）。这个地方，当初因为位于霸水（今灞河）西边的高地而得名，当下则以白鹿原之名著称。

到了这个时候，秦王赵婴还能做什么呢？昔日秦国的铁血强大，到此时就剩一具徒存骸骨的死尸。

最终，便是赵婴在自己的脖子上套上绳索，把代表皇帝权力的所有印信带在身边，坐上白马拉的素车，前往今天西安市东北的轵道亭，向刘邦投降。

秦，如果从秦襄公八年（前770）立为诸侯的秦襄子（冒称公爵，即秦襄公）算起，到秦二世三年（前207）最后一任秦王赵婴，历时五百六十四年，到此终于画上句号。

由于政治、历史、文化诸多方面的关系，关于秦国的历史，一直处在混沌迷乱的状态，甚至连秦国国君的姓氏、爵位，后人都迷糊不清，各类与秦相关的历史戏说、小说更是随意腾挪。在这部书里，终于能以事实本来的面目，清楚明白地向各位展现，这是时代的进步，亦是文明的昌盛所致。

只是——公元前207年，当最后的秦王赵婴向刘邦投降之际，昔日的大秦帝国，其实还存在一支完好的军团。

这支军团，并不是大家更为关注的三十万河套军。蒙恬死后，河套军的指挥权，其实已经落到了王离的手里。章邯最初用来打败周章的，是他利用骊山劳工组建的新军，号称七十万，但实际上不可能有这么多，此后与农民军连续作战，又有不少损伤，估计到巨鹿之战前夕，章邯的部下，大部分已经不是骊山劳工了。

实际上，巨鹿大战中的秦军将领，除了章邯，如王离、苏角、涉间，都是河套军的将领，也就是昔日蒙恬的手下。由此可见，之前河套军已经放弃大本营（随后被匈奴占领），南下加入章邯的部队，随后更成为章邯打击起义军的主力。

秦朝这支最有战斗力的部队，最终结局是二十万秦军降卒被项羽坑杀，这一事件基本上也将秦军战斗力归零。

那么秦朝另一支完整规模的大军去了哪里呢？

在岭南。

《淮南子》记载说，秦朝派发前往南方的军队，总人数在五十万，分为五路，走的是镡城之领、九嶷之塞、番禺之都、南野之界、余干之水。镡城在今湖南省西南部，九嶷在今湖南省南部，番禺在今广东省，南野在今江西省赣州市，余干在今江西省东北部。所以这五十万人的大致指向，就是今天的广西壮族自治区、广东省与福建省。

而在最初带兵南下的国尉屠睢死后，这支军队的指挥权便落在了任嚣手里。秦二世胡亥二年（前208），任嚣病重，曾经的赵国人赵佗被委任为第三任统帅——请注意，此时的南海郡已经成为岭南地区的核心，所以南海郡尉这个职位可不是普通的地方武装部部长，而是拥有对岭南南海、象郡、桂林三郡军事统辖节制权的首领，有"东南一尉"之称。

随后，赵佗就利用职权，封锁了岭南北上中原的交通要道，杀掉秦朝委任的地方官员，在今天的两广以及越南中北部，建立了一个南越王国。

而这个南越王国的军队，就是昔日的秦朝南征军团。

至于没有北上救援咸阳，首先可能是赵佗没有接到咸阳朝廷的指令，不能擅动，其次是赵佗本人也没有北上的意愿——说白了，赵佗其实是被秦灭亡的赵国后裔，他对咸阳的秦王，能有什么好感？更没有忠心一说。

更何况，秦朝的这支南征军团，战斗力显然不如北方的河套军，既然河套军都在楚霸王的攻击下销声匿迹，南征军又何必一定要去凑这个热闹呢？

因此，这一路秦军，摇身一变，就成了最早的一批两广人。而为了巩固对岭南的统治，朝廷还特地将号称数十万之众的北方人迁徙至此，据说其中大多数是"贾人"，也就是生意人，直至今日，广东仍为中国商业最繁荣之处，或有其中的因素。

甚至为解决南下秦军的配偶问题，南海郡还特地向朝廷请求派发三万寡妇和未婚女子南下，理由是当兵的需要女人给他们补衣服——不得不说这个理由非常含蓄，最终朝廷打了折扣，只给了半数。

51　地宫的隐语　秦始皇关于死后的一点小想法

至此，秦朝已经灭亡，可是始皇帝的陵墓又如何呢？

最接近那个时代的史书，便是司马迁的《史记》。司马迁在《项羽本纪》里说："项羽引兵西屠咸阳，杀秦降王子婴，烧秦宫室，火三月不灭。"又在《高祖本纪》里以刘邦的话说："项羽烧秦宫室，掘始皇帝冢，私收其财物。"

从这些文字看，秦始皇的陵墓，已经被项羽一把火烧了，又拿铲子给挖掘了，得了不少财物。

《三辅故事》说，项羽确实挖了秦始皇陵，只不过刚挖了个口子，就有一只金雁从墓中飞出，以至于楚军不敢再动，就此停止。而数百年后的三国时期，有人得到这只金雁，将它献给东吴的日南郡（治所在今越南中部）太守张善。张太守是个识货的人，能读懂秦篆，一下子就识别出这是秦始皇陵之物。

当然，故事杜撰成分比较多，比较靠谱的官方记录，是汉王朝建立没多久，即下令对秦始皇陵加以保护，为此特别安排了二十户人家住在秦皇陵附近，即所谓"守陵人"。

《汉书》记载说，后来有一个牧羊的小朋友，丢了一只羊，一路追踪，就发现了秦始皇陵的所在，结果他点燃火把寻找羊，却不小心点燃了秦始皇陵中所藏的棺椁。《水经注》补充说，这把火整整烧了九十天，都没有灭。

西汉末年王莽篡位时期，打进关中的赤眉军，也曾打过秦始皇陵的主意，据说挖掘出一批葬具、铜椁，将其全部熔化为铜而后携带出关。

古人对铜的索求是很执着的。到东晋十六国时期，后赵的大王石虎也曾派人挖掘秦始皇陵，把铜柱熔化之后铸成各种铜器。晚唐五代时期，更是先有黄巢、后有节度使温韬，都曾打过秦始皇陵的主意。直到民国时期，军阀刘镇华、孙连仲，都曾在秦始皇陵上"挖战壕"，其实就是盗陵。

不过这些，主要还是对秦始皇陵的地表建筑和一些比较浅的坑位造成破坏，并没有真正深入秦始皇陵地下建筑的内部。

秦始皇陵的地表建筑，主要是一座仿照咸阳模式建造的皇城，有内城、外城。内外城廓有高八至十米的城墙，而内城，就是秦始皇封土所在。

封土，现在的高度约八十七米，底面积约为十二万平方米。这个应该是风化削低之后的结果。根据《汉书》的记载，"其高五十余丈，周回五里有余"。汉代的五十丈差不多就是今天的一百一十五米，五里约为今天的两千米，计二十五万平方米，这就是最初的秦皇陵规模数据。

而封土之下，就是秦始皇陵的核心，即赵政的地宫。根据目前遥感和物探技术探测的结果，地宫应该是在地下三十五米处。

1974年，为了解决缺水问题，生活在秦始皇陵附近区域的村民打算挖几口大井，但是他们在选定的挖井位置挖了将近一米深，却发现不但没有水，反而有红色如燃烧过的硬土出现。随后，便在红色硬土之下，发现了佩戴盔甲的瓦兵，当然已经裂开。他们先看到的是瓦兵的胸，接着是头、胳膊和断腿，以及绿色的青铜箭头。这些瓦兵，便是护卫秦始皇陵的军队，即今天我们所知的兵马俑。

不久之后，考古队便进驻此处。然重大发现，一直要到六年之后，即1980年挖掘出了彩绘青铜战车和马匹；又过了八年，出土了大量青石铠甲。

最令人称奇的，恐怕还是秦始皇陵的兵马俑坑，陶俑、陶马组成了步兵、骑兵、战车等三个兵种混合编队的曲阵，被认为是秦国军队编组的缩影。

也正是这些兵马俑，使一直以来被文学作品误导的秦军形象得以纠正，譬如秦军因为勇武所以不戴头盔、不用盾牌护身这一类的描述，最终都被秦皇陵发现的盔与盾牌实物纠正。

那么，为什么秦始皇会如此执着修建如此规模庞大的陵墓呢？

从史料记载看，甚至从他登上秦王宝座那一刻起，秦始皇陵的修筑便已经开始。当然这应该不是他自己的想法，没有人会在青春少年的十三四岁就会想着给自己修坟墓，所以这应该是当时吕不韦的主意。当然吕不韦也不是突发奇想，这可能是战国时期嬴姓诸侯国如秦、赵的风格，如赵国的赵肃侯在位十五年之际，就为自己修筑了寿陵。

当然这个阶段，主要是陵园工程的设计，加上主体工程的施工，也就是先有个大概样子。

真正大规模修建，要到统一全国之后。这时候战争基本平息，秦始皇君临天下，大批战俘加上秦法严苛所造成的罪犯无数，据说高峰时期曾有七十二万人被以各种名目押送到骊山来干这个活，大概率是不给工钱的。

最后阶段，则是陵园的收尾和覆土，基本上延续到秦二世二年，担任少府、负责秦皇陵营建工作的章邯提出了赦免骊山刑徒的方案。可以推测的是，由于大部分刑徒被拉去打仗并且最后死于战场，所以留下的仅仅是极少数人员（有技术的工匠），而没有最后竣工的秦始皇陵可以说是草草收工。

因此，暴露在项羽眼界之下的秦始皇陵，可能并不太华丽堂皇，所以一把火烧了了之，而早就埋藏其下的"穿三泉，下铜而致椁，宫观百官奇器珍怪徙臧满之……以水银为百川江河大海，机相灌输，上具天文，下具地理。以人鱼膏为烛，度不灭者久之"。这样的场景，是莽夫项羽怎么也想不到的——人都死了，搞那些个玩意干啥呢？

近年，考古人员曾在发掘中发现一条甬道。这条甬道的红土层块状板结倒塌，而在甬道和过洞附近的俑都有被火烧的痕迹，甚至有的严重变形变色。目前推测，这一段俑坑属于人为烧毁，或许就是项羽的大火最远所及。

当然，秦始皇的儿子胡亥，应该也多少做了些掩护的工作，譬如他担心制造机关的工匠们会泄露机密，就把所有工匠全部安排在地下陵墓之中——哄骗他们说要开工程胜利竣工表彰大会？结果中羡门关闭，外羡门从上方坠下，再无可能打开。这些为秦始皇陵费尽心思的能工巧匠，最后无一逃生。

在此之后，秦二世便下令在周围种上树木、作覆盖绿化，使其在外面看来就好像是一座普通的山（与骊山连为一体），而这也是项羽后来一把火虽然烧得轰轰烈烈，却对秦始皇陵伤害极为有限的主因。

当然，这里还有最后一个问题，那就是秦始皇对自己死后的一点想法，很可能他认为自己生前是地面上的皇帝，死后也要做地面之下即所谓阴府冥界的皇帝，而整个秦始皇陵区其实都是为他的这个理想而服务的，譬如兵马俑很可能就是他想象中征服冥界的军队，甚至还有陪伴他的女人。据说秦二世将所有没有生育的秦宫嫔妃都送进了陵墓，没有杀死她们，应该是一种类似活体殉葬的模式。即便是那些当年秦始皇的崇拜者，也不得不承认这是一种非常残忍的行为，如果叫这些崇拜者做类似行为，他们也断然不会真的愿意。

除了这些之外，甚至也有动物活体殉葬的痕迹。如秦始皇陵附近的一百零一个马厩坑，埋的既有陶俑，也有被捆着活埋的真马。外墙之间西大门的马厩坑，除了殉葬的真马尸体，还发现了十多具可能是马夫或者类似弼马温这样人员的尸体残骸。甚至，还有一些小动物，包括鸟儿，被认为陪葬在秦始皇陵的私人动物园这个区域。

秦始皇的祖先秦穆公曾经让自己的大臣也作陪葬，而后世的李斯、赵高显然逃过了这一劫，不过秦始皇陵也确实为朝廷大臣们留了若干坑位，不清楚是否有一些臣子确实为皇帝殉葬。

很多秘密，或许只有在秦皇陵真正全面开启的那一刻，才会真正揭晓。

52　秦法真相　真是严苛到逼人造反吗？

秦为什么速亡？传统认知就是秦法的过于严苛，以至天下百姓不得不造反。后世的新潮历史观,则往往认为秦没有那么糟糕,尤其是秦以法治天下,凡事讲法而不是讲人情,这不是很好吗?

以往我们对秦法的认知,往往来自后世的陈述,譬如汉代桓宽的《盐铁论》就说:

"秦法繁于秋荼,而网密于凝脂。"

啥意思呢?秦朝的法律复杂到什么程度,桓宽打了两个比方,说是比秋天的荼蘼花还繁多,比凝固的油脂还细密。

荼蘼花,现在比较少见,但在古代北方是一种很常见的植物,枝梢茂密、花繁香浓。凝固的油脂,则至今还是常见的。桓宽把秦朝的法律拿来和繁花油脂相比,能不能说是一种夸张,甚至如某些人所言,是故意污蔑毁谤大秦帝国的严明法制呢?

最直接的一个案例,即司马迁《史记》中描述的:"发闾左適戍渔阳九百人,屯大泽乡。陈胜、吴广皆次当行,为屯长。会天大雨,道不通,度已失期。失期,法皆斩。"

陈胜、吴广遇到大雨无法前往边疆,耽误了时间,按照秦法,难道就该全部杀死?

其实早在1974年,湖北云梦睡虎地出土的两百零一枚秦简,详细记录了一百零八条秦朝律文。我们只消查阅这份法律文件,加以比对就可以查明这个问题的真实与否了。

先看这条关于偷盗罪的刑罚,是否严苛?

> 五人,臧一钱以上,斩左止,有䞙以为城旦;不盈五人,过六百六十钱,黥以为城旦。

五个人组成的盗窃团伙,偷了价值一个钱以上的物品,就要砍掉左脚,拉去服修城门的劳役;如果不满五人,偷窃物品的价值却超过了六百六十个钱,那就要被割掉鼻子,拉去服修城门的劳役。

这个偷东西就要砍脚的刑罚，你说严酷吗？

虽然有点残忍，但还是能接受。

再看这一条：

> 甲谋遣乙，一日，乙且往，未到，得，皆赎黥。

这说的是主谋甲，派乙去偷东西。一天，乙就开始行动了，可是还未等到他走到偷窃地点，就被抓住了——那么这个行为，其实应该叫作"犯罪未遂"，根据今天的法律，犯罪未遂是指犯罪分子已经着手实行犯罪，而其意志以外的原因导致未得逞的犯罪停止形态。对于未遂犯，可以比照既遂犯从轻或者减轻处罚。

要是在当下，这个犯罪行为是可以轻判的，但是秦法认为，不能轻判，因为已经开始犯罪了，就应该按照这个犯罪行为判。

秦的法官，会判甲和乙统统"赎黥"，也就是拿钱出来赎罪，就可以不刺字于面。

这个其实可以理解，犯罪人谋求的是钱物，最后失去了钱物，但免去了黥刑，便感觉法官判得很有道理。

诸如此类财物相关的案例，譬如说老张偷了一头牛，偷的时候这牛身高六尺，抓回来的时候已经长到了六尺七寸，那么老张是不是虽然偷了牛，但养牛有功，就能将功抵过呢？呵呵，秦朝法官当然说不行，他们的回答是还牛之后，老张还要被抓去做修城的苦力。

又譬如说，老张学人养蚕，却不种桑树，去偷别人家的桑叶，这个该怎么判呢？搁现在，肯定说桑叶值几个钱，偷就偷吧！但是在秦朝就不行，抓住老张，就判他强制劳动一个月。

那么如果老张偷窃的毛病就是改不掉，前后一共偷了大概一百零一十个钱，但是他又到官府来自首了，那么官府该怎么判呢？罚他做苦力，或者拿出相当于两副盔甲的钱。

老张偷了一千个钱，小李知道了，却不告官，于是老张分给他不满一个钱的好处,结果被官府查获了,老张自然是有罪,那么小李呢?秦朝的法律是:小李虽然只获得一点点赃物,但是犯罪性质是一样的,所以判刑的时候,小李和老张同样论处。

而如果老张偷了东西,跑到小李家躲起来,小李有没有罪呢?秦朝的法律是:如果小李不知道内情,无罪;如果小李知情,那就是包庇犯罪,要罚款,金额相当于买一面盾牌的钱。

如果老张去偷东西,小李也来偷东西,两人在同一处偷了财物,被抓获,那么秦朝的有关部门在这里就要仔细查明内情,两个犯罪分子究竟是不是合谋。如果不是合谋,就各管各论罪;如果是合谋,那就要把两个人偷盗的总数来作为衡量标准。

事实上,类似情况,秦朝的法律还真的颇为详细。两个人同住,身份是一主一仆,如果仆人犯罪了,主人该不该连坐?秦法的判断是应该连坐,因为主人应该对仆人负责。而反过来,主人犯罪了,仆人该不该连坐?秦法的判断是不需要,因为仆人没有必要对主人负责,主人爱干吗就干吗,仆人还能管主人?

甚至对于一些仅限于道德范围的行为,秦朝也是入法的,譬如见死不救这个行为,秦法的规定是:"有贼杀伤人冲术,偕旁人不援,百步中比,当赀二甲。"即大街之上,如果发生杀伤人的事件,而路过的人只是旁观却不伸出援手,就要受罚。

那么如何判断什么范围内的旁观者要受到这样的法律约束呢?秦法规定是一百步以内,如果不救,就要被处以两副盔甲的罚金。

上面当然都是一些常规的案件,那么类似陈胜吴广这种情况,秦朝法律有没有规定呢?有一部《徭律》,即关于老百姓服各种劳役的专门性法律,其中有这么一条:

> 御中发征,乏弗行,赀二甲。失期三日到五日,谇;六日到旬,赀一盾;过旬,赀一甲。

也就是说，朝廷如果从地方上征发老百姓去服徭役，半道上遇到某种不可抗的情况耽搁了行程，那这些老百姓应该受到什么样的惩罚呢？

其实既然是不可抗的因素造成耽误，而不是老百姓偷懒故意耽搁，就不该有什么惩罚。所以秦朝政府规定，三天以内，是没事的。如果超过三至五天，也不过是被骂一顿而已。只有超过了六天，才会罚一块盾牌。超过了十天，则罚一个士兵的全身甲。最严重的，是耽搁了行程，无法前进了，干脆就取消此次行动，那么这样的情况，就要罚两套军甲。

需要特别注意的是，秦法还规定："水雨，除兴。"

也就是说，如果下大雨路途无法行走的话，这趟劳役就可以取消了。

那么拿这些法律记载来对照《史记》关于陈胜吴广的记载，我们就会发现："哎呀，不对嘛！明明秦法说'水雨、除兴'。陈胜、吴广为什么说不能按期到达，就必死无疑呢？"

这里有几种可能：

第一种可能：陈胜、吴广撒谎，欺骗了群众。

第二种可能：陈胜、吴广没有撒谎，是秦朝名义上的法律和实际上的执行政策发生了冲突。

第三种可能：秦二世登基以后，修改了法律。

首先我们要说，这件事发生在秦二世元年，刚一即位就修改法律，这个可能性是不大的。尤其是赵胡亥凡事都模仿自己的老爹，他的行为指导人赵高和李斯也是秦始皇方针政策的坚决履行者，所以修改的可能性很小。

那么陈胜吴广会不会撒谎呢？也不太可能，因为这一时期的另一事件，刘邦带着一批劳工去骊山修陵墓，走到一半便发现很多人逃散，他的判断也是自己必死无疑了，所以当夜就把剩下的人也放了，自己藏匿到芒砀山做了逃犯。

要知道，陈胜吴广只是种田的，误解法律的可能性比较大。刘邦是大秦帝国的国家干部（亭长），他发现差事完不成，第一反应居然也是必死无疑、不如造反，这说明什么？

唯有一个可能，那就是秦朝法律的严厉程度，已经超过了律法条文文面上的规定。

关于这一点，《商君书》里有这样一段话：

> 重罚轻赏，则上爱民，民死上；重赏轻罚，则上不爱民，民不死上。兴国行罚，民利且畏；行赏，民利且爱。

商鞅的思想，无疑就是秦朝的治国理念。上面这一堆话，归纳起来就是，对付老百姓，你不能光讲仁德爱民，也不能按照法律规定一板一眼地执行，而要加重刑罚——这个"重"字，当然是要比法律条文的规定更严厉——只有加重刑罚，才能让老百姓害怕，而老百姓害怕，就只能表示愿意为君主去死（因为不愿意也会死，还不如假装表示愿意，说不定君主一高兴就暂时赦免）。所以君主的所谓爱民，其实就是加重刑罚。

你看，按照商鞅的这个逻辑，秦始皇和秦二世是不是应该对老百姓狠一点？他认为，君王不狠，老百姓就不知道要爱君主，要听君主的话，为君主卖命。

所以更大的可能，云梦秦简里记载的是战国时期也就是统一天下之前的秦法，而秦王嬴政升级为秦始皇之后，秦朝很可能制定了若干更为严苛残酷的法律，误期者将受到严惩以至杀害等残酷刑罚。

试想，如果误期只是罚钱，齐、楚、韩、魏、赵这些远比秦国关中之地富庶发达的地方，老百姓难道不知道命比钱更重要？他们会舍不得拿罚款替代九死一生的劳役？

而从另一个角度来讲，亲历者陈胜、吴广、刘邦的讲述，显然比书面文字记载的材料更具有真实性，因为："法律，只有被执行在现实生活之中，才是真正的法律。在纸面上空谈仁慈公正，毫无意义。"

几千年的历史演变，毫无例外地验证了这一点。

后记

2023年的春三月，笔者写完了这部《秦策：从牧马人到始皇帝》。

秦，作为一个朝代，其实仅仅存在了十五年而已。而若是将其最初的诸侯国时代算进去，从公元前770年开始，至公元前207年最后一任秦王子婴，则有五百多年历史，漫长而复杂。

时有人大骂秦的暴政，盛赞推翻秦的陈胜吴广，发动了一场了不起的起义；而每有外敌入侵，或外敌尚未入侵只是四围情势严峻之际，又有人会盛赞秦的威武，说中国人在宋以后渐渐失去了昔日的武勇，所以才会遭人欺负，于是秦兵的战歌，会成为一种社会的向往和热望。

笔者写这部秦史，唯一的希望，就是读者能抛弃如上这两种片面的情绪，看一看一个真实部族的数百年崛起之路。秦人是在西部牧马的汉子，他们曾是周王朝失去关中之后收复失地的孤勇者，也是面对灿烂中原文明的积极学习者。《诗经》里的秦风，除了"王于兴师，修我甲兵"这样的血勇之歌，其实更多的是"所谓伊人，在水一方"的温柔之词，以及"彼苍者天，歼我良人"这样对残暴国君的愤然指责。

事实上，秦人如同华夏的其他子民一样，都不愿做暴政的拥护者，亦不愿做铁血的牺牲品。商鞅变法，一方面是秦国迅速强大的强心剂，另一方面亦是将整个秦国绑上战车向前冲刺、整个国家军国化的极端行为。在完成统一天下的任务之后，秦朝的统治者最应该做的，其实是宽政、缓兵，与民休息，而不是更进一步地暴敛、强征，最终激起全天下的反抗。

这一点就和清末很多满族人也举起革命的大旗反对清王朝道理是一样的。那个时代的秦人也反对秦王朝。

秦始皇本身，在秦一统天下中所起的作用，远没有他自己所吹嘘的那么壮观。秦灭六国是一部连续剧，秦始皇的登场，只不过是最后几集罢了。更重要的是，秦在统一之后所犯下的错误，秦始皇和他的儿子秦二世，责任却是毫无疑问的。

所以，尽管他将自己的陵墓修建得那么雄伟宏大，又有什么用呢？难道陵墓不倒，他的王朝便能永世不亡吗？天底下的黎民，在他强大的刀剑之下唯唯诺诺，可是他的刀剑，是永不折断的吗？

从西北边陲的牧马人，经过五百多年的时间，秦便逆袭为中国史上第一个大一统的王朝。然而，绚烂的荣光转瞬即逝，秦始皇驾崩后，胡亥和赵高的野蛮操作让大一统的秦朝很快分崩离析。为何？"仁义不施而攻守之势异也。"